工业和信息产业职业教育教学指导委员会 "十

高等职业教育土建类专业系列规划教材

物业管理案例分析与技巧训练

（第 2 版）

鲁 捷 主 编

穆林林 施元忠 副主编

电子工业出版社

Publishing House of Electronics Industry

北京·BEIJING

内 容 简 介

在物业管理实践中，接待业主或使用人投诉，并对投诉进行分析，运用相关法规政策及管理制度进行有效处理，是物业管理人员必备的基本能力。这种能力就是案例分析能力，本书就是为培养、提高高职学生和物业管理服务一线从业人员的案例分析能力而编写的。

实训性强是本书最主要的特点。为实现这一特点，本书选取了大量的实践案例，并在案例选取上充分考虑读者实践需要，突出一线、实用的选取原则。所选案例为物业管理服务日常工作中读者能够经常接触的事例，而将那些实践中接触较少的诸如企业经营管理或在实践中不应涉足过深的诸如业主委员会运做等内容排除在外，以集中体现实践能力的培养。

本书作为高等职业教育土建类专业的教材，同时也适合物业管理行业从业人员的岗前培训或参考。

未经许可，不得以任何方式复制或抄袭本书之部分或全部内容。
版权所有，侵权必究。

图书在版编目(CIP)数据

物业管理案例分析与技巧训练 / 鲁捷主编．—2 版．—北京：电子工业出版社，2012.1
高等职业教育土建类专业系列规划教材
ISBN 978-7-121-15191-0

Ⅰ．①物⋯　Ⅱ．①鲁⋯　Ⅲ．①物业管理－高等职业教育－教材　Ⅳ．①F293.33

中国版本图书馆 CIP 数据核字（2011）第 238573 号

策划编辑：张云怡
责任编辑：郝黎明　　　特约编辑：李云霞
印　　刷：北京盛通商印快线网络科技有限公司
装　　订：北京盛通商印快线网络科技有限公司
出版发行：电子工业出版社
　　　　　北京市海淀区万寿路 173 信箱　邮编 100036
开　　本：787×1092　1/16　印张：13.5　字数：363 千字
版　　次：2007 年 7 月第 1 版
　　　　　2012 年 1 月第 2 版
印　　次：2022 年 1 月第 13 次印刷
定　　价：25.80 元

凡所购买电子工业出版社图书有缺损问题，请向购买书店调换。若书店售缺，请与本社发行部联系，联系及邮购电话：(010) 88254888，88258888。
质量投诉请发邮件至 zlts@phei.com.cn，盗版侵权举报请发邮件至 dbqq@phei.com.cn。
本书咨询联系方式：(010) 88254573，zyy@phei.com.cn。

前　言

在物业管理服务实践中，接待业主或使用人的咨询、投诉，是物业服务企业与业主或使用人实现有效沟通的重要手段之一。也是物业管理从业人员必备的基本能力。若想具备良好接待咨询、投诉能力，要求物业管理从业人员要熟知物业管理相关的法规政策和企业规章制度，具备较强的分析能力，能够运用法规政策解答业主或使用人的疑问，准确地判断投诉事件的性质并运用相应的法规政策和企业规章制度进行有效的处理。从教育教学的实践看，实现这一能力培养的主要途径，就是通过对大量来自实践一线的真实案例的分析，即在认真解读案情的基础上，运用物业管理相关的法规政策和企业规章制度及所学专业知识，对案情性质作出基本判断，进行评价，提出具体的解决问题的方法或意见等。通过案例分析量的积累，就能够逐步形成经验，提高案例分析的能力，进而实现接待咨询、投诉能力的培养。

本教材的编写目的就是为了培养、提高高职学生和物业管理服务一线从业人员的案例分析能力。本教材所支撑的物业管理案例分析与技巧训练就是一门实践性很强的课程。它通过对以往物业管理服务实践中具体事例的研究，分析归纳出其中的规律，了解物业管理异议与纠纷的成因与类型，掌握物业管理异议与纠纷处理的作业程序，建立起物业管理案例分析的基本思路，从而实现案例分析能力的培养、提高，再通过案例分析训练强化能力，进而达到养成接待咨询、投诉能力的教学目的。

此次再版，我们在巩固教材案例典型适用、体例合理高效、信息丰富实用的基础上，在"案例引领、思路引导、能力强化"的编写理念引导下，进一步突出了先进性、时效性、实战性等特色：

1. 先进性。模块化的教材体系构架，将教材内容分为基础认识篇、案例分析篇和实训思考篇三大模块，较好地体现了从理论到实践，再强化能力训练的先进教学理念，有利于学生的能力在实训中得以提高。

2. 时效性。自2007年《中华人民共和国物权法》出台后，国家在物业管理相关法规政策上有较大的调整，出台、更新了一系列法规政策。此次修订，更新、补充了新的法规政策，并按新的思路对教材内容做了全方位修订，做到了与时俱进。

3. 实战性。接待咨询、投诉能力是一种实战能力，培养、提供学生的这种实战能力，就要在案例的选择上突出其实战特色。教材中来自一线且具有典型性的案例，有利于提高学生在实践中解决具体问题的实战能力。

本教材由沈阳师范大学职业技术学院鲁捷担任主编，沈阳师范大学职业技术学院穆林林、沈阳农业大学职业技术学院施元忠副主编。具体编写分工如下：基础认识篇、案例分析篇中的第1单元、第2单元和第4单元，实训思考篇中的参考意见，由沈阳师范大学职业技术学院鲁捷编写；案例分析篇中的第3单元和第5单元，实训思考篇中的案例一至案例十五，由沈阳师范大学职业技术学院穆林林编写；案例分析篇中的第6单元、实训思考篇中的案例十六至案例三十，由沈阳农业大学职业技术学院施元忠编写。

在教材的编写中，我们力求做到尽善尽美，但由于能力和实践经验的不足，败笔之处难免，还望大家不吝赐教。

编　者

岗 位 描 述

本教材适合物业管理企业各个管理层次各岗位人员学习使用，尤其适合客户服务中心各岗位、物业管理处主任助理和房屋管理员等岗位人员的学习使用。

▶▶ 客户服务中心工作职责

一、接受业主投诉，通知相关部门处理；
二、对投诉跟踪、回访和记录；
三、对投诉进行统计、分析，并向上级主管提供分析报告；
四、对外协调各种社会关系；
五、各种管理工作的检查督促；
六、各种资料的档案管理；
七、业主入住等契约签订和证件办理；
八、各种费用的收取。

▶▶ 管理处主任助理岗位职责

一、负责本部门工作的策划、指导、监督、把关；
二、负责对本部门员工的考核；
三、接待住户和来访客人，对住户投诉耐心解释，及时处理；
四、熟悉辖区楼宇及公共设施设备状况；
五、熟悉绿化、保洁、保安、交通、消防等管理规定，并熟练运用；
六、负责处理辖区内重大违章事件和突发事件；
七、定期巡查辖区，发现存在及潜在的问题，并及时处理；
八、向员工和住户宣传国家物业管理法规政策；
九、负责指导、监督员工建立健全管理档案。

▶▶ 房屋管理员岗位职责

对辖区楼宇、公共设施、治安、交通、绿化、保洁等实施进行全面管理，并对管理处主任和业主（住户）负责。

一、接待住户和来访客人，对住户投诉耐心解释，及时处理；
二、密切与住户友好联系，定期上门征求住户意见；
三、组织辖区内社区文化活动；
四、熟悉辖区楼宇结构、状况及公共设施设备状况；
五、熟悉绿化、保洁、保安、交通、消防等管理规定，并熟练运用；
六、每天两次巡查辖区，发现存在及潜在的问题，并及时处理；
七、负责制订辖区房屋维修初步计划，并组织实施；
八、建立健全管理档案；
九、负责管理费用的收缴和催缴。

目 录

基础认识篇 ·· (1)
第1章 概述 ·· (3)
  1.1 物业管理案例分析概述 ·· (3)
    1.1.1 物业管理案例分析的基本含义 ·· (3)
    1.1.2 异议与纠纷的概念与关系 ·· (3)
    1.1.3 学习物业管理案例分析与技巧训练的意义 ······························ (4)
  1.2 异议与纠纷的成因及常见类型 ·· (4)
    1.2.1 异议与纠纷的成因 ·· (4)
    1.2.2 异议与纠纷的常见类型 ·· (6)
  1.3 如何预防物业管理异议与纠纷 ·· (8)
    1.3.1 弄清物业管理市场主体间的法律关系，明确物业管理的地位 ···· (8)
    1.3.2 规范物业服务企业自我管理服务行为 ······································ (9)
  1.4 处理物业管理投诉的基本思路 ·· (10)
    1.4.1 投诉的定义 ·· (10)
    1.4.2 业主或使用人投诉的分类 ·· (10)
    1.4.3 正确理解业主或使用人投诉 ·· (11)
    1.4.4 如何处理业主或使用人的投诉 ·· (12)
    1.4.5 解决异议与纠纷的处理方式 ·· (13)
  1.5 物业管理人员接待投诉的沟通技巧 ·· (14)
    1.5.1 物业管理人员接待投诉的沟通技巧 ······································ (14)
    1.5.2 如何应对无理投诉 ·· (16)
    1.5.3 物业管理人员接待投诉的综合素质要求 ······························ (17)
第2章 物业管理投诉处理 ·· (18)
  2.1 物业管理投诉处理组织机构及权限 ·· (18)
    2.1.1 物业管理投诉处理组织机构 ·· (18)
    2.1.2 物业管理投诉处理组织机构的权限 ······································ (18)
    2.1.3 物业管理投诉处理流程 ·· (19)
  2.2 物业管理投诉处理作业程序 ·· (19)
    2.2.1 投诉处理标准作业程序 ·· (19)
    2.2.2 客户投诉的立项和销项规定 ·· (22)
    2.2.3 回访管理标准作业程序 ·· (24)
    2.2.4 投诉处理与分析规程 ·· (26)

案例分析篇···(29)

第一单元　前期管理···(31)
　　案例一　前期介入发现设计不合理怎么办·······························(31)
　　案例二　承接查验未做遗留问题登记，物业服务企业承担责任·······(38)
　　案例三　开发商承诺减免物业务费，物业服务企业怎么办···········(44)
　　案例四　业主的难题不能推··(48)
　　案例五　老管家不走，新管家应该怎么办·······························(52)

第二单元　日常管理···(58)
　　案例一　小区业主养狗伤女童，法院判赔 3000 元······················(58)
　　案例二　饮料瓶堵住排水管　物业管理公司被判赔偿··················(63)
　　案例二　业主拔掉小区花草种蔬菜怎么办·······························(67)
　　案例四　业主健身扰民怎么办···(71)
　　案例五　废旧自行车不骑不弃　物业管理公司怎么办··················(76)

第三单元　工程管理···(81)
　　案例一　业主想装"太阳能"物业管理公司不允许·······················(81)
　　案例二　物业管理人员的行为是否妥当··································(85)
　　案例三　房间的使用功能能更改吗··(88)
　　案例四　楼梯护栏空隙大，小儿跌下成重伤·····························(92)
　　案例五　物业管理公司是否可以拒绝业主自用部分的维修服务······(96)

第四单元　公共秩序服务··(100)
　　案例一　"排除法"锁定高空抛物伤人元凶·······························(100)
　　案例二　保安半夜进民宅，物业管理公司被判赔······················(104)
　　案例三　电梯内业主遭受袭击，物业服务企业应否担责··············(107)
　　案例四　消防栓没水　业主家因火灾受损要物业管理处赔偿·········(113)
　　案例五　小区业主家中被盗应由谁来赔偿损失··························(119)

第五单元　收费管理··(123)
　　案例一　电梯广告收益应归谁···(123)
　　案例二　业主已购车位还要缴停车费是否合理··························(126)
　　案例三　物业服务不到位　业主只缴纳七成物业费····················(130)
　　案例四　租户欠缴物业管理费怎么办·····································(135)
　　案例五　住宅专项维修资金应该怎样用··································(137)

第六单元　客户服务··(144)
　　案例一　开发商未按约安装双层玻璃　业主5年维权终获支持·······(144)
　　案例二　楼上漏水殃及楼下，物业管理企业可以破门抢险吗·········(147)
　　案例三　开业典礼影响办公环境怎么办··································(150)

· Ⅵ ·

案例四	维修申请函能让物业管理公司免责吗	(153)
案例五	这把钥匙该不该借	(158)

实训思考篇 ········· (163)

案例一	员工违规操作造成的法律责任由谁负责	(165)
案例二	访客崴伤脚物业管理公司是否承担责任	(166)
案例三	业主拆暖气放弃集中供暖怎么办	(167)
案例四	物业管理公司能擅自处理寄存的书柜吗	(168)
案例五	小区自家楼门口丢失自行车,业主要求赔偿怎么办	(169)
案例六	业主养公鸡扰民怎么办	(170)
案例七	屋顶维修费由谁来承担	(171)
案例八	业主楼道滑倒摔伤责任谁来承担	(172)
案例九	车辆破损进入车场后车主推卸责任怎么办	(173)
案例十	入住时,物业管理公司能否扣押业主家钥匙	(174)
案例十一	员工违规操作是工伤吗	(175)
案例十二	业主的装修损失物业管理公司承担吗	(176)
案例十三	污水倒灌给业主带来损失谁承担	(177)
案例十四	新购住房发生的维修责任由谁承担	(178)
案例十五	赠送阁楼是否该交物业管理费	(179)
案例十六	小区道路上管井多怎么办	(180)
案例十七	垃圾桶位置之争	(181)
案例十八	业主有了成见怎么办	(182)
案例十九	小区围墙倒塌砸坏汽车,物业管理公司是否赔偿	(183)
案例二十	擅自安装隔断门,侵害相邻权和共有权	(184)
案例二十一	市政水压低业主屡屡投诉怎么办	(185)
案例二十二	业主投诉噪声扰民怎么办	(186)
案例二十三	租住户搬出部分家私而没有业主书面许可怎么办	(187)
案例二十四	夜间电梯停运延误抢救,物业管理公司是否承担责任	(188)
案例二十五	外墙挂广告住户内墙长毛责任谁承担	(189)
案例二十六	这样的物业管理招标合不合法	(190)
案例二十七	业主委员会贴失实"公告"怎么办	(191)
案例二十八	乱停车的访客蛮不讲理怎么办	(192)
案例二十九	业主遛宠物污染环境怎么办	(193)
案例三十	不帮业主抢险,物业管理公司是否承担责任	(194)

参考处理方法 ········· (195)

参考文献 ········· (207)

基础认识篇

第1章 概述

1.1 物业管理案例分析概述

1.1.1 物业管理案例分析的基本含义

物业管理案例分析在理解上有广义和狭义之分。广义的物业管理案例分析是指对物业管理过程中所发生的一切事件的分析和研究，找出其中的规律，以便更好地指导物业管理行业走上规范、健康的发展道路；狭义的物业管理案例分析是指对物业管理过程中由于法律关系中的主体，如开发商、业主和物业服务企业等，因对某一问题或事件看法不一致而导致的异议或纠纷的处理过程或处理结果的研究分析。狭义的物业管理案例分析，是要归纳出解决这些异议或纠纷的思路和方法以及作业程序，规范物业服务企业经营管理行为，减少异议或纠纷的产生；提高从业人员对异议或纠纷的处理能力，及时、妥善地处理好各类异议或纠纷，提升物业服务企业管理服务水平，促进和谐社会建设。

1.1.2 异议与纠纷的概念与关系

物业管理中的异议，主要是指物业管理过程中，开发商、业主或使用人、物业服务企业对某一问题因认识、理解的不同立场、角度所形成的不一致意见。其一般表现为质疑，即提出疑问，希望通过讨论、商榷能够达成一致。

物业管理中的纠纷，主要是指在物业管理过程中，开发商、业主或使用人、物业服务企业对某一问题因认识、理解的不同立场、角度所发生的争执。其一般表现为冲突，即权利、义务上的利害冲突，是难以调和的。

在物业管理实践中，我们通常所说的纠纷是包括异议在内的，这实质是忽略了异议与纠纷的本质差异，对处理物业管理异议与纠纷是不利的。我们应注意正确区分异议和纠纷，不要盲目地将其混为一谈，从而影响问题的解决。因为异议和纠纷明显地表现出起因与程度上的不同。从起因方面来看，异议是因对物业管理、服务的意见不一致而产生的；而纠纷是因权利、义务上的利害冲突形成的。从程度方面来看，异议主要是质疑，或由质疑而引发的拒绝，它通过沟通或调解能够达成一致的意见，使问题得到妥善的解决；而纠纷是争执，是认识上的冲突，甚至发展到行为上的冲突，通过沟通或调解的途径经常难以解决，往往需要法律诉讼的方式才能解决。

显而易见，纠纷在解决难度上要超过异议。因此，在物业管理实践中，要注意及时有效地解决好各类异议，避免矛盾的激化，防止异议转化为纠纷，增加管理、服务中不必要的麻烦，对物业服务企业产生不利的影响。

1.1.3 学习物业管理案例分析与技巧训练的意义

本教材所讲述的内容主要是围绕着狭义的物业管理案例分析展开的。这是因为在物业管理实践中，对于绝大多数的从业人员，尤其是即将走向工作岗位的高职院校物业管理专业的毕业学生来说，是要在正确观念指导下，按照企业作业程序的要求去处理异议与纠纷。我们所要关注的重点是自身处理异议与纠纷能力的提高，而不是对行业的宏观指导。我们接触最多的是在为业主提供日常管理、服务中，因业主或使用人与物业服务企业对某些问题观念、认识上的不同所带来的异议与纠纷，以及因异议解决不及时或解决思路、方法不得当而转化、升级所产生的纠纷。因此，能否及时、有效地处理好异议，妥善地控制异议的转化、升级是从事物业管理行业所应必备的基本能力。

而这种能力培养的主要途径就是通过物业管理案例分析来实现的。通过对物业管理案例的分析以及处理案例能力的训练，能够在较为广泛而深入地分析研究物业管理实践中已出现的各类异议与纠纷基础上，建立起解决异议与纠纷的正确思路和方法，掌握规范的处理异议与纠纷的作业程序（在物业管理企业中一般被称为投诉处理标准作业程序），从而具备有效处理异议与纠纷的基本能力。

1.2 异议与纠纷的成因及常见类型

1.2.1 异议与纠纷的成因

1. 物业管理行业尚未完全市场化、规范化

物业管理在我国作为一个独立的行业，出现在 20 世纪 80 年代，是由于我国房地产业发展迅速，对物业管理的需求高涨所拉动产生的。作为一个新兴行业，其行业规范标准建设尚不到位，又由于企业数量的飞速增长，人员队伍的迅速膨胀，从业人员素质良莠不齐，致使服务和管理比较混乱，造成服务质量高低有别，加之物业管理涉及千家万户，众口难调，还未形成真正意义上的市场化、规范化运作环境。一旦出现问题，各说各理，容易导致异议与纠纷的形成。

2. 物业管理行业法律法规不健全

现行法律、法规对物业管理行业的调整相对滞后，缺乏相应完整的理论体系的支撑。虽然《物业管理条例》、《中华人民共和国物权法》、《业主大会和业主委员会指导规则》等相继颁布实施，但由于物业管理涉及领域广泛，加之法律、法规过于原则性，缺乏可操作性，以及业主或使用人与物业服务企业之间权利、义务的不明确，因而形成不同的理解认识，不仅容易诱发异议与纠纷，而且纠纷产生后，常常无法从法律法规上找到解决的依据，导致处理难度增大，难以有效地解决物业管理纠纷。

3. 物业服务公司角色错位、服务意识不到位

物业服务企业与业主之间是平等主体之间的委托服务合同关系，作为物业管理合同的受托方，物业服务企业应当按照业主的委托从事物业管理事务，代表并且维护业主的利益，为业主提供服务。但在现实中，一些物业服务企业认为自己是项目的管理者，业主是被管理的对象，将自己凌驾于业主之上，无视甚至侵害业主权益，不进行规范经营，采用不正当的手段强制业主服从管理，随意改变物业管理的服务标准和物业管理收费标准，从而使矛盾人为激化。

物业管理行业是第三产业，属于服务性行业。但是一些物业服务企业缺乏市场意识和服务理念，没有准确把握服务业主的自身定位，使得物业管理的服务特征被淡化，不重服务，只重管理。对业主要求解决的问题、需要帮助的事情，采取推诿、拖延或者置之不理的态度和行为；对要求业主履行的义务，方式简单粗暴，根本不考虑业主的意愿和承受能力；不按照物业管理服务合同履行义务，服务质量存在瑕疵，引起业主的反感和不满。

甚至个别物业服务企业并不是依照法定程序由全体业主或业主委员会选聘的，其提供服务没有合法依据，有"强买强卖"性质，违反了消费者权益保护法的规定。

4. 业主未全面树立物业管理的消费观念、消费意识

物业管理的性质是有偿服务。但由于业主的物业管理消费观念、消费意识还没有完全树立起来，他们大多只愿意支付最少的物业管理费，却希望得到最好的物业管理服务，甚至只享受服务而不交费。有的业主认为自己是主人，物业服务企业是自己花钱雇来的仆人，应当是自己说什么就是什么；还有的业主诚信意识差，不以物业管理合同为依据，而是牵强附会地以各种理由拒绝履行义务，这种权利与义务不对等的片面认识容易引发物业管理异议与纠纷。

还有一些业主对物业管理知识知之甚少，购房时只注意房子的质量、价格，往往忽视了物业管理问题，甚至不清楚自己与物业服务企业之间的权利、义务关系，不知道怎样与物业服务企业沟通交流，导致一些不该发生的问题发生。

5. 业主大会制度的不完善

物业管理是一个非常复杂的系统工程，它的有效运行离不开业主大会制度的保证。但由于业主大会制度设计上的局限，其运作困难重重。如符合成立条件而不成立业主大会的情况普遍存在，这在客观上造成了前期物业管理无限期延长，业主与前期物业服务企业发生矛盾无从协调，从而引发大量的异议与纠纷。

已成立的业主大会，遇到物业管理服务中的问题，由于业主委员会成员大多不知道物业管理专业认识，面对物业管理专业知识的系统性、复杂性和广泛的涉猎面，不知道如何保护全体业主的利益。还有缺乏对业主委员会的有效制约和监督机制，在重大事项的决定上，有的业主委员会不经合法表决自行作出决定；有的业主委员会不能真正代表大多数业主的利益，个别成员甚至把个人利益置于业主共同利益之上，任意决定业主共同事务，损害其他业主利益或业主的共同权益。

6. 开发商先期遗留问题不能得到有效解决

在物业管理纠纷中，有 70%是因开发商遗留问题引发的。在根源上分析，房地产开发运营体制是直接引发物业管理异议与纠纷的原因。不少开发商在售房期间进行盲目承诺甚至欺骗性宣传，而业主入住后发现各方面配套设施不到位或是原先承诺未能兑现，其追究目标往往是与其发生直接联系的物业管理企业。

这一方面是因为目前由于物业管理条例的规定，前期物业服务企业都是由开发商选择的，而开发商选择的物业服务企业大多数是和开发商有种种利益上的关联，甚至就是由开发商派生的。这让业主自然而然地觉得物业服务企业是开发商的售后服务者，就应该承担所有的问题。即使是那些在规划设计、施工阶段的遗留问题，或是购房合同不能有效兑现等应由开发商解决的问题，业主也会要求物业服务企业解决。

另一方面，是因为现行的许多物业管理的法规政策，由于职能定位与责任边界不清晰，使得物业服务企业承担了很多不该承担的工作和责任。根据了解和分析，行风测评中反映的问题有一半以上本不属于物业服务企业，但由于责任边界不清和宣传解释乏力，使得物业服务企业代人受过的现象时有发生。

7. 示范文本内容过于概括

现行的物业管理合同示范文本对双方责任、义务约定较为概括，同时因为示范文本的存在，使合同双方的订约自由受到较大限制，易发生异议与纠纷。

合同欠完善，很多业主和物业服务企业签订的物业服务合同约定不明确、不规范，或者无法涵盖在履行过程中可能出现的种种问题，甚至存在未签订物业服务合同的情况，物业服务合同到期后未能及时续签等情况，都是引发双方矛盾的根本原因。

8. 政府主管部门不作为或效率低下

物业管理服务具有一定的公共性，关系到千家万户的正常生活，关系到社会的稳定和谐。因此，政府不能完全放任开发商、业主与物业服务企业自行解决。政府应当发挥主导作用，为各方沟通搭建平台。但在实践中，当业主或使用人违规行为发生后，按照目前的程序，不用说行政申诉或司法裁判程序过程漫长，即使是政府主管部门介入，也有待时日，往往错过了控制或消除纠纷的有利时机，原先只有个别业主、使用人违规（如违章搭建），却由于迟迟不见纠正，其他人便群起效仿，无疑增加了物业服务企业制止违规行为的难度，甚至激化了矛盾。

1.2.2 异议与纠纷的常见类型

1. 因开发商违约或侵权行为形成的异议与纠纷

（1）开发商在售房期间进行盲目承诺甚至欺骗性宣传

作为一种促销手段，开发商在向购房者推销房屋的过程中，往往以五花八门的赠送内容来吸引购房者。如免交物业管理费、赠送花园、赠送精装修、赠送中央空调等。免交物业费，开发商实际上是在自己的合同中为他人（物业服务企业）设定了义务，对于他人是没有效力的。业主入住之后，物业服务企业仍然要收取物业费；赠送花园则构成了侵权，作为底层住户，与其他层住户一样，只能拥有与其所购房屋面积相应的土地使用权，开发商赠送底层住户若干平方米的花园，实际上是赠送了若干平方米的土地使用权，这显然是侵犯了其他住户的合法权益；赠送精装修、赠送中央空调则是一个圈套，这实质是将本来 A 与 B 捆绑销售，偏偏说成是卖 A 送 B，玩了一个文字游戏，更重要的是开发商为自己将来的免责打好了伏笔。这些都给物业服务企业与业主、业主与业主的纠纷埋下了隐患。

（2）开发商设计施工不合理，工程质量问题多

物业项目先天设计不合理，房屋配套设施不齐全、公共设施不到位，施工单位不按设计要求施工，房屋施工质量问题多等。如排水不畅、空调安放位置不当、化粪池设计位置欠妥、顶层漏水等，造成业主的生活不便。而前期物业服务企业一般由开发商选聘，往往起到了开发商的保护伞和防火墙的作用，为了迎合开发商，盲目地站在开发商一边，造成主体关系的颠倒，为了开发商的利益而与业主产生纠纷。

（3）开发商有意延搁业主大会成立，造成前期物业管理时间延长

承担前期物业管理的物业服务企业都是由开发商选聘的，其管理合同期限一般到首届业主大

会成立后选聘新的物业服务企业签订的物业管理合同生效之日。而在实践中,开发商不履行业主大会成立的组织责任,造成符合成立条件而不成立业主大会的情况普遍存在,致使物业服务企业在前期合同期满后仍旧继续履行前期合同,在客观上造成了前期物业管理时间无限期延长,业主对原物业服务企业所履行义务不予承认从而引发大量纠纷。

2. 因物业服务企业违约或侵权行为形成的异议与纠纷

(1) 物业管理收费标准不规范而引发的异议与纠纷

这存在两种情况。一种是物业服务企业单方面提高收费标准、随意增加收费项目、收费标准不规范而导致异议与纠纷。另一种是因为同一项目内既有商品住宅又有其他产权性质住宅,而物业服务企业要求业主按商品房标准支付物业管理费,或因物业服务企业采取不同的收费标准而引发的异议与纠纷。

(2) 物业服务企业违约行为引发的异议与纠纷

物业服务企业未履行合同义务,任意减少管理服务项目和内容;对房屋及附属设备、公用设施等修缮不及时;对物业管理区域内的环境、绿化、公共秩序未尽管理职责,达不到服务质量标准;对个别业主侵犯他人权利的行为劝阻不及时或不予劝阻;在提供特约服务中造成的财产损失等。

(3) 物业服务企业侵权行为引发的异议与纠纷

物业服务企业侵害业主利益,擅自将小区的物业管理转让给他人;侵占业主共有物业作为物业用房;擅自改变项目内的土地、房屋和共用设施的用途;或将共用部分用于自营或将出租经营收益归己;以停水、停电、停气方式催交物业管理费;无故扣押业主房屋装修保证金;为牟取不当利益,采取违规收费或收费不出具正式发票、不公开财务账册甚至挪用住宅专项维修资金等。

(4) 物业服务企业中标后未签订物业服务合同引发的异议与纠纷

物业服务企业通过竞标取得物业项目,但因种种原因,未与业主委员会签订合同,导致业主对物业管理费、物业管理服务认定标准不一而致纠纷。

3. 因业主违约或侵权行为形成的异议与纠纷

(1) 业主观念滞后或诚信缺失引发的异议与纠纷

这主要表现在业主以种种理由为借口拒交物业管理费。业主因种种原因不满物业服务企业的管理,或因观念认识将本不属于物业服务企业的问题作为理由,如业主以物业服务企业未能全面履行其义务,在维修、保洁、绿化等方面均存有问题,或开具的物业管理费收据不符合税务机关的规定,或物业服务企业代供热公司收取供热费,业主以供热未达标等为由拒付物业管理费。甚至部分业主对在房屋质量保修期内发现房屋出现质量问题,一旦对开发商解决的方式方法或答复不满意,即以开发商与物业服务企业是"一伙"为由,拒交物业管理费。

(2) 业主违规行为而致纠纷

这种情况在装修期间表现尤为突出。业主违反装修管理规定擅自改变房屋结构,或私自搭建违章建筑等。这些行为或是因影响他人正常工作、生活,或是因危及他人生命财产安全,或是因对物业服务企业劝阻制止不理等,引发与利益受损业主或物业服务企业的纠纷。

(3) 业主风俗习惯、生活习惯引发的纠纷

在居住小区出现此类问题较多,如照妖镜、老年人跳秧歌等,主要是因为居住区内人口众多,不同文化背景、民族背景、年龄段的人生活在一起,也是正常的现象,但需要我们物业服务企业

要予以重视，否则易造成矛盾激化。

4. 因其他违约或侵权行为形成的异议与纠纷

（1）物业服务企业交接物业项目引起的纠纷

业主或业主委员会选聘、解聘物业服务公司时，由物业项目接管、撤管引起的纠纷。此类纠纷目前较为突出，如前任的物业服务公司不退管，新的物业服务公司进不来；前任物业服务公司不移交相应管理资料等。

（2）业主与业主委员会权责划分不清引起的纠纷

主要表现为业主与业主委员会间对将选聘物业服务企业管理意见不一，选任、罢免业主委员会成员，业主委员会在行使小区自治管理权方面因权责、手续等不明确引发的矛盾，因业主委员会滥用住宅专项维修资金等导致纠纷。

（3）社会相关组织机构侵权引起的异议纠纷

主要表现为电力公司、自来水公司、煤气公司等供电、供水、供气、供暖等出现时间、质量等方面的问题，或通信公司安装天线、广告公司安置广告牌等，给业主带来了生活上的不便，甚至造成人身的伤害等。业主要求物业服务企业协调解决，而引起的异议与纠纷。

（4）政府主管部门调解处理不及时引起的纠纷

主要表现为对业主与开发商、业主与物业管理企业、业主与业主、业主与其他社会组织出现或异议或矛盾时，投诉到政府主管部门或相关部门，而未得到及时解决，致使异议或矛盾未得到遏止，趋向恶化，升级为纠纷。如物业管理实践中的停车场不足、乱收费以及违章建筑侵犯他人利益等矛盾。

1.3 如何预防物业管理异议与纠纷

物业管理异议与纠纷是困扰着业主和物业服务企业的一大难题。目前，国家法律法规以及政策中还没有关于物业管理纠纷的明确规定，处理物业管理异议与纠纷的依据主要是《中华人民共和国民法通则》、《中华人民共和国物权法》、《中华人民共和国合同法》、《中华人民共和国侵权责任法》、《物业管理条例》、《业主大会和业主委员会指导规则》、《物业服务收费管理办法》、《住宅专项维修资金管理办法》、《物业承接查验办法》、《物业服务企业资质管理办法》、《最高人民法院关于审理建筑物区分所有权纠纷案件具体应用法律若干问题的解释》、《最高人民法院关于审理物业服务纠纷案件具体应用法律若干问题的解释》等。在这些法律法规及政策中，对物业管理事项作了一些原则性的规定，既是对物业管理市场主体各方在物业管理活动中的行为规范，也是发生物业管理异议与纠纷时的处理依据。因此，我们在物业管理实践中，要注意弄清以下几个问题。

1.3.1 弄清物业管理市场主体间的法律关系，明确物业管理的地位

1. 物业服务企业与业主之间是平等主体之间的委托服务合同关系

实施物业管理的实体是具有法人资格的专业企业即物业服务企业。由于房屋产权属于业主所有，物业服务企业是通过接受业主的选聘并签订物业服务合同，接受业主委托，代表业主并运用经济手段经营管理物业的。物业服务企业扮演的是"大管家"的角色，这决定了物业服务企业与业主之间是服务与被服务的关系，其管理行为是企业行为。在物业管理内容上，物业服务企业除

对物业进行养护外，还为业主提供专项服务和特约服务，即多功能、全方位的统一管理服务。

物业服务企业提供的服务是有偿的，按照谁享用、谁收益、谁负担的原则，由享用人、收益人承担其物业服务费和特约服务费等。物业服务企业与业主之间服务与被服务关系的依据是物业服务合同。物业服务合同是双方在完全平等的原则下，为明确各自的权利与义务所签订的，因而，物业服务企业与业主之间是平等主体之间的委托服务合同关系。

2. 在物业管理中，业主处于主导地位

业主即物业的所有权人。物业管理的服务对象就是人，即业主或使用人。物业服务企业能否接管物业项目，按照《物业管理条例》的有关规定，是要由业主来选聘的，业主有权选聘或解聘物业服务企业。因此，在物业管理中，尽管物业服务企业与业主之间是平等主体之间的委托服务合同关系，但业主处于主导地位。

在物业管理过程中，业主的主导地位主要是通过业主大会的执行机构——业主委员会来实现的，由业主委员会聘请物业服务企业，并代表全体业主与物业服务企业签订合同。在明确业主和物业服务企业的责任、权利和义务的同时，由物业服务企业接受业主的委托，按照业主的愿望与要求对物业实施管理，为业主或使用人提供服务。

1.3.2 规范物业服务企业自我管理服务行为

1. 加强物业服务企业自我规章制度建设

物业服务企业是物业管理市场最基本的管理和执行机构。规范物业服务企业自我管理服务行为，离不开政府管理和行业协会管理，两者都是为物业管理市场实现规范化运作创造外部法规环境和行业环境的。但对物业服务企业而言，更重要的是规范物业服务企业自我管理服务行为，因为，从规范物业管理市场的角度来看，这属于基础管理，起到核心作用。

规范物业管理企业自我管理服务行为，从企业管理的角度来看，首先应从物业管理规章制度开始。规章制度是物业管理工作的依据和准绳，对物业服务企业的管理服务行为具有规范和制约的作用。尤其是在目前物业管理法律法规及政策尚不健全的情况下，物业服务企业更要通过建立完备、严密、科学、合理的规章制度来加强自我规范和自我约束，提高市场竞争力。物业管理规章制度的建立，应以国家和地方政府有关物业管理的相关法律法规及政策以及物业服务企业自身所确定的企业宗旨、文化理念和发展愿景为依据，以为业主服务为核心，并在物业管理的实践中逐步完善和提高。

2. 遵守法律法规，坚持物业管理基本原则

在物业管理过程中，物业服务企业要遵守法律法规及政策，严格约束自我管理服务行为，履行物业管理服务义务，文明地行使物业管理服务权利，与业主、业主委员会紧密配合，求得社会各相关部门、组织的支持，公开、透明地开展物业管理服务活动。

在物业管理服务活动中，要牢固树立"以人为本"的管理服务理念，以为业主服务为核心，坚持业主至上原则、统一管理原则、专业高效原则、权责分明原则、经济合理原则和依法行事原则，依照合同约定，对物业进行专业化维修、养护，对相关区域内的环境、公共秩序等进行管理，并提供相关服务，为业主创造方便、安全、清净、整洁的居住环境和工作环境。

3. 认真签订合同，避免异议与纠纷的产生

据统计，在法院审理的物业管理纠纷案件中近 60%是因为物业服务企业与业主间未订立合同，或合同订立不规范、不严谨造成的。因此，物业服务企业应重视合同的签订，并按照合同的约定，完全、认真地履行义务，规范地行使权利。签订物业管理合同有三种情况：一是物业服务企业与开发商订立；二是物业服务企业与业主订立；三是物业服务企业与业主委员会订立。

目前，虽然有前期物业服务合同的示范文本，但在实践中仍须注意根据物业项目具体情况和业主的管理服务要求，对合同条款加以补充，将双方的责、权、利约定清楚，明确具体的管理服务职责。合同中应当对委托管理的事项、管理的标准、管理权限、管理费收支、监督检查和违约责任等加以明确规定。物业服务合同要具体，在示范合同文本的基础上，还要细化、量化，不能太原则，以避免发生纠纷时缺乏合同依据。

1.4 处理物业管理投诉的基本思路

物业服务企业总的服务宗旨是以为业主服务为核心，以现代化的经营管理为手段，创造一个方便、安全、清净、整洁的居住环境和工作环境。要想实现这一服务宗旨，实现业主或使用人满意的管理目标，除了要提供优质高效的管理服务外，还要控制并减少异议与纠纷的出现，妥善、正确、有效地处理好业主或使用人的投诉。

处理物业管理投诉是一项集心理学、公关技巧于一体，并体现物业管理人员道德修养、业务水平、工作能力等综合素质，给投诉者所提问题予以妥善解决或圆满解答的工作。处理投诉工作的原则是依法办事，宗旨是服务业主或使用人，目标是杜绝有效投诉，从而提高物业服务企业的社会形象和社会影响力。

1.4.1 投诉的定义

业主或使用人因对物业管理企业的管理服务、对开发商的建筑质量或配套设施、对其他业主或使用人的违规行为和侵犯自身利益的行为、对其他相关的社会组织机构的侵权行为提出异议或不满，以及对上述各方（以下简称为物业管理相关各方）提出新的需求建议，并将这些异议或不满、新的需求建议通过各种方式向物业服务企业或有关部门进行反映报告的行为，称为投诉。

业主或使用人投诉的方式包括来电、来访、来函、其他（如媒体曝光）等。

1.4.2 业主或使用人投诉的分类

1. 按投诉的性质分类

按投诉的性质分为：有效投诉和沟通性投诉。

（1）有效投诉

有效投诉是指业主或使用人对物业管理相关各方工作失职、违法违规的行为提出投诉，并经过有关部门查实登记的。有效投诉有两种情况：

业主或使用人对物业管理相关各方在管理服务、收费、经费管理、维修养护、设施配套等方面工作失职、违法违规等行为的投诉，

业主或使用人提出的物业管理相关各方单位或人员故意、非故意，或失误造成业主或使用人

或公众利益受到损害的投诉。

（2）沟通性投诉

沟通性投诉是指业主或使用人有困难或问题需要物业服务企业帮助解决或与物业服务企业需要进行的咨询建议。沟通性投诉有求助型投诉、咨询型投诉和发泄型投诉。

1）求助型投诉。业主或使用人有困难或问题需要物业服务企业给予帮助解决的。如业主家人突发疾病，请求物业服务企业帮助送急诊抢救的。

2）咨询型投诉。业主或使用人有问题或建议向物业服务企业询问了解的。如业主咨询物业服务费的收取依据。

3）发泄型投诉。业主或使用人因受委屈或误会等，内心带有某种不满，要求物业服务企业疏通解决的。如邻里之间因噪声、油烟侵扰，要求物业服务企业调解、解决的。

沟通性的投诉若处理不当，就会转变成有效投诉，所以，必须要认真处理好沟通性投诉。

2. 按投诉的内容分类

（1）对设备的投诉

业主或使用人对设备的投诉主要包括空调、照明、供水供电、电梯等设置、使用故障情况、使用便利情况的投诉。在物业管理实践中，即使我们建立了对各种设备的检查、维修、保养制度，也只能是控制或减少此类问题的发生，而不能保证完全消除所有设备潜在的问题。

（2）对服务态度的投诉

业主或使用人对服务态度的投诉主要包括物业管理相关各方有关人员冷淡的态度、不负责任的语言行为、推诿拖延或者置之不理的处理方式等。由于管理人员与业主或使用人都由不同个性的人组成，所以，此类投诉随时都可能发生。

（3）对服务质量的投诉

业主或使用人对服务质量的投诉主要包括产品质量、维修质量、服务质量等。减少业主或使用人对服务态度与服务质量的投诉的最好方法是加强对服务人员的培训。

（4）突发性事件的投诉

业主或使用人对因突然发生的、影响面广泛的、出乎民众和社会正常心理承受力之外的某些事件，如停电、停水等，给业主或使用人带来的生活、工作的不便所进行的投诉。

1.4.3 正确理解业主或使用人投诉

1. 正确理解业主或使用人投诉的重要性

在物业管理服务实践中，有专家做过如下的统计：对服务不满意的业主或使用人，96%会静静地离开，91%永远不会再回来，80%会将不满意向8～10位朋友诉说，20%会向20个友人讲述。平均每一位投诉者将会对其5位朋友讲述自己的投诉过程及最终的解决办法。假如他们的投诉问题被妥善解决后，70%的业主或使用人会继续理解物业服务企业；假如他们所投诉的问题即刻得到解决，95%的业主或使用人将会一如既往地支持物业服务企业。可见，正确理解业主或使用人投诉，并给予高效、稳妥、有效地解决，对于物业服务企业树立良好的企业形象是十分重要的。

2. 正确理解业主或使用人投诉的意义

（1）投诉是信任

投诉是业主或使用人对物业服务企业的信任，是提供给物业服务企业改善管理服务水平的机会。

（2）投诉是沟通

投诉是业主或使用人向物业服务企业表明一种态度，他们愿意与物业服务企业进行沟通，并通过沟通使问题得到妥善解决，为双方的继续合作奠定良好的基础。

1.4.4 如何处理业主或使用人的投诉

1. 处理投诉的基本原则

（1）真心诚意地帮助业主或使用人解决问题

业主或使用人投诉，说明物业服务企业在工作中还不尽圆满，存有漏洞；说明业主或使用人的某些要求未被重视，服务仍不到位。物业服务企业的每一名员工都应该理解业主或使用人的心情，满怀诚意地帮助业主或使用人解决问题。只有这样，才能赢得业主或使用人的信任与好感，才能有助于问题的解决。

（2）把"对"让给业主或使用人

业主或使用人是因为有所异议或不满才来投诉的，他们的主观目的是希望问题得到妥善解决。我们只要进行换位思考，从对方的角度去看待问题，就会理解他们。因为有异议或不满，有些业主或使用人往往会出现情绪失控的情况，这时，我们更应该冷静思考，不能失控。即使业主或使用人言谈中有不对的，也要把"对"让给业主或使用人，与业主或使用人发生争议只会激发矛盾。

（3）不损害企业的利益

解决业主或使用人投诉，目的是帮助业主或使用人解决问题，树立物业服务企业良好的社会形象，因此，在解决问题的过程中也不能一味地迁就业主或使用人，而应坚持有理、有据、有节的原则，妥善地解决问题，争取得到业主或使用人满意，企业又不蒙受损失的双赢结果。

（4）快速反应

对待业主或使用人的投诉，应在仔细聆听后，作出准确、有效的辨别判断，并做出迅速处理。对有效投诉应按照作业程序，及时处理，在短时间内给予答复；对无效投诉应当立即解释，大胆拒绝，避免给后续工作带来麻烦。

2. 处理业主或使用人投诉的思路

从投诉的开始到结束，是一个涉及面相当广且环环相扣的过程，它包括以下几个环节。

（1）接诉

在接到业主或使用人投诉时，首先应表示理解或歉意，并认真记录投诉内容和投诉人意见。

（2）辩诉

在接待和记录业主或使用人投诉过程中，应辨别其投诉的类别，判定投诉是否合理。对合理投诉，在向业主或使用人表示歉意的同时要给予肯定性答复，真诚表示处理问题的态度；如果是不合理投诉，在如实记录的同时，要耐心解释，说明理由，规劝业主或使用人。

（3）析诉

接到业主或使用人投诉后要迅速调查核实其投诉的事实，并对投诉问题进行分析，梳理造成投诉问题的主客观因素，查找被投诉问题的症结原因。

（4）定责

通过调查分析投诉问题的结果，确定解决处理投诉问题的责任部门或责任人，并由责任部门或责任人提出具体的解决处理方案（重大投诉的解决处理方案应报项目管理处经理审批）。

（5）处理

由责任部门或责任人按确定的解决处理方案实施解决投诉问题。在实施解决处理方案过程中必须与业主或使用人友好相处，共筑和谐关系。在处理结束时，请业主或使用人签署意见。

（6）回访

在投诉问题解决处理完成后，要安排适当的时机进行回访，向业主或使用人征询对投诉处理的意见。如有不足或遗漏要尽快弥补，即使业主或使用人表示满意，也应再次向业主或使用人表示歉意。

（7）总结

回访结束后，应对发生投诉问题的原因、解决问题的过程、回访验证处理投诉结果的满意程度等进行总结评价。针对出现问题的因素制定纠正/预防措施，杜绝类似问题发生。

（8）归档

收集整理业主或使用人投诉记录和处理投诉问题过程的相关文字材料以及回访验证、总结评价等资料，归档存查。

1.4.5 解决异议与纠纷的处理方式

物业管理由于其活动范围的广泛性、服务对象的复杂性，物业管理过程中的异议与纠纷也是多样化的。针对不同类型的异议与纠纷应采取不同的方式进行处理。一般而言，处理异议与纠纷的方式大体可分为四种。

1. 纠纷双方协商和解

无论是业主、物业管理相关各方中的哪一方发生异议与不满，还是发生了纠纷，最好的方式就是通过双方的友好沟通和协商，使纠纷得到圆满解决。

2. 物业管理纠纷的调解

物业管理纠纷的调解，包括民间调解和行政调解两种。

民间调解由争议双方当事人共同选定一个机构、组织或个人，由第三方依据双方的意见和授权提出解决意见，经双方同意并执行，由此化解纠纷。但此种方式的调解不具有法律效力。调解结束后，当事人一方如不执行，则前功尽弃。

物业管理纠纷的行政调解则是申请出政府主管部门进行调解处理，但这种处理如一方不遵守执行，则要借助其他手段解决。

民间的调解和行政调解与仲裁或诉讼程序中的调解是不同的。仲裁或诉讼中的调解是仲裁程序中的一个环节，不具有独立性。

3. 物业管理纠纷的仲裁

依据《中华人民共和国仲裁法》的规定："平等主体的公民、法人或其他组织之间发生的合同纠纷和其他财产权益纠纷，可以仲裁。"在物业管理过程中，民事性质的争议可以通过仲裁途径解决，主要是合同的纠纷或财产权益纠纷。

仲裁物业管理纠纷的依据是当事人认定的仲裁协议。仲裁协议有两种方式：一种是在订立合同时就约定一个条款，说明一旦有争议就提交仲裁，这叫仲裁条款；另一种方式是双方当事人出现纠纷后临时达成提交仲裁庭的书面协议。仲裁协议要写明以下内容：请求仲裁的意思表示；仲裁事项；选定的仲裁委员会。达成仲裁协议的争议，不得向法院起诉；即使起诉，法院也不受理。

物业管理纠纷仲裁处理的一般程序是：

（1）一方当事人向选定的仲裁委员会提交仲裁申请书；

（2）仲裁委员会于收到申请书后5日内决定立案或不立案；

（3）立案后在规定期限内将仲裁规则和仲裁员名册送申请人，并将仲裁申请书副本和仲裁规则、仲裁员名册送达被申请人。

（4）被申请人在规定期限内答辩，双方按名册选定仲裁员。普通程序审理时由三名仲裁员组成，双方各选一名，仲裁委员会指定一名任首席仲裁员；案情简单、争议标的小的，可以适用简易程序，由一名仲裁员审理；

（5）开庭：庭审调查质证、辩论、提议调解；

（6）制作调解书或调解不成时制作裁决书；

（7）当事人向法院申请执行。

与司法审判的两审终审制不同，仲裁裁决是一裁终局的。

4．物业管理纠纷的诉讼

当事人通过诉讼方式解决民事、行政纠纷是较常见的方式。诉讼的管辖是人民法院按照法定程序审理案件的过程，与仲裁明显不同，人民法院对已提交诉讼的裁决是强制性的。

物业管理民事纠纷的诉讼程序大体上有以下几个步骤：

（1）当事人一方（原告）提交起诉状，起诉至法院；

（2）法院审查立案后将起诉状副本送达被告；

（3）被告提交答辩状；

（4）开庭：调查、辩论、调解；

（5）制作调解书或一审判决书；

（6）双方均不上诉，则判决书生效；如果一方不服提起上诉，进入第二审程序；

（7）第二审审理：制作二审调解书或下达二审判决书，此为终审判决，不得上诉；

（8）执行。

1.5 物业管理人员接待投诉的沟通技巧

1.5.1 物业管理人员接待投诉的沟通技巧

一个人的成功，20%靠专业知识，40%靠人际关系，40%需要观察力的帮助，因此，在随时有效地与"人"接触沟通中，就必须不断地运用有效的沟通方式和技巧。在处理物业管理异议与纠纷时，需要借助沟通的技巧，化解不同的见解与意见，建立共识，当共识产生后，异议与纠纷的解决就变得水到渠成了。因此，从某种意义上讲，良好的沟通能力与人际关系的培养，是解决物业管理实践纠纷的关键。

1. 自信的态度

接待投诉,自信的态度是十分重要的,要让对方认为你具备解决问题的能力和权利,对方才有可能相信你,向你讲清投诉事件的经过和要求,对你的答复才会有所信任,并按照你的思路去寻求解决的方法。但要注意自信不是靠对别人吼叫、谩骂,甚至连争辩都极为罕见。自信是对自己了解得相当清楚,并且肯定自己。有自信的人常常是最会沟通的人。

2. 体谅他人的行为

这其中包含"体谅对方"与"表达自我"两个方面。所谓体谅,是指设身处地为别人着想,并且体会对方的感受与需要。当我们想对他人表示体谅与关心时,唯有我们去换位思考,自己设身处地为对方着想才能实现。体谅投诉的业主或使用人,让对方了解我们对他的同情和理解,这显然离不开准确地自我表达。准确地自我表达,让对方明白你的立场与好意,作出积极的回应,这才有利于问题的解决。

3. 适当地提示对方

产生矛盾与误会的原因,往往是出自于对方的健忘或有意识的回避。接待投诉时,需要适当地提示对方物业服务合同或管理规约等约束性文件中的相关规定,暗示我们双方的权利和义务,暗示投诉事件的性质,暗示责任。我们的提示可使对方信守承诺;反之,若是对方有意食言,提示则代表我们希望对方信守诺言。

4. 直接地告诉对方

在接待投诉时,对于有意识地回避,最简单奏效的方法就是直言不讳地告诉对方我们的要求与感受,明确我们双方的权利和义务,明确投诉事件的性质,明确责任,告诉对方解决问题的有效途径是什么。但使用此方式时,要切记"三不谈"原则,即时间不恰当不谈;气氛不恰当不谈;对象不恰当不谈。

5. 善用询问与倾听

接待投诉时,善于询问以及积极倾听对方的意见与感受,仔细观察并且重视对方情绪上的变化,就可以清楚地了解对方的想法及感受,进而加以引导,达成共识。尤其是在对方行为退缩,默不作声或欲言又止的时候,可用询问行为引出对方真正的想法,了解对方的立场、需求、愿望、意见与感受,并且运用积极倾听的方式来诱导对方发表意见,进而对我们产生好感。最应该记住的是:询问与倾听的行为,是用来控制自己的,不要让自己因为过早地暴露意图,而给对方以可乘之机。

除此之外,,还要学会利用一些非语言因素来配合或加强"沟通"效果。

(1)离开冲突现场交谈

在冲突现场沟通,容易"触景生情",越谈越容易导致对方的气愤,心态无法平静。如果再有旁观者好事,添油加醋,那么,沟通的局面就容易失控。最好是礼貌地邀请对方离开冲突现场,到其他场所交谈沟通。

(2)坐下来谈

能坐下谈就不要站着,站着交谈给对方的感觉就是不愿意做长时间的沟通,尤其是在接待来访投诉时,让对方容易产生敷衍了事的感觉,心理上就会不满,为沟通留下隐患。礼貌地请对方

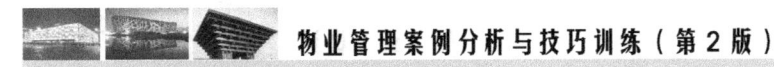

坐下，不光是礼仪的要求，也是为融洽气氛、便于沟通做铺垫。

（3）保持合适的身体距离和位置

根据心理测试，一般人谈话，身体保持 1 米半的距离为宜，太近会感觉压迫，太远则有生疏之感，且交谈双方所站位置最好呈 90°角，面对面有对抗之嫌。

1.5.2 如何应对无理投诉

无理投诉是指责任或管辖处理的范围不在物业服务企业，而业主或使用人误认为应由物业服务企业负责解决的问题；或是责任或管辖处理范围在物业服务企业，应由物业服务企业负责解决的问题，而业主或使用人因为某些原因，投诉时情绪失控的情况。

对待无理投诉，无论是上述的哪种情况，都不可掉以轻心。因为前一种情况解决不好，可能会增加误会的范围，扩大对物业服务企业的不利影响；而后一种情况，处理不得当，可能带来的不只是不利影响的问题，甚至可能造成矛盾的激化，给物业服务企业带来极为恶劣的社会影响。

对无理投诉的处理，要注意做到：

1. 耐心和细心

无理投诉的对方通常情绪激动，常因急于表达反而词不达意，所以必须耐心听其叙述，也给自己留出足够的时间准备；在听对方讲述的过程中必须细心认真，注意重要细节，通常会给自己带来莫大的好处。

2. 先听后讲

俗话说"知己知彼，百战不殆"，所以一定要先让对方讲完，不到万不得已不要打断对方的讲话，所谓言多必失，耐心听讲，在听讲的过程中等待对方的错误出现，以求占得上风；讲话要注意语调，保持冷静和礼貌，语调要轻但应足够清楚，语气要和蔼不要顶撞对方，否则就会给对方留有把柄。

3. 不要计较细枝末节

所谓和为贵，千万不要与对方发生争吵，即便我们在某个细节上占了上风，但却容易激怒对方，往往最后也不能取得圆满的结果；更不要喋喋不休地强行说服对方，这往往会产生相反的效果。

4. 目光要坚定

与对方沟通时要用目光直视对方，显示出坚定的信心，你越是坚定对方就越退却，不要让对方觉得我们内心恐惧，那样他会得寸进尺，提出更多不合理的要求；即使遇到的问题是我们无法解决的，也要采取迂回战术，为自己赢得思考的时间。

5. 合理让步

处理投诉就是一场谈判，准备好自己的筹码与对方讨价还价，在大多数情况下，投诉都是这样解决的；寻找对方喜欢的话题，与对方拉近距离，保持自己的亲和力，这是作出合理让步的有效步骤；但不要随意作出承诺，承诺一旦作出承诺就必须落实，否则会让业主觉得受到欺骗，所以千万要谨慎。

6. 不轻信对方

对方的投诉有时是因为误会引起的,所以合理地解释很重要,保持冷静的头脑客观分析问题,相信自己的企业和同事,但不要流露出不相信对方的表情,否则问题会越搞越糟,无法收拾。

7. 相信领导和企业

有些投诉自己处理不了时应该果断地交给领导去处理,相信领导和其他同事会解决好问题,不要勉为其难,错过了问题解决的最佳时机,或者使简单问题复杂化,影响到投诉的有效解决。

1.5.3 物业管理人员接待投诉的综合素质要求

(1)要认真学习和领会物业管理相关的法律法规和行业要求,熟记所在物业项目物业服务合同及管理规约中的主要条款。

(2)了解本物业管理区域的基本情况,掌握共用部位、共用设施设备运行维护要求,清楚各项业务的操作流程和要求。

(3)清楚所在项目管理处在物业管理区域内提供管理服务的内容和标准要求,明白项目管理处各职能部门的职责和业务范围,明了项目管理处各岗位职责和企业管理规章制度。

(4)掌握物业管理区域内配套项目及配套设施的责任区分和管理服务范围,熟记相关单位(如公安、消防、供电、供水、供暖、供气等单位)部门的联系方式,并注意保持经常性、友好性的联系,确保与其沟通处理时的及时性和有效性。

(5)要牢固地树立"亲情服务、诚信服务"的意识,尽可能多地与业主交往,多记住业主的自然状况,这对在接待投诉时拉近与业主之间的认识距离,增进亲和感是很有益处的。做到了知己知彼,接待投诉时才能得心应手。

(6)要善于把握投诉客户的心理,能够引导、掌控客户投诉处理过程的主动权。客户投诉的心理状态主要有:求尊重心理,客户采取投诉行动之后,希望有关部门重视他们的意见,向他们表示歉意并采取相应的行动;求发泄心理,客户碰到令他们烦恼的事情之后,心中充满怨气、怒火,要利用投诉的机会发泄出来,以维持他们的心理平衡;求补偿心理,客户在受到一定损失时向有关部门投诉,希望能补偿他们的损失;逃避责任心理,客户在造成侵害(包括自己利益的损失)时,会尽可能摘除自己的责任,而将一切过失推到物业服务企业身上,以求心理平衡或找回补偿;鄙视或敌视心理,某些客户由于观点偏差,对物业管理人员存在心理上的鄙视,处处予以挑剔刁难。

总之随着管理经验的丰富积累,相信每个人的投诉处理能力都会得以提高。相信自己,给自己信心,不要退却!

第2章 物业管理投诉处理

2.1 物业管理投诉处理组织机构及权限

2.1.1 物业管理投诉处理组织机构

为处理好业主或使用人投诉,与业主或使用人进行有效的交流沟通,物业服务企业一般都设置专门的机构,即客户服务中心来负责此项工作。客户服务中心设置统一的接诉电话和接诉窗口,承担对外受理并反馈业主或使用人(以下简称客户)的投诉,对内协调监督各部门投诉处理情况的职责。它具有相对的独立性及相应的权限,是物业服务企业承担投诉的主要机构。

物业服务企业投诉处理一般都采取首问责任制,即无论客户是哪方面的投诉,只要通过客户服务中心投诉,第一位接待投诉的人员必须受理投诉,再根据内部职责分工,落实到相关单位或部门;相关单位或部门处理完毕后,将投诉案件转回给首问责任人,由其反馈给投诉客户。首问责任人必须跟踪整个投诉案件的处理过程,保持与投诉客户的沟通,随时接受询问。

2.1.2 物业管理投诉处理组织机构的权限

1. 受理权

对投诉到客户服务中心的一切事项,均可受理并做适当安排。

2. 调查取证权

在处理投诉事项及其相关工作中,有权到有关单位、部门调阅、复制相关资料、向有关人员进行调查询问,并有权要求被调查的单位及涉及的人员对调查取证的各种资料予以签字确认。

3. 人员借用权

在处理投诉事项及其相关工作中,有权借用调查处理工作所必需的企业内部各单位、部门专业人员。

4. 统筹处理权

对相关投诉事项,有权协调各方面工作,确定处理及解决方案,并要求相关单位、部门予以配合或落实。

5. 督办权

对落实到相关单位、部门的事项,有权限定合理的期限,并进行跟踪督办。

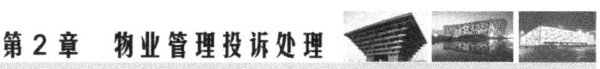

6. 处罚建议权

对投诉事项处理工作中配合不力、工作不到位、违反企业制度的单位、部门或个人，有权向行政人事部门提出相应的处罚建议。

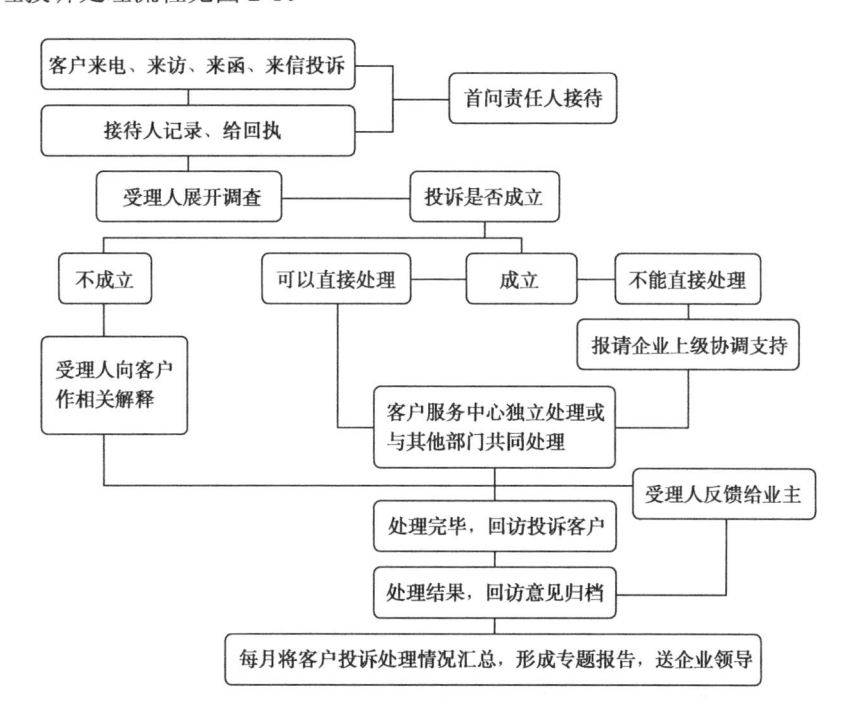

2.1.3 物业管理投诉处理流程

物业管理投诉处理流程见图 2-1。

图 2-1 物业管理投诉处理流程图

2.2 物业管理投诉处理作业程序

2.2.1 投诉处理标准作业程序

1. 目的

规范投诉处理工作，确保客户的各类投诉能及时、合理地得到解决。

2. 适用范围

适用于客户针对管理服务工作的有效投诉处理。

3. 职责

（1）项目经理负责处理重要投诉。
（2）客户服务中心主管负责协助项目经理处理一般投诉及每月的投诉统计、分析、汇报工作。
（3）相关部门主管负责协助客户服务中心主管和项目经理处理本部门的被投诉事件，并及时

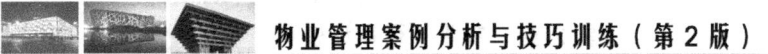

向客户服务中心反馈投诉处理信息。

（4）客户服务中心接待员负责投诉现场接待工作。

4. 程序要点

（1）处理投诉的基本原则

接待投诉时，接待人员应严格遵守"礼貌、乐观、热情、友善、耐心、平等"的十二字服务方针，严禁与客户进行辩论、争吵。

（2）投诉界定

1）重大投诉。下列投诉属重大投诉：

① 公司承诺或合同规定提供的服务没有实施或实施效果有明显差错，经客户多次提出而得不到解决的投诉；

② 由于公司责任给客户造成重大经济损失或人身伤害的；

③ 有效投诉在一个月内得不到合理解决的投诉。

2）重要投诉

重要投诉是指因公司的管理服务工作不到位、有过失而引起的投诉。

3）轻微投诉

轻微投诉是指因公司的设施、设备和管理水平有限给客户造成的生活、工作轻微不便而非人为因素造成的影响，可以通过改进而较易得到解决或改进的投诉。

（3）投诉接待

1）当接到客户投诉时，接待员首先代表被投诉部门向客户表示歉意，并立即在《客户投诉意见表》中做好详细记录：

① 记录内容包括：投诉事件的发生时间、地点；被投诉人或被投诉部门；投诉事件的发生经过（简单明了地叙述）；客户的要求；客户的联系方式、方法。

② 接待客户时应注意：请客户入座，耐心倾听客户投诉，并如实记录；必要时，通知客户服务中心主管或项目经理出面解释；注意力要集中，适时地与客户进行交流，不应只埋头记录。

2）投诉的处理承诺：

① 重大投诉，经项目经理当天呈送公司经理进入处置程序；

② 重要投诉，接待后1小时内转呈项目经理进入处置程序；

③ 轻微投诉，不超过2天内或在客户要求的期限内解决。

3）客户服务中心接待员根据投诉内容10分钟内将《客户投诉意见表》发送到被投诉部门，领表人在《投诉处置记录表》签收记录。客户服务中心接待员应将重大投诉及重要投诉经客户服务中心主管当天转呈项目经理。

（4）投诉处理内部工作程序

1）被投诉部门负责人在时效要求内将内容处理完毕，并按《客户投诉意见表》要求对投诉处理过程作好记录。在投诉处理完毕的当天将《客户投诉意见表》交到客户服务中心。接待员收到处理完毕的《客户投诉意见表》后，应在《投诉处理登记表》记录。

2）公司经理、项目经理在接到重大投诉和重要投诉后应按公司《不合格纠正与预防标准作业程序》文件的规定处理。

3）客户服务中心接待员收到被投诉部门投诉处理的反馈信息后，将情况上报客户服务中心主管，并在当天将处理结果通报给投诉客户。通报方式可电话通知或上门告之。

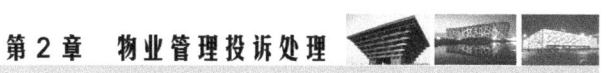

4）客户服务中心主管在投诉处理完毕后通知客户服务中心接待员安排回访。在每月 30 日前对投诉事件进行统计、分析，将统计、分析结果上呈项目经理，并将《客户投诉意见表》汇总上交公司品质部，由品质部长期保存。

5）其他形式的投诉（如信函），客户服务中心参照本程序办理。

(5) 投诉的处理时效

1）轻微投诉一般在 2 日内处理完毕，超时须经项目经理批准。

2）重要投诉一般在 3 日内处理完毕，超时须经公司经理批准。

3）重大投诉应当在 2 日内给投诉的客户明确答复，解决时间不宜超过 10 日。

5. 记录

(1)《客户投诉意见表》（见表 2-1）

表 2-1　客户投诉意见表

单位：			班组：		No：	
投诉人		联系电话		地址		
投诉时间：　　年　月　日　时　分 内容： 　　　　　　　　　　　记录人：　　年　月　日					投诉类型 轻微投诉□ 重要投诉□ 重大投诉□	
调查情况、结果： 　　　　属有效投诉□　无效投诉□　调查人：　　年　月　日						
处理意见： 　　　　　　　　　　　　　责任人：　　年　月　日						
回访意见（上门/电话/信函）： 客户签名：　　验证人：　　年　月　日						

(2)《投诉处理登记表》(见表 2-2)

表 2-2 投诉处理登记表

登记部门：

序号	投诉时间（日时）	来访人			投诉内容	意见表号码	处理情况
		姓名	联系电话	地址或单位			

注：接待人将内容登记在投诉处理登记表上并通知责任人取表进行处理，处理完成后，验证人在此表填上完成时间并签名。

2.2.2 客户投诉的立项和销项规定

1. 目的

规范对客户投诉处理、跟进的管理工作，提高服务质量，保证有求必应，有始有终。

2. 适用范围

适用于各项目管理处对投诉案的处理。

3. 定义

(1) 立项是指客户服务中心接待员接到各有关人员或业户的投诉后，按有关规定需要进行完整的处理和跟进，为此在《投诉处理登记表》上进行详细记录，称为立项。

(2) 销项指相对于"立项"而言，一个是始，一个是终。经立项的投诉事项，必须按有关程序处理和跟进，当处理完毕后再反馈回客户服务中心接待员处，按规定在原立项案下记录处理的完成情况和时间，并由客户服务中心接待员签名，如因种种原因而无法处理的投诉案件要由项目经理签名，称做销项。

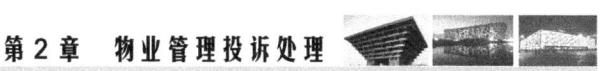

4．职责

（1）客户服务中心接待员：详细了解投诉案的情况，根据公司的有关规定判断是否立项。立项后要认真、负责地跟进，问题解决后也要了解清楚情况，予以记录和销项。

（2）项目经理：要经常定期、不定期地检查有关人员在处理投诉过程中的立项、销项情况，查阅记录，加强业务指导，完善责任制，根据工作情况给予相关人员奖惩，使投诉的管理有始有终。

5．工作程序

（1）立项的条件与规定：

1）当接到口头/电话投诉后立即填写《投诉处理登记表》，如符合以下条件之一者就可以确定立项/不立项。

① 需要派人到现场进行处理或施工，在处理过程中要求跟进和质量检验的投诉案都要立项。

② 各级领导、有关人员发现的问题，在通知了接待员后，需要处理跟进的事项都要立项。

③ 客户反映问题、疑问查询后，认为有必要跟进处理的问题要立项。

④ 紧急求救的处理要立项。

⑤ 在公司/管理处权力、责任范围以外的事，客户要求帮助了解和查询的事项要立项。

⑥ 投诉事项经有关人员解释后，客户认为已无问题并不需要跟进，不用立项。

2）立项的规定

① 客户服务中心接待员在接到指令或投诉后，要尽可能详细地了解事情的真相，以确定口头解释、立即立项或是弄清情况后再立项等处理方法和步骤。

② 当无法确定如何处理或是否立项时，要立即请示客户服务中心主管或项目经理，以确定是否立项。

③ 指令和投诉案一经立项，接待员就有责任跟进、催办，直到销项。绝不能拖着不办，不了了之。

3）立项时应在《投诉处理登记表》中填上：

① 是否立项与立项时间

② 投诉联系人

③ 立项处理案的地址和联系电话

④ 立项内容

（2）销项的条件与规定：

1）销项/不能销项的条件

① 立项的案件已处理完毕，投诉人已在《维修服务单》上签名认可，副本已送到客户服务中心接待员处，可以销项。

② 非维修立项案件，在接到有关单据、文字或部门主管人员的口头/电话通知后，经了解事情属实，可以销项。

③ 在处理某一立项案件时，同时又发现连带或是其他问题，如新问题已上报立项，原案件已处理完毕，可以销项。

④ 在处理立项案件中，如发现连带或其他问题，继续在处理中，又无法重新立项，此案件不能销项。

⑤ 重大事项在处理完毕后，经请示项目经理同意后才可以销项。

2）销项规定

① 已立项案件在未处理完成之前，任何人无权随便销项。
② 立项案件在处理完成后，除符合以上所提条件，尚须经过核实，才能销项。
③ 立项案件如因种种原因而无法处理（或暂时无法处理）下去，可做好记录，每季度一次经项目经理协调同意后才能销项。

3）销项时应在《投诉处理登记表》中填上：
① 最后的案件处理结果。
② 同意销项人员的签名（一般案件不要签名，但无法处理案件销项，要由审批人签名），客户服务中心接待员签名。
③ 销项时间。

6. 相关文件

《投诉处理标准作业程序》。

7. 相关记录

（1）《投诉处理登记表》（见表2-2）；
（2）《投诉记录月总结表》（略）。

2.2.3 回访管理标准作业程序

1. 目的

规范回访工作，及时验证管理服务工作的质量和效果，确保管理服务工作质量。

2. 适用范围

适用于项目管理处各项管理服务工作效果的回访。

3. 职责

（1）项目经理负责重大投诉的回访工作。
（2）服务中心主管负责制定回访计划和组织、安排一般回访工作。
（3）服务中心接待员依照本规程实施具体回访工作。

4. 程序要点

（1）服务中心主管制订回访计划，安排回访。
1）回访时间安排：
① 投诉事件的回访，应在投诉处理完毕后的三天内进行；
② 维修工程的回访，应在完成维修工程一个月后，两个月内进行；
③ 特约服务的回访，应安排在合同执行期的中期阶段和结束后进行；
④ 急救病人的回访，应安排在急救工作结束后的一周内进行；
⑤ 管理处发行的报纸、杂志及组织的文体活动的回访，组织、发行完毕后一个月内进行；
⑥ 其他管理服务工作的回访，应安排在完成管理服务工作后的一周内进行。

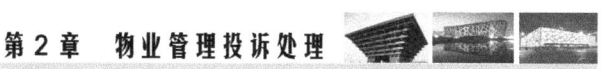

2）回访率：

① 投诉事件的回访率要求达到 100%；

② 维修服务、特约服务和求助服务的回访率要求分别达到 30%；

③ 报纸、杂志及组织的文体活动的回访率要求达到 10%；

④ 其他管理服务工作的回访率按当时情况由客户服务中心主管确定。

3）回访人员的安排：

① 重大投诉的回访由项目经理组织进行；

② 一般投诉的回访由被投诉部门主管与客户服务中心接待员共同进行；

③ 维修服务、特约服务和求助服务的回访由客户服务中心接待员进行。

4）回访的内容：

① 质量评价；

② 服务效果的评价；

③ 客户的满意程度评价；

④ 缺点与不足评价；

⑤ 客户建议的征集。

（2）客户服务中心主管依照回访计划，通知相关人员进行回访，回访人员应到服务中心领取《回访记录表》，并在《回访记录签收表》上签收。

（3）回访人员在限定时效内进行回访，回访工作一般采用与客户面谈、现场查看的方式综合进行，将回访内容扼要记录在《回访记录表》上，并请客户对记录内容签名确认。

（4）回访人员在《回访记录表》上签名确认，并将表格交回客户服务中心。

（5）客户服务中心主管对处理完毕的《回访记录表》进行审核，并加注意见。对于回访内容反馈为不合格的事件应上报项目经理，按《住户投诉处理标准作业规程》办理，并将处理意见记录在《回访记录表》上。

（6）客户服务中心接待员每月末对回访结果进行统计、分析，对发现的回合格、连续就同一事项投诉两次以上、同一种维修 3 次以上的现象，写成统计分析报告，以书面形式经客户服务中心主管审核后，报项目经理决定是否按照《不合格纠正、预防标准作业规程》办理。

（7）《回访记录表》于每月 25 日前统一交项目经理审核后，部分可作为员工绩效的考评依据，交办公室存档保管两年。

（8）本规程作为相关人员绩效考评的依据之一。

5. 记录

（1）《回访记录签收表》。

（2）《回访记录表》（见表 2-3）。

（3）《回访统计表》。

6. 相关支持文件

《客户投诉处理标准作业规程》

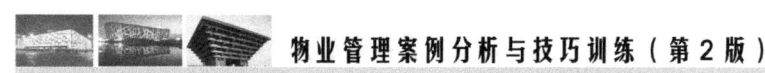

表 2-3　回访记录表

部门：　　　　　　　　　　　　　　　　　　　　　　　　　　No：

地址	回访内容	处理结果	业主满意率				业主签名	回访人员签名	日期
			A	B	C	D			

注：其中 A 代表"优秀"、B 代表"良好"、C 代表"一般"、D 代表"差"。

2.2.4　投诉处理与分析规程

1. 目的

明确对客户投诉进行处理的职责和工作流程，以确保客户投诉得到有效的处理。

2. 范围

本程序适用于物业管理过程中所出现的各种客户投诉处理。

3. 职责

（1）客户服务中心负责接收客户直接或间接的投诉信息登记，并转给有关责任部门进行处理。相关部门负责实施补救、纠正或预防措施，处理好客户投诉。

（2）各部门负责对客户投诉进行调查，分析原因，提出解决措施。必要时提出纠正或预防措施，并对解决措施、纠正措施的有效性进行验证。

4. 工作程序

（1）客户投诉接收

1）凡客户对公司经营、管理、服务方面的投诉，无论采取何种方式，如信函、电话、传真或来人面谈，均由客户服务中心进行记录。然后按照客户投诉内容反馈给相关责任部门。

2）相关责任部门对每一份投诉或意见均应记录在"投诉处理登记表"上。

3）各部门要指定人员根据客户投诉的内容，填写"客户投诉意见表"。为了便于跟踪、检索，每一份"客户投诉意见表"应进行流水编号，并与"投诉处理登记表"中的编号以及客户投诉的

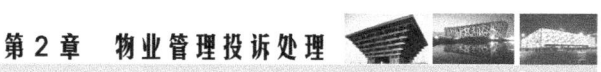

书面原件所作的编号保持一致。

（2）客户意见的处理

1）各部门接到"客户投诉意见表"连同客户投诉的书面原件后，由各责任部门主管负责安排解决。

① 争取相应的补救措施；

② 为了防止客户对同一问题的反复投诉还须采取纠正措施，并按预定时间完成。

2）对重大问题的投诉，各业务主管部门不能处理的或须统一协调的问题，直接报项目经理，由项目经理作出处理决定。

3）对采取纠正措施的问题，各部门按"纠正和预防措施"程序处理。同时在"客户投诉意见表"中记录相应"纠正或预防措施报告"的编号以便于跟踪检索。

4）各责任部门在完成补救措施后，应将处理结果反馈给受理投诉的客户服务中心，客户服务中心回访通报投诉客户。

（3）客户投诉定期分析

1）客户的投诉分析按半年和年终分两次进行。

2）将客户对公司经营或服务管理方面的投诉情况运用统计方法，如排列图或曲线图等进行分析。

3）对反复出现的客户投诉问题，公司应组织有关部门进行探讨并解决。

4）责任部门接到客户投诉后，应立刻采取补救措施，在预定时间内给客户答复，根据具体情况，时间最长不超过两天。

5. 支持文件与记录

（1）《客户投诉意见表》；

（2）《投诉处理登记表》。

案例分析篇

第一单元　前期管理

案例一

前期介入发现设计不合理怎么办

深圳开元国际物业管理公司与烟台祥隆置业公司签约，为其开发的海天名人广场提供物业管理顾问服务，随后由管理、土建、机电、智能化等行业 6 名专业人士组成的顾问团即抵达现场，开始了前期顾问服务工作。

当时，海天名人广场尚处于结构施工阶段。顾问团通过分析市场、阅读图纸、勘验现场和比较测算，从满足物业管理服务需求、保证物业管理运行质量、控制物业管理经济成本的角度，提出了 30 余项优化设计建议（独特的身份和视角，使物业管理公司考虑问题更细致、更周密、更长远，因而也就更容易发现设计上的瑕疵、漏洞和缺憾）。期间，他们还发现整个小区的消火栓系统存在着设计超标的问题。

海天名人广场有 5 座高层楼宇，每幢每层平面为 800 多平方米，有两道分布合理的消火栓及其立管就足以满足国家消防规范的要求。然而某设计院竟为其设计了三道，这意味着不仅无谓增加了 30 多万元的建筑成本，而且还无端影响了户内布局（在开发商的主要合作方中，唯有物业管理公司的取费不与工程总造价相联系，所以他们不存在"水涨船高"，盲目鼓动开发商无谓增加投资以提高自身收益的利益冲动）。于是，开元国际顾问团提议开发商抓紧找设计院洽商变更设计，取消一道消火栓及其立管。

开发商认为开元国际的建议确实很有道理，便马上和设计院进行交涉。不料设计院不愿意否定自己的设计方案，坚持认定必须要有三道消火栓及其立管，开发商反复交涉也未获认可，问题又被"踢回"开元国际顾问团。

案例分析

高层建筑的火灾危险性具有火势蔓延快、疏散困难、扑救难度大、火险隐患多等特点。国内外许多高层建筑火灾的经验教训告诉我们，如果在高层建筑设计中，对防火设计缺乏考虑或考虑不周密，一旦发生火灾，会造成严重的伤亡事故和经济损失，有的还会带来严重的政治影响。因此，对高层建筑防火设计的充分考虑，是物业管理早期介入的重要内容之一。

物业管理的早期介入是指物业服务企业在接管竣工物业之前，参与物业项目的立项决策、设计规划、施工建设、销售租赁等阶段的具体工作，从业主和使用人的使用要求与物业管理的角度对物业规划设计、功能布局、设备选用、材料选择、施工监管、销售租赁等提出建设性意见，以便建成后的物业能满足业主或使用人的需求，并适应物业管理要求的咨询顾问活动。

从目前物业的开发过程来看，许多开发商都会聘请物业服务企业早期介入，为自己开发的项目进行咨询顾问。这是因为物业服务企业通过早期介入，能够利用其丰富的管理经验和专业知识，提出既能满足国家技术规范，又能满足业主和使用人的需要，以及符合物业管理要求的建议，以完善物业的使用功能，避免出现先天性缺陷，有利于树立项目良好的形象，进而树立开发商的质量形象。

一项物业的综合开发一般要经历立项决策、规划设计、建设施工、销售租赁、物业管理等阶段。在物业管理活动中，早期介入的阶段一般分为立项决策、规划设计、建设施工、销售租赁、承接准备等阶段。在不同的阶段，物业服务企业早期介入的工作内容、重点是不同的。

一般来说，物业服务企业在参与项目规划设计时，主要是弥补专业设计人员因对业主或使用人使用习惯、以及物业管理不了解而带来的设计上的缺陷。本案例中深圳开元国际物业管理公司可以说是非常好地完成了这方面的使命。具体地说，在项目规划设计阶段，物业服务企业除了物业项目的功能，结构、配套设施、周边环境的协调及城市总体布局外，应考虑的侧重点是对物业的使用、维修管理方面的关注，如空调机、油烟机的安装位置及接线孔洞；自行车、汽车的方便停放位置及车位数量；垃圾房、水泵房、变电站、商业配套用房、居委会和物业管理用房，甚至学校、幼儿园等市政配套设施的完善及合理布置；供电、供气、闭路电视、宽带、共用天线、电话、保安监视器以及消防、避雷方面的布线、容量、位置的设计等问题。其中，本案例所涉及的消防安全是重中之重，如提醒开发商应按消防相关规定预留一定宽度的通道以便消防车的进出，防止一些建筑堵塞通道；按规定设置消防栓、安装自动喷淋灭火装置及应急照明器具等。在规划设计阶段，开发商设计人员如能充分听取经验丰富的物业管理人员意见，对方案不足的方面进行修改、补充直至完善，选出一个可行而最优的方案，对开发商降低成本，提高项目的信誉度，以及后期物业管理带来的好处是显而易见的。

俗话说，"鞋子舒服不舒服只有穿的人才知道"，套用过来，就是"物业完美不完美、唯有管理者最清楚"。一个成熟的物业服务企业见多识广、孰优孰劣、何长何短的经验积淀对开发商具有难得的借鉴和参考价值。所以聪明的开发商在"纸上谈兵"的设计阶段和"照猫画虎"的施工阶段，都十分注意倾听物业服务企业的意见和建议。

相关法规制度

《中华人民共和国消防法》（于2008年10月28日修订通过，自2009年5月1日起施行）

第九条 建设工程的消防设计、施工必须符合国家工程建设消防技术标准。建设、设计、施工、工程监理等单位依法对建设工程的消防设计、施工质量负责。

第十条 按照国家工程建设消防技术标准需要进行消防设计的建设工程，除本法第十一条另有规定的外，建设单位应当自依法取得施工许可之日起七个工作日内，将消防设计文件报公安机关消防机构备案，公安机关消防机构应当进行抽查。

第十一条 国务院公安部门规定的大型的人员密集场所和其他特殊建设工程，建设单位应当将消防设计文件报送公安机关消防机构审核。公安机关消防机构依法对审核的结果负责。

第十二条 依法应当经公安机关消防机构进行消防设计审核的建设工程，未经依法审核或者审核不合格的，负责审批该工程施工许可的部门不得给予施工许可，建设单位、施工单位不得施工；其他建设工程取得施工许可后经依法抽查不合格的，应当停止施工。

第十三条 按照国家工程建设消防技术标准需要进行消防设计的建设工程竣工，依照下列规定进行消防验收、备案：

（一）本法第十一条规定的建设工程，建设单位应当向公安机关消防机构申请消防验收；（二）其他建设工程，建设单位在验收后应当报公安机关消防机构备案，公安机关消防机构应当进行抽查。

依法应当进行消防验收的建设工程，未经消防验收或者消防验收不合格的，禁止投入使用；其他建设工程经依法抽查不合格的，应当停止使用。

第十五条　公众聚集场所在投入使用、营业前，建设单位或者使用单位应当向场所所在地的县级以上地方人民政府公安机关消防机构申请消防安全检查。

公安机关消防机构应当自受理申请之日起十个工作日内，根据消防技术标准和管理规定，对该场所进行消防安全检查。未经消防安全检查或者经检查不符合消防安全要求的，不得投入使用、营业。

第十六条　机关、团体、企业、事业等单位应当履行下列消防安全职责：

（一）落实消防安全责任制，制定本单位的消防安全制度、消防安全操作规程，制定灭火和应急疏散预案；（二）按照国家标准、行业标准配置消防设施、器材，设置消防安全标志，并定期组织检验、维修，确保完好有效……

单位的主要负责人是本单位的消防安全责任人。

第十八条　同一建筑物由两个以上单位管理或者使用的，应当明确各方的消防安全责任，并确定责任人对共用的疏散通道、安全出口、建筑消防设施和消防车通道进行统一管理。

住宅区的物业服务企业应当对管理区域内的共用消防设施进行维护管理，提供消防安全防范服务。

第二十四条　消防产品必须符合国家标准；没有国家标准的，必须符合行业标准。禁止生产、销售或者使用不合格的消防产品以及国家明令淘汰的消防产品。

依法实行强制性产品认证的消防产品，由具有法定资质的认证机构按照国家标准、行业标准的强制性要求认证合格后，方可生产、销售、使用。实行强制性产品认证的消防产品目录，由国务院产品质量监督部门会同国务院公安部门制定并公布。

新研制的、尚未制定国家标准、行业标准的消防产品，应当按照国务院产品质量监督部门会同国务院公安部门规定的办法，经技术鉴定符合消防安全要求的，方可生产、销售、使用。

依照本条规定经强制性产品认证合格或者技术鉴定合格的消防产品，国务院公安部门消防机构应当予以公布。

第二十六条　建筑构件、建筑材料和室内装修、装饰材料的防火性能必须符合国家标准；没有国家标准的，必须符合行业标准。

人员密集场所室内装修、装饰，应当按照消防技术标准的要求，使用不燃、难燃材料。

第五十八条　违反本法规定，有下列行为之一的，责令停止施工、停止使用或者停产停业，并处三万元以上三十万元以下罚款：

（一）依法应当经公安机关消防机构进行消防设计审核的建设工程，未经依法审核或者审核不合格，擅自施工的；（二）消防设计经公安机关消防机构依法抽查不合格，不停止施工的；（三）依法应当进行消防验收的建设工程，未经消防验收或者消防验收不合格，擅自投入使用的；（四）建设工程投入使用后经公安机关消防机构依法抽查不合格，不停止使用的；（五）公众聚集场所未经消防安全检查或者经检查不符合消防安全要求，擅自投入使用、营业的。

建设单位未依照本法规定将消防设计文件报公安机关消防机构备案，或者在竣工后未依照本法规定报公安机关消防机构备案的，责令限期改正，处五千元以下罚款。

第五十九条　违反本法规定，有下列行为之一的，责令改正或者停止施工，并处一万元以上十万元以下罚款：

（一）建设单位要求建筑设计单位或者建筑施工企业降低消防技术标准设计、施工的；

（二）建筑设计单位不按照消防技术标准强制性要求进行消防设计的；（三）建筑施工企业不按照消防设计文件和消防技术标准施工，降低消防施工质量的；（四）工程监理单位与建设单位或者建筑施工企业串通，弄虚作假，降低消防施工质量的。

第六十五条　违反本法规定，生产、销售不合格的消防产品或者国家明令淘汰的消防产品，由产品质量监督部门或者工商行政管理部门依照《中华人民共和国产品质量法》的规定从重处罚。

人员密集场所使用不合格的消防产品或者国家明令淘汰的消防产品的，责令限期改正；逾期不改正的，处五千元以上五万元以下罚款，并对其直接负责的主管人员和其他直接责任人员处五百元以上两千元以下罚款；情节严重的，责令停产停业。

公安机关消防机构对于本条第二款规定的情形，除依法对使用者予以处罚外，应当将发现不合格的消防产品和国家明令淘汰的消防产品的情况通报产品质量监督部门、工商行政管理部门。产品质量监督部门、工商行政管理部门应当对生产者、销售者依法及时查处。

第七十三条　本法下列用语的含义：

（一）消防设施，是指火灾自动报警系统、自动灭火系统、消火栓系统、防烟排烟系统以及应急广播和应急照明、安全疏散设施等。

（二）消防产品，是指专门用于火灾预防、灭火救援和火灾防护、避难、逃生的产品。

（三）公众聚集场所，是指宾馆、饭店、商场、集贸市场、客运车站候车室、客运码头候船厅、民用机场航站楼、体育场馆、会堂以及公共娱乐场所等。

（四）人员密集场所，是指公众聚集场所，医院的门诊楼、病房楼，学校的教学楼、图书馆、食堂和集体宿舍，养老院、福利院，托儿所、幼儿园，公共图书馆的阅览室，公共展览馆、博物馆的展示厅，劳动密集型企业的生产加工车间和员工集体宿舍，旅游、宗教活动场所等。

《高层民用建筑设计防火规范》GB 50045—95（2005年版）。

3.0.1　高层建筑应根据其使用性质、火灾危险性、疏散和补救难度等进行分类。并应符合表3.0.1的规定。

建筑分类表 3.0.1

名　　称	一　类	二　类
居住建筑	高级住宅 十九层及十九层以上的普通住宅	十层至十八层的普通住宅
公共建筑	略	略

3.0.4　一类高层建筑的耐火等级应为一级，二类高层建筑的耐火等级不应低于二级。裙房的耐火等级不应低于二级。高层建筑地下室的耐火等级应为一级。

4.1.1　在进行总平面设计时，应根据城市规划，合理确定高层建筑的位置、防火间距、消防车道和消防水源等。

高层建筑不宜布置在火灾危险性为甲、乙类厂（库）房，甲、乙、丙类液体和可燃气体储罐以及可燃材料堆场附近。

注：厂房、库房的火灾危险性分类和甲、乙、丙类液体的划分，应按现行的国家标准《建筑设计防火规范》的有关规定执行。

7.1.1　高层建筑必须设置室内、室外消火栓和给水系统。

7.1.2　消防用水可由给水管网、消防水池或天然水源供给。利用天然水源应确保枯水期最低水位时的消防用水量,并应设置可靠的取水设施。

7.1.3　室内消防给水应采用高压或临时高压给水系统。当室内消防用水量达到最大时,其水压应满足室内最不利点灭火设施的要求。

室外低压给水管道的水压,当生活、生产和消防用水量达到最大时,不应小于 0.10MPa(从室外地面算起)。

注:生活、生产用水量应按最大小时流量计算,消防用水量应按最大秒流量计算。

7.2.1　高层建筑的消防用水总量应按室内、外消防用水量之和计算。

高层建筑内设有消火栓、自动喷水、水幕、泡沫等灭火系统时,其室内消防用水量应按需要同时开启的灭火系统用水量之和计算。

7.2.2　高层建筑室内、外消火栓给水系统的用水量,不应小于表 7.2.2 的规定。

表 7.2.2　消火栓给水系统的用水量

高层建筑类别	建筑高度(m)	消火栓用水量(L/s) 室外	消火栓用水量(L/s) 室内	每根竖管最小流量(L/s)	每支水枪最小流量(L/s)
普通住宅	≤50	15	10	10	5
	>50	15	20	10	5
1. 高级住宅 2. 医院 3. 二类建筑的商业楼、展览楼、综合楼、财贸金融楼、电信楼、商住楼、图书馆、书库 4. 省级以下的邮政楼、防灾指挥调度楼、广播电视楼、电力调度楼 5. 建筑高度不超过 50m 的教学楼和普通的旅馆、办公楼、科研楼、档案楼等	≤50	20	20	10	5
	>50	20	30	15	5
1. 高级旅馆 2.建筑高度超过 50m 或每层建筑面积超过 1000m² 的商业楼、展览楼、综合楼、财贸金融楼、电信楼 3.建筑高度超过 50m 或每层建筑面积超过 1500m² 的商住楼 4.中央和省级(含计划单列市)广播电视楼 5.网局级和省级(含计划单列市)电力调度楼 6.省级(含计划单列市)邮政楼、防灾指挥调度楼 7.藏书超过 100 万册的图书馆、书库 8.重要的办公楼、科研楼、档案楼 9.建筑高度超过 50m 的教学楼和普通的旅馆、办公楼、科研楼、档案楼等	≤50	30	30	15	5
	>50	30	40	15	5

注:建筑高度不超过 50m,室内消火栓用水量超过 20L/s,且设有自动喷水灭火系统的建筑物,其室内、外消防用水量可按本表减少 5L/s。

7.2.3　高层建筑室内自动喷水灭火系统的用水量,应按现行的国家标准《自动喷水灭火系统设计规范》的规定执行。

7.2.4 高级旅馆、重要的办公楼、一类建筑的商业楼、展览楼、综合楼等和建筑高度超过100m的其他高层建筑，应设消防卷盘，其用水量可不计入消防用水总量。

7.4.1 室内消防给水系统应与生活、生产给水系统分开独立设置。室内消防给水管道应布置成环状。室内消防给水环状管网的进水管和区域高压或临时高压给水系统的引入管不应少于两根，当其中一根发生故障时，其余的进水管或引入管应能保证消防用水量和水压的要求。

7.4.2 消防竖管的布置，应保证同层相邻两个消火栓的水枪的充实水柱同时达到被保护范围内的任何部位。每根消防竖管的直径应按通过的流量经计算确定，但不应小于100mm。

以下情况，当设两根消防竖管有困难时，可设一根竖管，但必须采用双阀双出口型消火栓：

1．十八层及十八层以下的单元式住宅；
2．十八层及十八层以下、每层不超过8户、建筑面积不超过650m^{2}的塔式住宅。

7.4.6 除无可燃物的设备层外，高层建筑和裙房的各层均应设室内消火栓，并应符合下列规定：

7.4.6.1 消火栓应设在走道、楼梯附近等明显易于取用的地点。消火栓的间距应保证同层任何部位有两个消火栓的水枪充实水柱同时到达；

7.4.6.2 消火栓的水枪充实水柱应通过水力计算确定，且建筑高度不超过100m的高层建筑不应小于10m，建筑高度超过100m的高层建筑不应小于13m；

7.4.6.3 消火栓的间距应由计算确定，且高层建筑不应大于30m，裙房不应大于50m；

7.4.6.4 消火栓栓口离地面高度宜为1.10m，栓口出水方向宜向下或与设置消火栓的墙面相垂直；

7.4.6.5 消火栓栓口的静水压力不应大于1.00Mpa，当大于1.00Mpa时，应采取分区给水系统。消火栓栓口的出水压力大于0.50Mpa时，应采取减压措施；

7.4.6.6 消火栓应采用同一型号规格。消火栓的栓口直径应为65mm，水带长度不应超过25m，水枪喷嘴口径不应小于19mm；

7.4.6.7 临时高压给水系统的每个消火栓处应设直接启动消防水泵的按钮，并应设有保护按钮的设施；

7.4.6.8 消防电梯间前室应设消火栓；

7.4.6.9 高层建筑的屋顶应设一个装有压力显示装置的检查用的消火栓，采暖地区可设在顶层出口处或水箱间内。

《建筑设计防火规范》GB50016—2006

5.1.1 民用建筑的耐火等级应分为一、二、三、四级。除本规范另有规定者外，不同耐火等级建筑物相应构件的燃烧性能和耐火极限不应低于表5.1.1的规定。

表5.1.1 建筑物构件的燃烧性能和耐火极限（h）

名　称		耐　火　等　级			
构件		一级	二级	三级	四级
墙	防火墙	不燃烧体 3.00	不燃烧体 3.00	不燃烧体 3.00	不燃烧体 3.00
	承重墙	不燃烧体 3.00	不燃烧体 2.50	不燃烧体 2.00	难燃烧体 0.50
	非承重外墙	不燃烧体 1.00	不燃烧体 1.00	不燃烧体 0.50	燃烧体
	楼梯间的墙电梯井的墙住宅单元之间的墙住宅分户墙	不燃烧体 2.00	不燃烧体 2.00	不燃烧体 1.50	难燃烧体 0.50
	疏散走道两侧的隔墙	不燃烧体 1.00	不燃烧体 1.00	不燃烧体 0.50	难燃烧体 0.25
	房间隔墙	不燃烧体 0.75	不燃烧体 0.50	难燃烧体 0.50	难燃烧体 0.25

续表

名　　称	耐 火 等 级			
构件	一级	二级	三级	四级
柱	不燃烧体 3.00	不燃烧体 2.50	不燃烧体 2.00	难燃烧体 0.50
梁	不燃烧体 2.00	不燃烧体 1.50	不燃烧体 1.00	难燃烧体 0.50
楼板	不燃烧体 1.50	不燃烧体 1.00	不燃烧体 0.50	燃烧体
屋顶承重构件	不燃烧体 1.50	不燃烧体 1.00	燃烧体	燃烧体
疏散楼梯	不燃烧体 1.50	不燃烧体 1.00	不燃烧体 0.50	燃烧体
吊顶（包括吊顶搁栅）	不燃烧体 0.25	难燃烧体 0.25	难燃烧体 0.15	燃烧体

注：1. 除本规范另有规定者外，以木柱承重且以不燃烧材料作为墙体的建筑物，其耐火等级应按四级确定；

2. 二级耐火等级建筑的吊顶采用不燃烧体时，其耐火极限不限；

3. 在二级耐火等级的建筑中，面积不超过 100m² 的房间隔墙，如执行本表的规定确有困难时，可采用耐火极限不低于 0.30h 的不燃烧体；

4. 一、二级耐火等级建筑疏散走道两侧的隔墙，按本表规定执行确有困难时，可采用 0.75h 不燃烧体。

8.1.1 消防给水和灭火设施的设计应根据建筑用途及其重要性、火灾特性和火灾危险性等综合因素进行。

8.1.2 在城市、居住区、工厂、仓库等规划和建筑设计时，必须同时设计消防给水系统。城市、居住区应设市政消火栓。民用建筑、厂房（仓库）、储罐（区）、堆场应设室外消火栓。民用建筑、厂房（仓库）应设室内消火栓，并应符合本规范第 8.3.1 条的规定。

消防用水可由城市给水管网、天然水源或消防水池供给。利用天然水源时，其保证率不应小于 97%，且应设置可靠的取水设施。

耐火等级不低于二级，且建筑物体积小于等于 3000m³ 的戊类厂房或居住区人数不超过 500 人且建筑物层数不超过两层的居住区，可不设置消防给水。

8.1.3 室外消防给水当采用高压或临时高压给水系统时，管道的供水压力应能保证用水总量达到最大且水枪在任何建筑物的最高处时，水枪的充实水柱仍不小于 10m；当采用低压给水系统时，室外消火栓栓口处的水压从室外设计地面算起不应小于 0.1MPa。

注：1. 在计算水压时，应采用喷嘴口径为 19mm 的水枪和直径为 65mm、长度为 120m 的有衬里消防水带的参数，每支水枪的计算流量不应小于 5L/s；

2. 高层厂房（仓库）的高压或临时高压给水系统的压力应满足室内最不利点消防设备水压的要求；

3. 消火栓给水管道的设计流速不宜大于 2.5m/s。

8.1.4 建筑的低压室外消防给水系统可与生产、生活给水管道系统合并。合并的给水管道系统，当生产、生活用水达到最大小时用水量时（淋浴用水量可按 15% 计算，浇洒及洗刷用水量可不计算在内），仍应保证全部消防用水量。如不引起生产事故，生产用水可作为消防用水，但生产用水转为消防用水的阀门不应超过 2 个。该阀门应设置在易于操作的场所，并应有明显标志。

8.1.5 建筑的全部消防用水量应为其室内、外消防用水量之和。

室外消防用水量应为民用建筑、厂房（仓库）、储罐（区）、堆场室外设置的消火栓、水喷雾、水幕、泡沫等灭火、冷却系统等需要同时开启的用水量之和。

室内消防用水量应为民用建筑、厂房（仓库）室内设置的消火栓、自动喷水、泡沫等灭火系统需要同时开启的用水量之和。

8.1.6 除住宅外的民用建筑、厂房（仓库）、储罐（区）、堆场应设置灭火器；住宅宜设置灭火器或轻便消防水龙。灭火器的配置设计应符合现行国家标准《建筑灭火器配置设计规范》GB 50140 的有关规定。

《物业管理条例》

第四十六条　对物业管理区域内违反有关治安、环保、物业装饰装修和使用等方面法律、法规规定的行为，物业服务企业应当制止，并及时向有关行政管理部门报告。

有关行政管理部门在接到物业服务企业的报告后，应当依法对违法行为予以制止或者依法处理。

第四十七条　物业服务企业应当协助做好物业管理区域内的安全防范工作。发生安全事故时，物业服务企业在采取应急措施的同时，应当及时向有关行政管理部门报告并协助做好救助工作。

物业服务企业雇请保安人员的，应当遵守国家有关规定。保安人员在维护物业管理区域内的公共秩序时，应当履行职责，不得侵害公民的合法权益。

第五十六条　物业存在安全隐患，危及公共利益及他人合法权益时，责任人应当及时维修养护，有关业主应当给予配合。

责任人不履行维修养护义务的，经业主大会同意，可以由物业服务企业维修养护，费用由责任人承担。

解决方法

开元国际顾问团的专业人员根据实际情况，决定据理力争。他们书面列出国家消防设计规范的有关条款，并和海天名人广场的原消火栓设计进行对比分析，指出其不合理所在。开发商据此再次找到设计院，设计院这次无法予以拒绝，只好按照开元国际的意见修改了设计（人们一般都有这样的心理：自己的"孩子"怎么看都漂亮，轻易不愿意别人说个"不"，字。你要说"不"，并且又想让其接受，就不仅要言之有理，而且还要言之有据）。

通过消火栓系统的设计变更，开发商不仅体会到了开元国际的技术实力，而且感受到了他们的负责精神，随后又把整个项目的智能化工程交给了开元国际控股的开元同济楼宇科技公司设计、施工。

案例二

承接查验未做遗留问题登记，物业服务企业承担责任

某小区办理入住后，就频频发生电梯坠楼事故。住在该小区的业主刘先生反映说，其所住单元 12 层共 36 户居民共用一部电梯，从 2011 年 5 月左右正式投入使用以来，动不动就有居民遭遇"坠梯"，被困在电梯中。因为电梯上没有中文标识、没有安全检验合格的标志、没有生产厂家名称，只有一个厂家商标，居民怀疑该电梯是"三无"产品。于是，在与为该小区提供物业管理的 A 物业服务公司多次沟通未果的情况下，将其投诉到小区所在区的特种设备监督检验所。

特种设备监督检验所在调查中发现，该电梯的确没有经过安全检验，没有电梯运行合格证，要求 A 物业服务公司立即办理。但 A 物业服务公司认为，该小区为新建小区，刚刚办理入住，电梯处于保修期间，应由开发商负责办理。开发商指出，该小区入住前，A 物业服务公司已进行了承接查验并履行了相关手续，有关电梯的相关资料，包括电梯运行合格证等都已移交给了 A 物业服务公司，因此，自己不应承担责任。A 物业服务公司解释说，在进行电梯查验时，开发商并没有移交电梯运行合格证，而是说正在办理中，会很快送来的。双方为此发生争执，互推责任。

就在 A 物业服务公司与开发商互推责任期间，该小区电梯再次发生坠梯，并致使业主李先生腰部受伤，共花费医疗费用 7594 元。李先生找到 A 物业服务公司，要求其对这起事故负责，并承担赔偿责任。A 物业服务公司认为开发商没有办理电梯运行合格证，责任应由开发商承担。但开发商坚持称包括电梯运行合格证在内的电梯全部资料都已移交给 A 物业服务公司，并拿出当时的交接清单及遗留问题登记表，均表明开发商所言为实。A 物业服务公司承接小组人员，因为办理承接手续时只考虑与开发商的关系，确实没有在遗留问题登记表上记录此事，此时也只能无言以对了。

案例分析

面对电梯故障，开发商、物业服务企业各自应该承担什么责任呢？一般来讲，电梯在保修期内出现质量问题，开发商有责任彻底维修好或更换电梯。对于过了保修期后，电梯依然存在的保修期内余留问题，开发商依然有维修或更换责任。但是，对于电梯的维修责任，不管是否在保修期内，物业服务企业都有不可推卸的责任。

近几年，新电梯故障频发，这一方面是因为有些开发商在安装电梯时就选择了低端、低成本的电梯，虽然也取得检验合格证，但因其技术、质量上的先天不足。在后期使用过程中故障率是相对较高的。另一方面，物业服务企业为减少自身经营成本，与电梯维修公司签订"虚假"协议，不按有关规定对电梯进行每半个月一次的维护保养，也是造成新电梯故障居高不下的原因。当然，要使物业服务企业和开发商真正承担起各自的责任，最重要的是质量监督管理部门要切实承担起责任，真正做好电梯安全监管。

从本案案情看，A 物业服务公司由于在承接查验过程中，没有在遗留问题登记表中记录开发商没有移交电梯运行合格证，因而就失去了证明自己没有得到电梯运行合格证的有力证据，难以证明频发的电梯故障是由电梯质量问题引发的，甚至是因开发商不具备电梯运行合格证，电梯是在具备使用条件的情况下运行，电梯故障应由开发商承担主要责任。

在这里，暂且不去讨论 A 物业服务公司与开发商应怎样分担责任，而是要通过本案例认识到承接查验的重要性。如果 A 物业服务公司在承接查验中能够认真履行必要的程序、手续，在遗留问题登记表中记录开发商没有移交电梯运行合格证的情形，并由开发商相关人员签字，其情况肯定不会是现在这样的被动，也能很好地规避了管理中一些不该出现的风险，与开发商一定会有一个明确的责任划分。

我们需要认识到的是，物业的承接查验，实际是一种责任转移的形式，不仅法律意义重大，而且直接关系到对物业建设与开发质量的确认，以及今后物业管理工作能否正常开展。因此，要搞好前期物业管理，确保物业使用的百年大计和业主的根本利益，就必须严格执行物业的承接查验。

相关法规制度

《物业管理条例》

第二十八条 物业服务企业承接物业时，应当对物业共用部位、共用设施设备进行查验。

第二十九条 在办理物业承接验收手续时，建设单位应当向物业服务企业移交下列资料：

（一）竣工总平面图，单体建筑、结构、设备竣工图，配套设施、地下管网工程竣工图等竣工验收资料；

（二）设施设备的安装、使用和维护保养等技术资料；

（三）物业质量保修文件和物业使用说明文件；

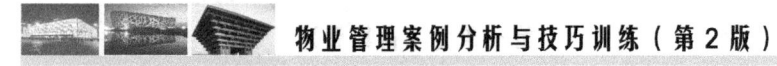

（四）物业管理所必需的其他资料。

物业服务企业应当在前期物业服务合同终止时将上述资料移交给业主委员会。

第三十一条 建设单位应当按照国家规定的保修期限和保修范围，承担物业的保修责任。

第三十七条 物业服务企业承接物业时，应当与业主委员会办理物业验收手续。

业主委员会应当向物业服务企业移交本条例第二十九条第一款规定的资料。

第三十九条 物业服务合同终止时，物业服务企业应当将物业管理用房和本条例第二十九条第一款规定的资料交还给业主委员会。

物业服务合同终止时，业主大会选聘了新的物业服务企业，物业服务企业之间应当做好交接工作。

《物业承接查验办法》

第二条 本办法所称物业承接查验，是指承接新建物业前，物业服务企业和建设单位按照国家有关规定和前期物业服务合同的约定，共同对物业共用部位、共用设施设备进行检查和验收的活动。

第三条 物业承接查验应当遵循诚实信用、客观公正、权责分明以及保护业主共有财产的原则。

第九条 建设单位应当按照国家有关规定和物业买卖合同的约定，移交权属明确、资料完整、质量合格、功能完备、配套齐全的物业。

第十一条 实施承接查验的物业，应当具备以下条件：

……

（五）电梯、二次供水、高压供电、消防设施、压力容器、电子监控系统等共用设施设备取得使用合格证书；

（六）物业使用、维护和管理的相关技术资料完整齐全；

（七）法律、法规规定的其他条件。第十四条 现场查验20日前，建设单位应当向物业服务企业移交下列资料：

（一）竣工总平面图，单体建筑、结构、设备竣工图，配套设施、地下管网工程竣工图等竣工验收资料；

（二）共用设施设备清单及其安装、使用和维护保养等技术资料；

（三）供水、供电、供气、供热、通信、有线电视等准许使用文件；

（四）物业质量保修文件和物业使用说明文件；

（五）承接查验所必需的其他资料。

未能全部移交上述所列资料的，建设单位应当列出未移交资料的详细清单并书面承诺补交的具体时限。

第十五条 物业服务企业应当对建设单位移交的资料进行清点和核查，重点核查共用设施设备出厂、安装、试验和运行的合格证明文件。

第十六条 物业服务企业应当对下列物业共用部位、共用设施设备进行现场检查和验收：

（一）共用部位：一般包括建筑物的基础、承重墙体、柱、梁、楼板、屋顶以及外墙、门厅、楼梯间、走廊、楼道、扶手、护栏、电梯井道、架空层及设备间等；

（二）共用设备：一般包括电梯、水泵、水箱、避雷设施、消防设备、楼道灯、电视天线、发电机、变配电设备、给排水管线、电线、供暖及空调设备等；

（三）共用设施：一般包括道路、绿地、人造景观、围墙、大门、信报箱、宣传栏、路灯、排水沟、渠、池、污水井、化粪池、垃圾容器、污水处理设施、机动车（非机动车）停车设施、休闲娱乐设施、消防设施、安防监控设施、人防设施、垃圾转运设施以及物业服务用房等。

第十九条 现场查验应当形成书面记录。查验记录应当包括查验时间、项目名称、查验范围、查验方法、存在问题、修复情况以及查验结论等内容，查验记录应当由建设单位和物业服务企业参加查验的人员签字确认。

第二十条 现场查验中，物业服务企业应当将物业共用部位、共用设施设备的数量和质量不符合约定或者规定的情形，书面通知建设单位，建设单位应当及时解决并组织物业服务企业复验。

第二十一条 建设单位应当委派专业人员参与现场查验，与物业服务企业共同确认现场查验的结果，签订物业承接查验协议。

第二十二条 物业承接查验协议应当对物业承接查验基本情况、存在问题、解决方法及其时限、双方权利义务、违约责任等事项作出明确约定。

第三十四条 自物业交接之日起，物业服务企业应当全面履行前期物业服务合同约定的、法律法规规定的以及行业规范确定的维修、养护和管理义务，承担因管理服务不当致使物业共用部位、共用设施设备毁损或者灭失的责任。

第三十五条 物业服务企业应当将承接查验有关的文件、资料和记录建立档案并妥善保管。

物业承接查验档案属于全体业主所有。前期物业服务合同终止，业主大会选聘新的物业服务企业，原物业服务企业应当在前期物业服务合同终止之日起 10 日内，向业主委员会移交物业承接查验档案。

第三十六条 建设单位应当按照国家规定的保修期限和保修范围，承担物业共用部位、共用设施设备的保修责任。

建设单位可以委托物业服务企业提供物业共用部位、共用设施设备的保修服务，服务内容和费用由双方约定。

第三十七条 建设单位不得凭借关联关系滥用股东权利，在物业承接查验中免除自身责任，加重物业服务企业的责任，损害物业买受人的权益。

第四十三条 建设单位不移交有关承接查验资料的，由物业所在地房地产行政主管部门责令限期改正；逾期仍不移交的，对建设单位予以通报，并按照《物业管理条例》第五十九条的规定处罚。

第四十四条 物业承接查验中发生的争议，可以申请物业所在地房地产行政主管部门调解，也可以委托有关行业协会调解。

《关于加强电梯管理的暂行规定》

六、电梯质量实行生产企业全面负责制。电梯销售、安装、维修实行由生产企业委托代理制。使用单位订购电梯应同时签订电梯安装调试与维修合同（协议）。被电梯生产企业认可的安装、维修企业，对其安装、维修质量向电梯生产企业负责。

凡未取得电梯生产企业认可的单位，不准承担该企业所生产电梯的销售、安装、维修工作。本规定颁发前在用电梯的维修工作，原则上参照本规定办理。

七、电梯安装调试结束后，由电梯生产企业进行质量自检，并出具电梯产品质量合格证或检测报告。由使用单位向工程报建审批的建设行政主管部门提出验收申请，由报建审批的建设行政主管部门组织建设、施工、安全监察等单位联合检查验收，验收合格后，签字即可交付使用。其他部门不再重复检测发证。

验收中的质量争议问题。原则上由双方协商解决。协商不成时由电梯生产企业提请当地技术监督部门直至国家技术监督局仲裁。

电梯质量保修期，从验收合格之日起，由电梯生产企业保修一年，但不超过交货后18个月。保修期满后出现的质量问题，按国家《产品质量法》处理。

八、电梯投入运行时，使用单位必须制订使用管理制度，指定专人负责管理；应配备合格的电梯司机，持证上岗。司机离岗半年以上，应重新培训后继续上岗。

使用单位和承担维修的企业必须严格按照该型号电梯的使用、维修规程进行定期检查和检测，并逐台认真做好记录，建档备查。接受国家有关部门的质量监督和安全监察。

十、电梯改造、大修后，必须经质检部门检测合格，方可继续运行。承担改造、大修的单位负责保修12个月。

《关于加强电梯管理的暂行规定实施细则》

第八条　电梯安装

1．电梯安装是电梯生产全过程的重要环节，安装现场即是电梯的"总装车间"。电梯生产企业要保证电梯安装、调试质量。电梯生产企业跨地区安装本企业的电梯时，应到当地建设行政主管部门办理注册手续。如委托其他企业安装，被委托企业应取得电梯生产企业《委托代理书》，方可安装该电梯生产企业的电梯。被委托代理企业无权对电梯安装进行再委托或转包。

2．在电梯安装过程中，电梯安装企业必须保证电梯安装质量，确保电梯安装设备和人员的安全。

3．电梯安装后，由负责电梯安装的企业进行质量自检，合格后，出具电梯产品质量检测报告，交电梯使用单位。使用单位向建设行政主管部门提出验收申请。由建设行政主管部门按照GB10060-93组织验收。验收合格后，发给全国统一的《电梯准用证》，交付使用。其他部门不再重复检验发证。未取得《电梯准用证》的电梯不准使用。

电梯产品的质量争议问题，原则上由双方协商解决。协商不成时由国家技术监督局批准的电梯检测单位重新进行检测并出具检测报告，交由当地技术监督部门直至国家技术监督局仲裁。

电梯生产企业或被委托代理企业在出具电梯产品检测报告时，必须经企业质量检测部门的检测专业工程师签字并加盖本企业质量检查专用章。

第九条　《电梯准用证》

《电梯准用证》由建设部统一印制。各省、自治区、直辖市和各计划单列市建设行政主管部门要明确《电梯准用证》的负责发放机关，由专人签发，加盖专用印章。《电梯准用证》自发放之日起，一年内有效。

第十一条　新安装电梯的质量保修期，从验收合格之日起，由电梯生产企业保修一年，但不超过交货后18个月。由于电梯使用单位管理使用不当所造成的损坏，由电梯使用单位负责，生产企业可予以有偿修复。

第十二条　电梯维修

1．电梯维修是保证电梯长期安全正常运行的重要环节，也是电梯生产企业售后服务的主要内容。所有电梯使用单位必须与其电梯生产企业或被委托代理企业签订维修合同。

2．使用单位必须按规定在每年的年检后，凭年检合格书、维修合同书到建设行政主管部门办理下一年度的《电梯准用证》。建设行政主管部门要在一周内派检测人员实地检查，合格后，发给新一年度《电梯准用证》。

3．使用单位自行维修保养电梯必须得到电梯生产企业的委托代理。

4．使用单位发生变化，不再是与电梯生产企业签订合同的单位而移交或转售另一单位时，原使用单位必须负责向电梯生产企业办理维修保养合同转让手续。

5. 电梯生产企业或被委托代理企业必须按照维修合同及时处理电梯故障与事故；每个月对电梯的所有设备至少进行一次检修；一年进行一次电梯的年检。

6. 电梯生产企业或被委托代理企业应根据本企业电梯产品销售情况和本企业在用电梯的情况，建立维修保养网络，负责本企业新装电梯和在用电梯的维修保养工作。维修网络的维修保养人员必须严格按照生产企业的《电梯维修技术规程》、《电梯保养技术规程和检验标准》和《维修保养合同》的规定按时维修保养，逐台电梯做好维修保养记录，建档备查。

7. 电梯维修费用原则上由负责电梯维修的企业与电梯使用单位在维修合同中协商确定。

8. 电梯的大修、改造和更新，均按本《细则》有关电梯安装的条款执行。

《电梯应急指南》

第二条　电梯使用管理单位应当根据《特种设备安全监察条例》及其他相关规定，加强对电梯运行的安全管理。

第五条　电梯使用管理单位应当与电梯维修保养单位签订维修保养合同，明确电梯维修保养单位的责任。

电梯维修保养单位作为救助工作的责任单位之一，应当建立严格的救助规程，配置一定数量的专业救援人员和相应的专业工具等，确保接到电梯发生紧急情况报告后，及时赶到现场进行救助。

第七条　电梯发生异常情况，电梯使用管理单位应当立即通知电梯维修保养单位或向电梯救援中心报告（已设立的），同时由本单位专业人员先行实施力所能及的处理。电梯维修保养单位或电梯救援中心应当指挥专业人员迅速赶到现场进行救助。

第八条　政府有关部门应当加强各种电梯紧急情况应对常识的宣传。电梯使用管理单位应当每年进行至少一次电梯应急预案的演练，并通过在电梯轿厢内张贴宣传品和标明注意事项等方式，宣传电梯安全使用和应对紧急情况的常识。

《特种设备安全监察条例》

第三十一条　电梯的日常维护保养必须由依照本条例取得许可的安装、改造、维修单位或者电梯制造单位进行。

电梯应当至少每 15 日进行一次清洁、润滑、调整和检查。

第三十二条　电梯的日常维护保养单位应当在维护保养中严格执行国家安全技术规范的要求，保证其维护保养的电梯的安全技术性能，并负责落实现场安全防护措施，保证施工安全。

电梯的日常维护保养单位，应当对其维护保养的电梯的安全性能负责。接到故障通知后，应当立即赶赴现场，并采取必要的应急救援措施。

解决方法

承接查验是在竣工验收合格的基础上，以主体结构安全和满足使用功能为主要内容的再检验。承接查验后，就要由物业服务企业依据前期物业服务合同履行物业运行、维护和保养的责任，因此，要搞好前期物业管理，就必须严格认真地进行物业的承接查验。但由于现实中开发商为了追求效益的最大化，就会有意识地忽略对物业建设质量的投入和监控，在竣工验收与接管验收时，往往会采取表面走形式，私下内部处理（建立控股物业管理子公司，自建自管）和对外风险转移（发包给一家急于要项目的物业管理公司）的策略，使得承接查验形同虚设。

控股物业管理公司由于上下级关系和利益驱动，在承接查验时，很难真正地把好查验关。选聘的物业服务企业，为求项目，往往不去得罪开发商，在承接查验时，也很能难做到严格程序，质量第一。但这些承接查验中的过失，都会成为物业服务企业管理中的风险，一旦风险成为事实，苦果就只能由物业服务企业代人受过了。

因此，物业服务企业一定要重视物业的承接查验，这既包括与开发商的新建物业的承接查验，也包括与业主或业主委员会的原有物业的承接查验。在承接查验时，严格执行《物业承接查验办法》，首先，建立健全项目接管验收的组织与机构，根据分类建立不同专业人员的验收小组，制订和安排物业的验收计划，还应对验收组成员根据分工进行必要的培训，提出要求，掌握标准，及时发现可能造成的隐患或妨碍今后日常维修维护的问题，列出遗漏工程项目，从物业管理角度提出相应的整改意见。其次，掌握和熟悉现场验收的主要项目和重点，掌握和明确验收的主要内容。最后，要与开发商协商好交接双方的人员、验收各分类的时间、注意事项等，统一思想、统一验收标准，明确验收程序，明确交接双方的责、权、利。

承接查验时，不但要注意检查物业质量，还应该认真清点物业内的各种设施设备、公共物品、图纸资料、绿化、杂品等数量、类型，并经交接双方在验收报告签字后生效。对查验中发现问题，属于必须改正的，应书面报请开发商整改。一时无法返修的项目或缺少的资料要确定今后维修期限或移交时限，并在遗留问题登记表上认真记录、签字；属于无法返修的项目，应与开发商协商达成一致意见形成备忘录备案。

案例三

开发商承诺减免物业服务费，物业服务企业怎么办

某小区的李先生，在购房时开发商承诺物业管理费为 1 元/m²/月，且免交初始两年的物业管理费，并把这些承诺写进了购房合同中。但李先生办理入住手续时，物业管理公司要求李先生按前期物业服务合同约定的 1.2 元/m²/月的标准缴纳物业管理费，李先生对此提出异议，向物业管理公司出示了购房合同，并以免交物业管理费相关条款为依据，拒绝交纳物业管理费。物业管理公司向李先生解释说这是依据国家有关物业服务收费的相关规定和前期物业服务合同的约定，收取物业管理费的，与开发商的购房合同无关，开发商的承诺不能算数。于是李先生找开发商讨要说法，开发商则声称，现在物业管理工作交给了物业管理公司，让李先生与物业管理公司协调解决。李先生在与开发商沟通不成的情况下，提出如果物业管理公司不为其办理入住手续，他将向有关部门进行投诉，并通过新闻媒体对此事予以曝光。李先生的举动得到了入住现场许多业主的支持，致使入住工作难以继续进行。

案例分析

物业管理公司向李先生所做的有关物业服务收费的解释是正确的。但其以业主不交物业管理费为由，不为业主办理入住手续的做法是错误的。

首先，我们要清楚，购房合同与前期物业服务合同所体现的是两个各自独立的法律关系。购房合同体现的是房屋买卖法律关系，其主体是开发商与物业买受人。前期物业管理服务法律关系的主体是开发商与物业服务企业，但当物业买受人办理入住时，还须与物业服务企业签订前期物业服务合同，物业买受人该合同签订后，即成为前期物业管理服务法律关系的主体。也就是说办理入住以后，前期物业管理服务法律关系的主体是开发商、业主与物业服务企业。

根据《物业管理条例》规定，物业服务收费应当遵循合理、公开以及费用与服务水平相适应的原则，区别不同物业的性质和特点，由业主和物业服务企业按照国务院价格主管部门会同国务院建设行政主管部门制定的物业服务收费办法，在物业服务合同中约定。因此，物业管理费用的

收取标准，实际上就是业主与物业服务企业作为物业管理法律关系的主体，在物业服务合同中约定的。尽管前期物业服务合同的签订具有一定的特殊性，即首先是由开发商与其选聘的物业服务企业签订前期物业服务合同，然后在办理入住手续时再由物业买受人与物业服务企业签订前期物业服务合同，但这并不影响前期物业服务合同中有关物业管理费用收取标准的合法性，李先生理应遵守。

但是，我们也要看到，由于《物业管理条例》规定，建设单位与物业买受人签订的购房合同应当包含前期物业服务合同约定的内容。这在《物业服务收费管理办法》中也有明确规定，即建设单位与物业买受人签订的购房合同，应当约定物业管理服务内容、服务标准、收费标准、计费方式及计费起始时间等内容，涉及物业买受人共同利益的约定应当一致。因而，在购房合同中就包括了物业管理费用收取标准，但这应与前期物业服务合同的约定保持一致。如果前期物业服务合同与购房合同关于物业管理费用标准出现了不一致的情况，那么，从物业管理的法律关系主体看，应以前期物业服务合同为准。李先生自然也应遵守的是前期物业服务合同中有关物业管理费用标准的约定。

如果开发商在房屋预售前，为增加销售卖点，可与物业服务企业进行相关的约定，确定物业管理服务的内容、方式、收费等事项的优惠政策。但这须得到物业服务企业的同意。开发商在售楼时，要对前期物业管理中的这些优惠政策作出必要的说明、解释，并出示物业服务企业授权其做出优惠承诺的授权委托书，以方便广大购房者进行综合的比较、选择。这里要强调的是，开发商对业主在物业管理方面的优惠承诺应以其与物业服务企业签订的前期物业服务合同为依据。

如果开发商仅仅是为了促销而就物业管理服务内容、方式、收费等事项对业主作出口头的优惠承诺，那么对物业服务企业就没有约束力；如果开发商向购房者出示了物业服务企业授权其做出优惠承诺的授权委托书，那开发商在其被授权范围内所做的优惠承诺就是物业服务企业的承诺，对物业服务企业具有约束力，物业服务企业必须在其管理的有效期内兑现其承诺。如果开发商在购房合同中的承诺并不涉及物业服务企业的权利与义务，如开发商承诺补贴业主 1/3 的物业管理费，或为业主代缴一定期限内的物业管理费，应该也是合法有效的。

从本案例案情看，开发商关于物业管理费优惠政策的条款，在前期物业管理服务合同中没有体现（或许是开发商工作的疏忽），我们一概视为没有征得该物业管理公司的同意，是开发商侵犯物业管理公司利益的行为，因此，物业管理公司不应承担任何责任。业主在购房合同中应享受的物业管理费优惠政策未能兑现，其责任在开发商，业主可以投诉开发商虚假承诺，追究其违约责任。

另外，作为物业服务企业要清楚，入住是开发商将已具备使用条件的物业交付给业主并办理相关手续，同时物业服务企业为业主办理物业管理事务手续的过程。从权属关系看来，入住是开发商将已建好的物业及物业产权按照法律程序交付给业主的过程，是开发商和业主之间物业及物业产权的交接。从合同法律关系主体的角度看来，是开发商与物业买受人在履行购房合同中有关交房的约定，与物业服务企业无关。通常，物业服务企业参与办理入住中的验房、交钥匙等程序，是受开发商的委托，代表开发商履行上述义务的。物业服务企业与物业买受人之间物业管理法律关系的建立，一般是在物业买受人完成物业接收后，即验房并领取钥匙后，成为真正意义上的业主，并以业主的身份与物业服务企业签订前期物业服务合同后确立的。因此，物业服务企业没有权利以物业买受人不交纳物业管理费用，不为其办理入住手续。在本案例中，物业管理公司以李先生不交物业管理费为由，不为其办理入住手续的做法是错误的。

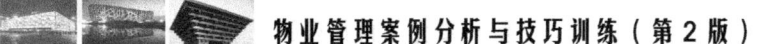

相关法规制度

《中华人民共和国民法通则》

第八十八条 合同的当事人应当按照合同的约定，全部履行自己的义务。

第一百一十一条 当事人一方不履行合同义务或者履行合同义务不符合约定条件的，另一方有权要求履行或者采取补救措施，并有权要求赔偿损失。

《中华人民共和国合同法》

第六条 当事人行使权利、履行义务应当遵循诚实信用原则。

第七条 当事人订立、履行合同，应当遵守法律、行政法规，尊重社会公德，不得扰乱社会经济秩序，损害社会公共利益。

第八条 依法成立的合同，对当事人具有法律约束力。当事人应当按照约定履行自己的义务，不得擅自变更或者解除合同。

依法成立的合同，受法律保护。

第四十四条 依法成立的合同，自成立时生效。

法律、行政法规规定应当办理批准、登记等手续生效，依照其规定。

第五十三条 合同中的下列免责条款无效：（一）造成对方人身伤害的；（二）因故意或者重大过失造成对方财产损失的。

第六十条 当事人应当按照约定全面履行自己的义务。

第一百零七条 当事人一方不履行合同义务或者履行合同义务不符合约定的，应当承担继续履行、采取补救措施或者赔偿损失等违约责任。

第一百零八条 当事人一方明确表示或者以自己的行为表明不履行合同义务的，对方可以在履行期限届满之前要求其承担违约责任。

第一百二十五条 当事人对合同条款的理解有争议的，应当按照合同所使用的词句、合同的有关条款、合同的目的、交易习惯以及诚实信用原则，确定该条款的真实意思。

第一百三十条 买卖合同是出卖人转移标的物的所有权于买受人，买受人支付价款的合同。

《中华人民共和国消费者权益保护法》

第十九条 经营者应当向消费者提供有关商品或者服务的真实信息，不得作引人误解的虚假宣传。

第四十条 经营者提供商品或者服务有下列情形之一的，除本法另有规定外，应当依照《中华人民共和国产品质量法》和其他有关法律、法规的规定，承担民事责任：……（七）服务的内容和费用违反约定的；（八）对消费者提出的修理、重作、更换、退货、补足商品数量、退还货款和服务费用或者赔偿损失的要求，故意拖延或者无理拒绝的……

第五十条 经营者有下列情形之一，《中华人民共和国产品质量法》和其他有关法律、法规对处罚机关和处罚方式有规定的，依照法律、法规的规定执行；法律、法规未作规定的，由工商行政管理部门责令改正，可以根据情节单处或者并处警告、没收违法所得、处以违法所得一倍以上五倍以下的罚款，没有违法所得的，处以一万元以下的罚款；情节严重的，责令停业整顿、吊销营业执照：……（六）对商品或者服务引人误解的虚假宣传的；（七）对消费者提出的修理、重做、更换、退货、补足商品数量、退还货款和服务费用或者赔偿损失的要求，故意拖延或者无理拒绝的……

《物业管理条例》

第七条　业主在物业管理活动中，履行下列义务：……（五）按时交纳物业服务费用；……

第二十一条　在业主、业主大会选聘物业服务企业之前，建设单位选聘物业服务企业的，应当签订书面的前期物业服务合同。

第二十五条　建设单位与物业买受人签订的买卖合同应当包含前期物业服务合同约定的内容。

第四十一条　物业服务收费应当遵循合理、公开以及费用与服务水平相适应的原则，区别不同物业的性质和特点，由业主和物业服务企业按照国务院价格主管部门会同国务院建设行政主管部门制定的物业服务收费办法，在物业服务合同中约定。

第四十二条　业主应当根据物业服务合同的约定交纳物业服务费用。业主与物业使用人约定由物业使用人交纳物业服务费用的，从其约定，业主负连带交纳责任。

已竣工但尚未出售或者尚未交给物业买受人的物业，物业服务费用由建设单位交纳。

《物业服务收费管理办法》

第十条　建设单位与物业买受人签订的买卖合同，应当约定物业管理服务内容、服务标准、收费标准、计费方式及计费起始时间等内容，涉及物业买受人共同利益的约定应当一致。

第十五条　业主应当按照物业服务合同的约定按时足额交纳物业服务费用或者物业服务资金。业主违反物业服务合同约定逾期不交纳服务费用或者物业服务资金的，业主委员会应当督促其限期交纳；逾期仍不交纳的，物业管理企业可以依法追缴。

业主与物业使用人约定由物业使用人交纳物业服务费用或者物业服务资金的，从其约定，业主负连带交纳责任。

物业发生产权转移时，业主或者物业使用人应当结清物业服务费用或者物业服务资金。

第十六条　纳入物业管理范围的已竣工但尚未出售，或者因开发建设单位原因未按时交给物业买受人的物业，物业服务费用或者物业服务资金由开发建设单位全额交纳。

第十九条　物业管理企业已接受委托实施物业服务并相应收取服务费用的，其他部门和单位不得重复收取性质和内容相同的费用

《最高人民法院关于审理物业服务纠纷案件具体应用法律若干问题的解释》

第一条　建设单位依法与物业服务企业签订的前期物业服务合同，以及业主委员会与业主大会依法选聘的物业服务企业签订的物业服务合同，对业主具有约束力。业主以其并非合同当事人为由提出抗辩的，人民法院不予支持。

第五条　物业服务企业违反物业服务合同约定或者法律、法规、部门规章规定，擅自扩大收费范围、提高收费标准或者重复收费，业主以违规收费为由提出抗辩的，人民法院应予支持。

业主请求物业服务企业退还其已收取的违规费用的，人民法院应予支持。

第六条　经书面催交，业主无正当理由拒绝交纳或者在催告的合理期限内仍未交纳物业费，物业服务企业请求业主支付物业费的，人民法院应予支持。物业服务企业已经按照合同约定以及相关规定提供服务，业主仅以未享受或者无需接受相关物业服务为抗辩理由的，人民法院不予支持。

第七条　业主与物业的承租人、借用人或者其他物业使用人约定由物业使用人交纳物业费，物业服务企业请求业主承担连带责任的，人民法院应予支持。

第八条　业主大会按照物权法第七十六条规定的程序作出解聘物业服务企业的决定后，业主委员会请求解除物业服务合同的，人民法院应予支持。

物业服务企业向业主委员会提出物业费主张的，人民法院应当告知其向拖欠物业费的业主另行主张权利。

第九条 物业服务合同的权利义务终止后，业主请求物业服务企业退还已经预收，但尚未提供物业服务期间的物业费的，人民法院应予支持。

物业服务企业请求业主支付拖欠的物业费的，按照本解释第六条规定处理。

解决方法

防患于未然，是解决物业管理纠纷的最积极手段。物业服务企业在办理入住前，应安排有关人员全面了解入住时需要的相关的书面文件，尤其是要了解开发商售楼时的各类促销优惠政策，要仔细阅读前期物业服务合同与购房合同，并进行认真的比较，注意找出开发商售楼促销优惠政策、购房合同与物业管理法规政策相抵触的内容，找出前期物业服务合同与开发商售楼促销优惠政策、物业管理服务合同与购房合同的不同点。在此基础上，认真思考对策，设计业主入住时的宣传重点，主动向业主宣传物业管理的法规政策，使业主能够明确业主、开发商与物业服务企业各自的权利、义务和职责，对物业管理工作多一分理解，减少入住工作环节不必要的麻烦。针对本案例中的案情，该物业管理公司如能提前掌握物业管理服务合同与购房合同在物业管理费上的差异，就可以提前印制有关的宣传材料，向业主讲清收取物业管理费的依据，求得大多数业主的理解，保证入住工作的顺利进行。当然，物业管理公司在安排这项工作的时候，还要注意处理好与开发商的合作关系，注意讲究策略，既要让业主感到物业管理公司只是要在纠纷中合理合法地保护自己的利益，也要让业主清楚不是在引导他们找开发商去明辨是非，在解释说明时只要说清自己的权利、义务和职责就可以了。

如果遇到本案中的李先生这种拒交物业管理费用的情况，物业管理公司就要据理力争，讲明业主、开发商和物业服务企业各自的权利、义务，讲明前期物业服务合同与购房合同的法律主体关系的不同，让业主清楚问题的解决出路在哪里，不能盲目地替开发商大包大揽。但决不能以不交物业管理费用为由，不为其办理入住手续。如果这样做了，就是对业主的侵权，那就要承担一定的法律责任了。

对业主提出的异议，如果在现场一时解释不清的话，千万不要与其纠缠，要马上报告主管或领导，带其离开公共场合，到办公室去和颜悦色地交流，把不利影响控制在最小范围，防止更多的业主参与其中，导致事态扩大，给工作带来不利影响。本案例就是因为忽略了这一点，导致业主入住工作无法进行，给该物业管理公司带来了消极影响。

案例四

业主的难题不能推

某花园小区绿树成阴、空气清新、环境幽雅、房型别致、设施齐全、吸引着不少人购房入住。小区首期正式交付使用时，开发商选聘的物业管理公司也正式运作。但因为供电不足，业主的日常生活用水、用电受到影响，电梯不能保证正常运行，急于要进行装修的业主，更是不方便。当时，正值盛夏高温季节，水电的需求量非常大，装修工人每天要从楼下用水桶装满水拎到楼上，一天往返好多次。特别是住在十多层以上的业主，更是苦不堪言，于是纷纷到物业管理处要求解决。

还有，该小区内的公用设施，如供电、煤气、电话等管线，它的铺设位置、走向等都是原先规划好的，但有些对业主的生活造成了一定的影响。如徐女士家阳台外约一公尺远的地方，围了三根粗粗的电话线，将长期影响她正常晾晒衣被。她曾多次与电话局有关部门联系，但是问题却迟迟未得到解决，希望物业管理处能够帮助解决。

案例分析

业主找物业服务企业帮助解决困难，是推出去还是揽过来？推出去，就是当业主找到物业管理处时，物业管理处只要根据相关部门的职责分工，向业主说清其困难归哪个部门负责，让业主自己去找有关部门沟通协调；揽过来，就是物业管理处出面，与相关部门沟通协调，帮助业主解决困难。一推一揽，结果肯定是不同的。

从供电不足的情况来看，应该是开发商分期开发的原因造成的，从责任的角度讲，与该物业管理公司无关。物业管理处完全可以向业主讲明情况和责任所在，由业主直接找开发商要求解决，或寻求政府有关部门出面协调解决。

电话线影响业主晾晒衣被，这显然是电话线走向造成的。电话线的走向、铺设位置是项目规划设计阶段由开发商、设计部门、电话局等部门共同研究确定的，同样与该物业管理公司无关。业主已经与电话局等有关部门联系，但没有得到解决，这才希望物业管理处帮助解决，物业管理处完全可以说明责任，让业主向开发商提出解决要求。物业管理处可以帮助业主查找电话线走向、铺设位置的相关图纸资料，确认是否在施工阶段有无改动，为业主提供信息，就是做好了本职工作。

这两件事情，如果该物业管理处如此处理，从物业服务合同约定的角度来看，物业服务企业没有违反合同约定，并不为过，完全可以说符合工作职责要求，无可厚非，业主、开发商都提不出任何异议。但是，该物业管理公司"以人为本"、"一切为了业主"的物业管理服务理念，在业主的心目中就会大打折扣，"做业主的好朋友、好管家、好保姆"只能是句空谈，物业管理公司在业主的心目中会失去信任的感情基础，在业主的面前难以树立起良好的印象，会给今后的物业管理服务留下不利的因素，难以得到业主的支持理解。

面对业主的困难，物业服务企业进行换位思考，就会发现，只有急业主之所急，想业主之所想，主动出面为业主进行沟通协调，才能赢得业主的信赖。越是业主急于解决的问题，就越是我们物业服务企业应该全力以赴解决好的问题。因为从心理学的角度来讲，人们急于解决却又难以解决的问题，一旦得到与其关联性不强的他人帮助得以解决的时候，当事人的印象越深刻，回报的心理动机越强烈。以上两件事情，只要物业服务企业在讲清责任的前提下，主动出面协调、解决问题，无论结果如何，只要付出了，都会得到业主的认同。如果问题得到了解决，那就是做了一件皆大欢喜的好事；即使问题没有得到妥善解决，但在业主的心目中留下印象仍然是：物业服务企业是值得信赖的。

相关法规制度

《物业管理条例》

第二十九条　在办理物业承接验收手续时，建设单位应当向物业服务企业移交下列资料：

（一）竣工总平面图，单体建筑、结构、设备竣工图，配套设施、地下管网工程竣工图等竣工验收资料；

（二）设施设备的安装、使用和维护保养等技术资料；

（三）物业质量保修文件和物业使用说明文件；

（四）物业管理所必需的其他资料。

物业服务企业应当在前期物业服务合同终止时将上述资料移交给业主委员会。

第五十六条　物业存在安全隐患，危及公共利益及他人合法权益时，责任人应当及时维修养护，有关业主应当给予配合。

责任人不履行维修养护义务的，经业主大会同意，可以由物业服务企业维修养护，费用由责任人承担。

《物业承接查验办法》

第九条　建设单位应当按照国家有关规定和物业买卖合同的约定，移交权属明确、资料完整、质量合格、功能完备、配套齐全的物业。

第十一条　实施承接查验的物业，应当具备以下条件：

（一）建设工程竣工验收合格，取得规划、消防、环保等主管部门出具的认可或者准许使用文件，并经建设行政主管部门备案；

（二）供水、排水、供电、供气、供热、通信、公共照明、有线电视等市政公用设施设备按规划设计要求建成，供水、供电、供气、供热已安装独立计量表具；

（三）教育、邮政、医疗卫生、文化体育、环卫、社区服务等公共服务设施已按规划设计要求建成；

（四）道路、绿地和物业服务用房等公共配套设施按规划设计要求建成，并满足使用功能要求；

（五）电梯、二次供水、高压供电、消防设施、压力容器、电子监控系统等共用设施设备取得使用合格证书；

（六）物业使用、维护和管理的相关技术资料完整齐全；

（七）法律、法规规定的其他条件。

第三十二条　物业交接后，建设单位未能按照物业承接查验协议的约定，及时解决物业共用部位、共用设施设备存在的问题，导致业主人身、财产安全受到损害的，应当依法承担相应的法律责任。

第三十六条　建设单位应当按照国家规定的保修期限和保修范围，承担物业共用部位、共用设施设备的保修责任。

《普通住宅小区物业管理服务等级标准（试行）》

一级

项　目	内　容　与　标　准
（三） 共用设施设备 维修养护	…… 5. 载人电梯24小时正常运行。 ……

二级

项　目	内　容　与　标　准
（三） 共用设施设备 维修养护	…… 5. 载人电梯早6点至晚12点正常运行。 ……

三级

项 目	内 容 与 标 准
（三） 共用设施设备 维修养护	…… 5．载人电梯早 6 点至晚 12 点正常运行。 ……

《住宅设计规范》GB 50096—1999（2003 年版）

6.5.1 每套住宅应设电度表。每套住宅的用电负荷标准及电度表规格，不应小于表 6.5.1 的规定。

表 6.5.1 用电负荷标准及电度表规格

套 型	用电负荷标准（kW）	电度表规格(A)
一类	2.5	5(20)
二类	2.5	5(20)
三类	4.0	10(40)
四类	4.0	10(40)

6.5.2 住宅供电系统的设计，应符合下列基本安全要求：

1．应采用 TT、TN-C-S 或 TN-S 接地方式，并进行总等电位联结；

2．电气线路应采用符合安全和防火要求的敷设方式配线，导线应采用铜线，每套住宅进户线截面不应小于 10 平方毫米，分支回路截面不应小于 2.5 平方毫米。

3．每套住宅的空调电源插座、电源插座与照明，应分路设计；厨房电源插座和卫生间电源插座宜设置独立回路；

4．除空调电源插座外，其他电源插座电路应设置漏电保护装置；

5．每套住宅应设置电源总断路器，并应采用可同时断开相线和中性线的开关电器；

6．设洗浴设备的卫生间应做等电位联结；

7．每幢住宅的总电源进线断路器，应具有漏电保护功能。

《某物业管理公司各项管理指标的承诺标准》

……

15．业主年投诉率和处理率

（一）年有效投诉率

承诺指标：2%以下

测定依据：年内有效投诉次数/入住总人数×100%≤2%

承诺标准：使业主满意

保证措施：（1）不断培养和树立员工的服务意识，为业主提供优质服务；（2）建立投诉处理制度和流程；（3）设立投诉电话和投诉邮箱，及时、持续改进物业服务工作中存在的问题和缺点，提高物业服务品质。

（二）有效投诉处理率

承诺指标：100%

测定依据：处理投诉次数/投诉总次数×100%

承诺标准：使业主满意

保证措施：（1）服务中心设立 24 小时服务电话，负责受理业主的各类投诉，值班人员实行首问责任制，做好投诉记录，并根据投诉内容传递至相关责任组并跟踪最终处理结果；（2）各责任组接到投诉后应立即采取措施，并在预定时间内向业主回复。暂时无法解决的问题应制订解决计划并向业主进行解释；（3）投诉处理率作为部门及员工每月工作考核的重要指标。

17．物业服务满意率

承诺指标：85%以上

测定依据：回收有效调查表满意份数/回收有效调查表回收总数≥85%

承诺标准：绝大部分业主、住户满意

保证措施：1.向业主公示物业管理服务内容、服务质量标准，使物业管理工作始终处于客户监督之中；2.设立总经理信箱，接受投诉、意见建议。每年做一次业主满意率征询，由管理处项目经理主持对调查结果及业主反馈意见进行分析，对不合格项提出纠正和预防措施，及时调整和改进管理服务方案。

……

解决方法

本案例中，接到业主要求解决用电问题的投诉后，物业管理处经理顶着烈日找开发商协调。经过多次沟通发现，开发商也有难言之隐。原来，小区是分期开发的，开发商与供电部门的供电协议里，电缆铺设分批进行，目前仅是一小部分，故供电不足，造成高层水泵和电梯用电不正常。物业管理处和开发商一起找供电部门协商，物业管理处详细反映了小区业主们用电用水难的问题。供电部门在了解了实际情况以后，答应修改协议日期，三天内解决。

在供电部门派出施工人员敷设电缆时，施工人员发现现场不宜敷设电缆，如建筑垃圾未清除，建房施工时挖的地坑积满水等。物业管理处立即答应这两个问题连夜解决。当天，物业管理处绝大部分员工冒着高温酷暑，投入建筑垃圾清运和地坑积水的抽出排放。第二天，供电部门施工队再进场，加紧了施工节奏，如期敷设好了电缆。业主为此对物业管理处非常感激。

对于电话线影响业主晾晒衣被问题，物业管理处对业主反映的情况进行了实地走访。管理处在调查了实情后，并没有因为不是自己分内的事而推托。接待员先着手与电话局的相关部门取得了联系，电话局表示由于电话线的铺设都是按照规划，事先就决定好的，如果要动，需要申请，批准后方可实施。为此，物业管理处经理多次来到电话局，将业主的实际情况向该局领导进行了反映。电话局分管领导十分感动，当即拍板，尽快解决问题。物业管理处经理回到小区后，登门将这一好消息告诉了徐女士。不久，电话局派专业维修人员到小区，将徐女士阳台外的电话线路进行了迁移。徐女士十分激动地说："本来以为这件事会没有结局，想不到竟然被你们解决了。"她送给物业管理处一面写有"贴心人"的锦旗。

案例五

老管家不走，新管家应该怎么办

由于原物业管理公司不履行前期物业服务合同，某小区业主委员会成立后，经过召开业主大会，并得到 2/3 的赞同，决定终止前期物业服务合同，重新选聘物业服务企业。经过招投标程序，业主委员会与金石物业管理公司于 2004 年 1 月 15 日签订物业服务合同，约定由金石物业管理公司对该小区进行物业管理，合同期为 2004 年 2 月 1 日起至 2006 年 1 月 31 日止。金石物业管理公司依约前往接管小区，原物业管理公司却不肯办理移交，致使合同无法履行。几天后，业主委员发现原物业管理公司悄然撤离了，而小区近百平方米的物业管理用房却铁将军把门。金石物业管理公司只好暂用业主委员会办公室开展工作，不仅办公面积狭小，而且连生活用水、上厕所等基本问题都得不到解决。业主委员会找到原物业管理公司要求首先归还物业管理用房，并且移交全部资料。不料原物业管理公司却振振有词：这套物业管理用房的产权还是开发商的，开发商想怎么处理就怎么处理；至于全部资料，是由公司自己收集整理的，没有义务移交给新物业管理公司。

案例分析

从本案例业主委员会代表全体业主解聘、选聘物业服务企业的全部过程看，应该说是符合物业管理条例要求的，业主委员会与金石物业管理公司签订的物业服务合同合法有效。原物业服务公司与开发商、业主所签订的前期物业服务合同，按照物业管理条例"前期物业服务合同可以约定期限；但是，期限未满、业主委员会与物业服务企业签订的物业服务合同是生效的，前期物业服务合同终止"之规定，应自动终止，原物业管理公司应按原合同要求，履约解聘，与金石物业管理公司做好项目移交工作。因此，原物业管理公司拒不归还、移交物业管理用房、全部资料的行为是非法的。

既然，原物业管理公司拒绝交接的行为是非法的，那么，金石物业管理公司是否就能强行要求原物业管理公司进行移交，或强制进入呢？答案是否定的。这是因为原物业管理公司与开发商、业主签订的前期物业服务合同，同金石物业管理公司与业主委员会签订的物业服务合同是两个各自独立的法律关系，两者之间不存在连带关系，原物业管理公司与金石物业管理公司不存在合同法律关系。因此，新物业管理公司在遇到原物业管理公司拒绝移交的情况时，没有权利强行要求原物业管理公司与其进行移交，而应要求业主委员会出面协调，解决矛盾。

关于本案例中物业管理用房问题，根据物业管理条例的规定，物业管理用房的所有权依法属于全体小区业主，不是属于开发商的，开发商无权处理物业管理用房。

关于小区的全部资料，根据物业管理条例规定，物业服务合同终止时，物业服务企业应当将其交还给业主委员会。

相关法规制度

《中华人民共和国民法通则》

第五条　公民、法人的合法的民事权益受法律保护，任何组织和个人不得侵犯。

第六条　民事活动必须遵守法律，法律没有规定的，应当遵守国家政策。

第八十八条　合同的当事人应当按照合同的约定，全部履行自己的义务。

第一百一十一条　当事人一方不履行合同义务或者履行合同义务不符合约定条件的，另一方有权要求履行或者采取补救措施，并有权要求赔偿损失。

第一百三十条　二人以上共同侵权造成他人损害的，应当承担连带责任。

《中华人民共和国物权法》

第七十六条　下列事项由业主共同决定：

（一）制定和修改业主大会议事规则；

（二）制定和修改建筑物及其附属设施的管理规约；

（三）选举业主委员会或者更换业主委员会成员；
（四）选聘和解聘物业服务企业或者其他管理人；
（五）筹集和使用建筑物及其附属设施的维修资金；
（六）改建、重建建筑物及其附属设施；
（七）有关共有和共同管理权利的其他重大事项。

决定前款第五项和第六项规定的事项，应当经专有部分占建筑物总面积三分之二以上的业主且占总人数三分之二以上的业主同意。决定前款其他事项，应当经专有部分占建筑物总面积过半数的业主且占总人数过半数的业主同意。

第八十一条　业主可以自行管理建筑物及其附属设施，也可以委托物业服务企业或者其他管理人管理。

对建设单位聘请的物业服务企业或者其他管理人，业主有权依法更换。

《最高人民法院关于审理物业服务纠纷案件具体应用法律若干问题的解释》

第八条　业主大会按照物权法第七十六条规定的程序作出解聘物业服务企业的决定后，业主委员会请求解除物业服务合同的，人民法院应予支持。

物业服务企业向业主委员会提出物业费主张的，人民法院应当告知其向拖欠物业费的业主另行主张权利。

第九条　物业服务合同的权利义务终止后，业主请求物业服务企业退还已经预收，但尚未提供物业服务期间的物业费的，人民法院应予支持。

物业服务企业请求业主支付拖欠的物业费的，按照本解释第六条规定处理。

第十条　物业服务合同的权利义务终止后，业主委员会请求物业服务企业退出物业服务区域、移交物业服务用房和相关设施，以及物业服务所必需的相关资料和由其代管的专项维修资金的，人民法院应予支持。

物业服务企业拒绝退出、移交，并以存在事实上的物业服务关系为由，请求业主支付物业服务合同权利义务终止后的物业费的，人民法院不予支持。

《最高人民法院关于审理建筑物区分所有权纠纷案件具体应用法律若干问题的解释》

第七条　改变共有部分的用途、利用共有部分从事经营性活动、处分共有部分，以及业主大会依法决定或者管理规约依法确定应由业主共同决定的事项，应当认定为物权法第七十六条第一款第（七）项规定的有关共有和共同管理权利的"其他重大事项"。

第十四条　建设单位或者其他行为人擅自占用、处分业主共有部分、改变其使用功能或者进行经营性活动，权利人请求排除妨害、恢复原状、确认处分行为无效或者赔偿损失的，人民法院应予支持。

属于前款所称擅自进行经营性活动的情形，权利人请求行为人将扣除合理成本之后的收益用于补充专项维修资金或者业主共同决定的其他用途的，人民法院应予支持。行为人对成本的支出及其合理性承担举证责任。

《中华人民共和国侵权责任法》

第十五条　承担侵权责任的方式主要有：
（一）停止侵害；
（二）排除妨碍；
（三）消除危险；
（四）返还财产；

（五）恢复原状；

（六）赔偿损失；

（七）赔礼道歉；

（八）消除影响、恢复名誉。

以上承担侵权责任的方式，可以单独适用，也可以合并适用。

第十九条　侵害他人财产的，财产损失按照损失发生时的市场价格或者其他方式计算。

第二十条　侵害他人人身权益造成财产损失的，按照被侵权人因此受到的损失赔偿；被侵权人的损失难以确定，侵权人因此获得利益的，按照其获得的利益赔偿；侵权人因此获得的利益难以确定，被侵权人和侵权人就赔偿数额协商不一致，向人民法院提起诉讼的，由人民法院根据实际情况确定赔偿数额。

第二十一条　侵权行为危及他人人身、财产安全的，被侵权人可以请求侵权人承担停止侵害、排除妨碍、消除危险等侵权责任。

《中华人民共和国合同法》

第三条　合同当事人的法律地位平等，一方不得将自己的意志强加给另一方。

第五条　当事人应当遵循公平原则确定各方的权利和义务。

第六十条　当事人应当按照约定全面履行自己的义务。

第九十八条　合同的权利义务终止，不影响合同中结算和清理条款的效力。

第一百零七条　当事人一方不履行合同义务或者履行合同义务不符合约定的，应当承担继续履行、采取补救措施或者赔偿损失等违约责任。

第一百二十八条　当事人可以通过和解或者调解解决合同争议。

当事人不愿和解、调解或者和解、调解不成的，可以根据仲裁协议向仲裁机构申请仲裁。涉外合同的当事人可以根据仲裁协议向中国仲裁机构或者其他仲裁机构申请仲裁。当事人没有订立仲裁协议或者仲裁协议无效的，可以向人民法院起诉。当事人应当履行发生法律效力的判决、仲裁裁决、调解书；拒不履行的，对方可以请求人民法院执行。

《物业管理条例》

第三条　国家提倡业主通过公开、公平、公正的市场竞争机制选择物业服务企业。

第十一条　下列事项由业主共同决定：

（一）制定和修改业主大会议事规则；

（二）制定和修改管理规约；

（三）选举业主委员会或者更换业主委员会成员；

（四）选聘和解聘物业服务企业；

（五）筹集和使用专项维修资金；

（六）改建、重建建筑物及其附属设施；

（七）有关共有和共同管理权利的其他重大事项。

第十五条　业主委员会执行业主大会的决定事项，履行下列职责：

（一）召集业主大会会议，报告物业管理的实施情况；

（二）代表业主与业主大会选聘的物业服务企业签订物业服务合同；

（三）及时了解业主、物业使用人的意见和建议，监督和协助物业服务企业履行物业服务合同；

（四）监督管理规约的实施；

（五）业主大会赋予的其他职责。

第二十六条　前期物业服务合同可以约定期限；但是，期限未满、业主委员会与物业服务企业签订的物业服务合同生效的，前期物业服务合同终止。

第二十七条　业主依法享有的物业共用部位、共用设施设备的所有权或者使用权，建设单位不得擅自处分。

第二十九条　在办理物业承接验收手续时，建设单位应当向物业服务企业移交下列资料：

（一）竣工总平面图，单体建筑、结构、设备竣工图，配套设施、地下管网工程竣工图等竣工验收资料；

（二）设施设备的安装、使用和维护保养等技术资料；

（三）物业质量保修文件和物业使用说明文件；

（四）物业管理所必需的其他资料。

物业服务企业应当在前期物业服务合同终止时将上述资料移交给业主委员会。

第三十条　建设单位应当按照规定在物业管理区域内配置必要的物业管理用房。

第三十五条　业主委员会应当与业主大会选聘的物业服务企业订立书面的物业服务合同。

物业服务合同应当对物业管理事项、服务质量、服务费用、双方的权利义务、专项维修资金的管理与使用、物业管理用房、合同期限、违约责任等内容进行约定。

第三十七条　物业服务企业承接物业时，应当与业主委员会办理物业验收手续。

业主委员会应当向物业服务企业移交本条例第二十九条第一款规定的资料。

第三十八条　物业管理用房的所有权依法属于业主。未经业主大会同意，物业服务企业不得改变物业管理用房的用途。

第三十九条　物业服务合同终止时，物业服务企业应当将物业管理用房和本条例第二十九条第一款规定的资料交还给业主委员会。

物业服务合同终止时，业主大会选聘了新的物业服务企业的，物业服务企业之间应当做好交接工作。

第五十八条　违反本条例的规定，建设单位擅自处分属于业主的物业共用部位、共用设施设备的所有权或者使用权的，由县级以上地方人民政府房地产行政主管部门处 5 万元以上 20 万元以下的罚款；给业主造成损失的，依法承担赔偿责任。

第五十九条　违反本条例的规定，不移交有关资料的，由县级以上地方人民政府房地产行政主管部门责令限期改正；逾期仍不移交有关资料的，对建设单位、物业服务企业予以通报，处 1 万元以上 10 万元以下的罚款。

第六十四条　违反本条例的规定，建设单位在物业管理区域内不按照规定配置必要的物业管理用房的，由县级以上地方人民政府房地产行政主管部门责令限期改正，给予警告，没收违法所得，并处 10 万元以上 50 万元以下的罚款。

解决方法

新接管项目的物业服务企业在遇到本案例这种情况时，首先要弄清自己与业主、原物业管理公司的相互关系，要摆正自己的位置，不要与原物业管理公司发生正面冲突，要通过业主委员会协调关系，通过法律手段保护自己的利益。

从本案案情来看，如业主委员会在合同规定移交的期限内，未能协调矛盾，致使金石物业管理公司不能进入，金石物业管理公司可以要求业主委员会终止物业服务合同，并按招投标相关规定要求赔偿经济损失；还可以以物业服务合同为依据，向人民法院诉告业主委员会，并以第三人身份连带诉告原物业管理公司（这是目的所在，醉翁之意不在酒）；或请求业主委员会，诉告原物业管理公司，以保证自己的合法权利受到保护。

关于物业管理用房，为避免开发商侵权，业主委员会应查明该物业管理用房的标注，因为开发商在办理房屋预售许可证和房地产初始登记时，应当将物业管理用房的坐落、面积、室号在预测面积（实测面积）在报告中予以注明，并加盖开发商公章。根据物业管理条例的规定，开发商应当按照规定在物业管理区域内配置必要的物业管理用房。如果该物业管理用房确系开发商所有，业主委员会可以提请房地产登记部门给予产权异议登记，以尽快将物业管理用房的产权落到业主大会的名下。当然，业主委员会也可以要求开发商出资，在符合所在地政府有关物业管理用房具体规定的基础上，购置物业管理用房。

关于小区资料，业主委员会根据物业管理条例规定，有权要求原物业服务企业交还给自己。

根据物业管理条例规定，业主委员会可以先把此情况向房地产行政主管部门反映，由房地产行政主管部门通过调解，协商解决；若协商不成的，可以经业主大会同意，代表全体业主向人民法院提起诉讼。

最后，希望那些像本案例中的物业服务企业，要转变观念，善待"进"、"出"。物业管理服务，核心在服务上，如果我们尊重业主，坚持为业主提供优质的服务，能够获得业主的信任，"出"是不会出现的；反之，业主让你"出"，光靠死死守住大门是没有用的。

第二单元　日常管理

案例一

小区业主养狗伤女童，法院判赔 3000 元

某日上午，潘先生 5 岁的女儿在自家私家车旁玩耍时，被同一小区业主黄某的 2 只宠物狗抓咬致伤。经医院检查诊断，"可发现双大腿被狗抓伤痕迹"，并为其注射了 5 支狂犬疫苗，但由于受到惊吓，女童为此常在噩梦中惊醒，寝食不安。潘先生得知，黄某所养宠物狗不但未领取《养犬许可证》，而且也未打过防疫针，没有《犬类免疫证》，加上听医生说狂犬病潜伏期可长达 10 年之久，因而非常担心也非常气愤。由于黄某不愿给予任何赔偿，物业管理公司也不愿承担责任，潘先生在为期 1 年的多次索赔未果后，于去年 8 月 10 日把黄某和物业管理公司一起告上了法庭，要求他们连带赔偿女儿精神损失费 3 万元，另医疗费、交通费、护理费、营养费及伙食补助费共计 7353 元，并要求黄某停止养狗，赔礼道歉。

案例分析

近年来，因为饲养宠物的人越来越多，违规饲养宠物引发的各种社会问题也越来越突出。这些问题主要集中在宠物扰民、宠物伤人、宠物吓人、污染环境及传播疾病方面。类似本案例中宠物狗伤人事件是其中比较典型的案例。对于违规饲养宠物，法律上已有明确的规定，但在现实中，解决因为饲养宠物而引起的一系列问题，仍然是一大难题。这一点在物业管理实践中，表现得尤为突出。

违规饲养宠物引发的各种社会问题，主要原因有两个：一是宠物饲养人不遵守有关规定带来的，如养犬人不遵守有关规定，不按时为狗注射疫苗，还随时、随地、随意遛狗、遛狗不拴绳，甚至放养。二是在他人的挑逗下，饲养的宠物造成他人损害的。其中，第二种原因，因为是挑逗者或第三者人为造成的本人或他人损害，责任清楚，与物业管理完全无关。但第一种情况，在实行物业管理的区域里，由于随意遛狗、遛狗不拴绳、放养等行为涉及管理、教育、劝阻等方面的因素，一旦出现宠物扰民、伤人、吓人等事件，受害者往往就会要求物业服务企业承担责任。那么，对此，物业管理企业应该怎么办呢？

从目前的现实来看，宠物扰民、伤人、吓人作为一个社会问题，非常难以解决。尽管《中华人民共和国治安管理处罚法》中明确规定，饲养动物干扰了他人正常生活的，就可以进行警告；警告后不改正的，或者放任动物恐吓他人的，那么宠物主人就会面临 200 元以上 500 元以下的罚款。也就是说诸如宠物深夜乱叫、随地大小便等现象，只要有附近邻居报警说影响了他的生活，那么警方就要进行查处，但由于取证难度大，作为管理部门经常无法处理。避免这一问题，主要还是依靠宠物饲养人自身文明素质的自我约束。

根据《物业管理条例》有关规定，物业服务企业对涉及公共秩序、公众安全的隐患，主要是承担向上级管理部门报告的义务，没有执法的权利。也就是说，物业服务企业在管理辖区对饲养宠物的行为，不具有公众所理解的通常意义的管理权利，《物业管理条例》所提到的"制止"，实际上只能是教育或劝阻，物业服务企业更进一步的行动也只能是履行报告的义务。综合前面所提到的管理部门执法的难度，对宠物伤人事件，物业服务企业不应承担任何民事连带责任。根据民法通则的规定，饲养的动物致人损害的，应由动物饲养人或管理人承担责任，物业管理公司既不是饲养人又不是管理人，不应承担赔偿责任。当然，没有履行"制止"和"报告"义务的物业服务企业除外。

本案例的实际审理结果是：人民法院判决被告黄某以口头方式向原告赔礼道歉，并向原告支付医药费153元，精神抚慰金3000元；驳回原告其他诉讼请求。物业管理公司不承担赔偿责任。人民法院解释，小区物业管理公司在其管理范围内行使了管理义务，不承担黄某饲养小狗行为产生的法律后果的民事责任。

相关法规制度

《中华人民共和国民法通则》

第六条　民事活动必须遵守法律，法律没有规定的，应当遵守国家政策。

第七条　民事活动应当尊重社会公德，不得损害社会公共利益，破坏国家经济计划，扰乱社会经济秩序。

第一百二十七条　饲养的动物造成他人损害的，动物饲养人或者管理人应当承担民事责任；由于受害人的过错造成损害的，动物饲养人或者管理人不承担民事责任；由于第三人的过错造成损害的，第三人应当承担民事责任。

《中华人民共和国物权法》

第八十三条　业主应当遵守法律、法规以及管理规约。

业主大会和业主委员会，对任意弃置垃圾、排放污染物或者噪声、违反规定饲养动物、违章搭建、侵占通道、拒付物业费等损害他人合法权益的行为，有权依照法律、法规以及管理规约，要求行为人停止侵害、消除危险、排除妨害、赔偿损失。业主对侵害自己合法权益的行为，可以依法向人民法院提起诉讼。

《中华人民共和国侵权责任法》

第三条　被侵权人有权请求侵权人承担侵权责任。

第六条　行为人因过错侵害他人民事权益，应当承担侵权责任。

根据法律规定推定行为人有过错，行为人不能证明自己没有过错的，应当承担侵权责任。

第七条　行为人损害他人民事权益，不论行为人有无过错，法律规定应当承担侵权责任的，依照其规定。

第八条　二人以上共同实施侵权行为，造成他人损害的，应当承担连带责任。

第十六条　侵害他人造成人身损害的，应当赔偿医疗费、护理费、交通费等为治疗和康复支出的合理费用，以及因误工减少的收入。造成残疾的，还应当赔偿残疾生活辅助具费和残疾赔偿金。造成死亡的，还应当赔偿丧葬费和死亡赔偿金。

第二十一条　侵权行为危及他人人身、财产安全的，被侵权人可以请求侵权人承担停止侵害、排除妨碍、消除危险等侵权责任。

第二十二条　侵害他人人身权益，造成他人严重精神损害的，被侵权人可以请求精神损害赔偿。

第二十五条　损害发生后，当事人可以协商赔偿费用的支付方式。协商不一致的，赔偿费用应当一次性支付；一次性支付确有困难的，可以分期支付，但应当提供相应的担保。

第七十八条　饲养的动物造成他人损害的，动物饲养人或者管理人应当承担侵权责任，但能够证明损害是因被侵权人故意或者重大过失造成的，可以不承担或者减轻责任。

第七十九条　违反管理规定，未对动物采取安全措施造成他人损害的，动物饲养人或者管理人应当承担侵权责任。

第八十条　禁止饲养的烈性犬等危险动物造成他人损害的，动物饲养人或者管理人应当承担侵权责任。

第八十三条　因第三人的过错致使动物造成他人损害的，被侵权人可以向动物饲养人或者管理人请求赔偿，也可以向第三人请求赔偿。动物饲养人或者管理人赔偿后，有权向第三人追偿。

第八十四条　饲养动物应当遵守法律，尊重社会公德，不得妨害他人生活。

《中华人民共和国治安管理处罚法》

第七十五条　饲养动物，干扰他人正常生活的，处警告；警告后不改正的，或者放任动物恐吓他人的，处以二百元以上五百元以下罚款。

驱使动物伤害他人的，依照本法第四十三条第一款的规定处罚。

《物业管理条例》

第七条　业主在物业管理活动中，履行下列义务：

（一）遵守管理规约、业主大会议事规则；

（二）遵守物业管理区域内物业共用部位和共用设施设备的使用、公共秩序和环境卫生的维护等方面的规章制度；

（三）执行业主大会的决定和业主大会授权业主委员会作出的决定；

（四）按照国家有关规定交纳专项维修资金；

（五）按时交纳物业服务费用；

（六）法律、法规规定的其他义务。

第三十六条　物业服务企业应当按照物业服务合同的约定，提供相应的服务。

物业服务企业未能履行物业服务合同的约定，导致业主人身、财产安全受到损害的，应当依法承担相应的法律责任。

第四十六条　对物业管理区域内违反有关治安、环保、物业装饰装修和使用等方面法律、法规规定的行为，物业管理企业应当制止，并及时向有关行政管理部门报告。

有关行政管理部门在接到物业管理企业的报告后，应当依法对违法行为予以制止或者依法处理。

第四十七条　物业管理企业应当协助做好物业管理区域内的安全防范工作。发生安全事故时，物业管理企业在采取应急措施的同时，应当及时向有关行政管理部门报告，协助做好救助工作。

物业管理企业雇请保安人员的，应当遵守国家有关规定。保安人员在维护物业管理区域内的公共秩序时，应当履行职责，不得侵害公民的合法权益。

《沈阳市养犬管理条例》

第四条　居民委员会、村民委员会应当协助有关行政部门做好养犬管理工作；组织开展依法养犬、文明养犬的宣传教育活动。居民委员会、住宅区业主委员会可以召集居民会议、业主大会，就养犬的有关事项依法制定公约或者规约，并监督其实施。

第八条　本市三环绕城公路以内的地区为养犬重点管理区；本市三环绕城公路以外的地区为养犬一般管理区。有关的区、县（市）人民政府可以根据本行政区域街道、建制镇和人口聚集的具体情况，在养犬一般管理区内划定养犬重点管理区，报市人民政府备案。

重点管理区内的住户每户准养一只犬，不得饲养烈性犬、大型犬。禁养犬的具体品种和体高、体长标准，由市公安机关会同市畜牧兽医行政部门确定，并向社会公布。

一般管理区内每户一般准养一只犬。

第九条　养犬实行许可证和年检制度。未经许可和年检，任何单位和个人不得养犬。

第十六条　养犬人在养犬重点管理区内应当遵守下列规定：

（一）除盲人携带导盲犬外，不得携犬进入幼儿园、学校、医院、少年儿童活动场所、公园、广场、纪念性场所、饭店、商店、展览馆、影剧院、体育场馆、游乐场、航空港、候车室等公共场所。

（二）不准携犬乘坐除小型出租汽车以外的公共交通工具。携犬乘坐小型出租汽车时，应当征得驾驶员同意。

（三）依照公约或者规约可以携犬乘坐电梯的，应当主动避让他人，并采取有效的防护措施，防止惊扰他人。

（四）携犬出户应当束犬链、挂犬牌，由具有完全行为能力的人牵领，并主动避让他人。

（五）应当立即清除犬在户外排泄的粪便。

（六）不得在住宅区的公用部位养犬。

（七）不得虐待、遗弃所养的犬。

（八）应当及时将死亡犬送到指定的场所，在动物卫生监督机构的监督下进行无害化处理，不得随意抛弃或者埋葬。

（九）应当采取有效措施，防止犬妨碍、干扰他人正常生活。

（十）履行养犬的其他义务。

第十七条　犬伤害他人的，养犬人应当立即将被伤者送医疗机构诊治，依法承担民事责任。对伤人犬或者疑似患有狂犬病的犬，养犬人应当送交公安机关设立的犬留置所，由动物疫病预防控制机构进行检验，确诊患有狂犬病的，应当进行无害化处理。

《沈阳市犬类管理实施细则》

第四条　本细则所称犬类是指观赏犬和非观赏犬。观赏犬是指成犬体重一般不超过五公斤、身高不超过35厘米的小型犬种；非观赏犬是指成犬体重超过五公斤、身高超过35厘米的大型犬种。

第六条　我市绕城公路以内及其他县（市）、区的人民政府所在地为非观赏犬禁养区。但绕城公路以内远离城镇的农村地域，经市控犬办批准可以确定为非观赏犬准养区除外。

准养区的个人，经审查批准后，允许养犬一只。

第二十条　获准养犬的单位和个人，必须遵守下列规定：

（一）不准携带犬进入商店、饭店、学校、车站、航空港等各类公共场所以及乘坐除小型出租汽车以外的公共交通工具。

（二）经批准养犬的单位和犬类养殖场，必须有专人负责管理，未经市控犬办批准不得擅自变更养殖场所。

（三）养犬许可证由豢养人持有，随时备查，犬牌一律系在准养犬的颈部。市内观赏犬出户时须束犬链，并由有行为能力人牵领。

（四）准养区豢养的非观赏犬，实行圈养或拴养，不准出户、院。

（五）警卫、教学、科研及演艺用犬必须在指定场所圈养和拴养。

（六）《养犬许可证》及犬牌不得转借、涂改、伪造和倒卖，损坏或遗失的应申请补发。

（七）准养犬不得干扰他人的正常生活。

（八）当犬伤人时，应立即将被伤者送往医院诊治，依法承担民事责任并将伤人犬及时送畜牧部门检查。

（九）准养犬死亡、宰杀、转让后30日内到发证机关办理有关手续。准养犬繁殖新生幼犬时，豢养者须在幼犬出生后5日内办理临时准养证并在30日内出售，赠送他人或灭掉

（十）养犬人变更住址时，及时到发证部门办理变更手续。

（十一）准养犬在户外排泄粪便、养犬人应立即予以清除。

第二十一条　携犬出户时间为每日19时至次日7时。

第二十八条　擅自养犬或者逾期不注册的，各地捕犬队可以依据《辽宁省养犬管理规定》没收其犬，由公安机关处以登记费二倍至五倍罚款。

第二十九条　携犬进入公共场所，乘坐公共交通工具或不及时清除犬在户外排泄的粪便以及在道路两侧屠宰犬的，由公安机关，城建部门依据《辽宁省养犬管理规定》处以50元至200元罚款。

解决办法

从本案例实际来看，事发前物业管理公司曾两次发出通知，要求黄某停止养狗并于8月13日前将狗迁出小区，由于物业管理公司不是行政执法单位，在黄某不听通知的情况下无权采取强制性措施，可以说履行了应尽的义务；事发后，他们曾督促黄某给狗打了防疫针，黄某也写下了一份"由此引起的后遗症本人愿承担一切责任"的保证书，至于黄某不愿履行他们调解后达成的协议，物业管理公司是无能为力的，但善后思路、措施清晰，也很好地尽到了协调管理辖区和谐相处的责任，可以说，已在力所能及的范围内尽到了责任。对于潘先生提出的索赔要求，物业管理公司应准备证据积极应诉，不能接受其要求。

物业管理公司在日常管理中，还应与业主委员会、居民委员会共同加强宣传教育，让宠物饲养人知道宠物致人伤害是一种人身侵权案件，使宠物饲养人真正做到按照规定养犬，科学养犬，文明养犬和健康养犬。按照法律规定，动物致人伤害实行无过错责任，也就是说，即使动物饲养人或管理人没有任何过错，也应承担相应的赔偿责任。即使由于受害人的过错造成损害的，对于受害人的过错行为，要由宠物饲养人或管理人承担举证责任。另外，受害人在维护自身权益时，需要搜集好三个方面的证据：一是宠物饲养人或管理人；二是宠物对自己有伤害行为及产生的后果；三是宠物的伤害行为与损害后果具有因果关系。

根据《中华人民共和国物权法》第八十三条规定，业主大会和业主委员会，对任意弃置垃圾、排放污染物或者噪声、违反规定饲养动物、违章搭建、侵占通道、拒付物业费等损害他人合法权益的行为，有权依照法律、法规以及管理规约，要求行为人停止侵害、消除危险、排除妨害、赔偿损失。因此，在物业管理区域内，居民委员会、业主委员会应该发挥宠物饲养管理主体的作用，尤其是业主委员会应从业主自治管理的角度，在管理规约中对宠物饲养作出明确规定，加强对业主或使用人饲养宠物行为的规范。《沈阳市养犬管理条例》规定，"居民委员会、村民委员会应当协助有关行政部门做好养犬管理工作；组织开展依法养犬、文明养犬的宣传教育活动。居民委员会、住宅区业主委员会可以召集居民会议、业主大会，就养犬的有关事项依法制定公约或者规约，并监督其实施"。就是物权法精神的具体体现。

如果物业管理辖区内，一旦出现宠物伤人事件，物业管理公司应立即报警，由公安部门出面

处理。配合公安部门、业主委员会、居民委员会妥善做好善后调解工作。

案例二

饮料瓶堵住排水管　物业管理公司被判赔偿

沈先生是某小区501室业主，在2003年8月23日凌晨1点30分左右，因天突降暴雨，沈先生发现屋外下雨，而雨水却从6楼直接渗入到他的房间，他家中的床垫、竹席、毛巾毯、被子、电风扇等设备都不同程度地被水浸湿，屋内的装修也遭到一定的破坏。沈先生发现之所以房间进水，是因为楼顶的排水管道被饮料瓶给堵塞，致使雨水不能及时从排水管道中排出，雨水沿屋面缝隙先流入601室屋顶、墙顶和吸顶灯等处，之后就流入沈先生的501室，物品受损，沈先生就找物业管理公司要求索赔，可是双方最终没能达成一致意见。之后，沈先生就将物业管理公司告到法庭。

案例分析

楼顶排水管是屋顶排水系统的主要组成部分，属于物业共用设施。对物业共用设施设备的运行、维修、养护和管理是物业服务合同约定的基本内容。因此，对屋顶排水系统进行清理、疏通是物业管理服务的内容之一，一般在物业服务企业是由项目管理处的工程维修部负责的，也有物业服务企业将楼顶檐沟、排水管雨水斗的清理工作交给保洁班负责，具体由哪个部门负责，这是根据物业管理区域和物业管理处的规模大小决定的。对楼顶檐沟、排水管雨水斗的清理，在物业服务企业一般要求每周一次，如遇暴雨、大风天气，应在暴雨，大风后及时巡查，排除隐患。

本案例物业服务企业就是将楼顶檐沟、排水管雨水斗的清理工作交给保洁部门负责的，而又因物业保洁服务不到位而导致纠纷的案例。物业保洁服务在物业管理中通常我们认为是十分重要的形象工程，是业主和物业管理公司关注的焦点。物业保洁顾名思义即物业清洁保养，不单单是人们所简单认识的环境清洁卫生。它与环境清洁卫生既有联系又有区别。环境清洁卫生是通过扫、刷、铲、洗、水冲等原始方法将物体表面的垃圾、废物、尘埃、污渍等清理掉，使之干净即可。而物业保洁除了环境清洁卫生之外，还要一项很重要的任务，那就是对保洁对象的正确保养。因此，物业保洁给业主提供的不仅仅是整洁美化的环境，它还涉及物业建筑本体、附属设施以及设备各种装饰材料的清理、保养。在物业管理服务实践中，因为不按照或不认真执行物业保洁作业规程，而导致业主或使用人人身和财产受到伤害的案例也是时有发生的。所以，在物业管理服务中，我们不能只把物业保洁看成是简单的形象工程，还应该从设施设备保养、安全保障的角度给予全新的认识。

本案例经法院审理认为，物业管理公司作为提供物业管理服务的企业，对物业管理区域内的共用部位、共用设施设备有定期清洁养护的义务，但由于其疏于管理，致使楼宇排水管被异物堵塞，造成暴雨时排水不畅，结果雨水浸入沈先生家中造成损失，所以物业管理公司应当承担赔偿责任。经鉴定，沈先生家的装潢修复费用为14749.15元，其他物品损失2808元。最终法院作出物业管理公司赔偿17000余元的一审判决。

相关法规制度

《物业管理条例》

第二条　本条例所称物业管理，是指业主通过选聘物业服务企业，由业主和物业服务企业按

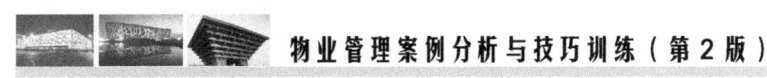

照物业服务合同约定，对房屋及配套的设施设备和相关场地进行维修、养护、管理，维护物业管理区域内的环境卫生和相关秩序的活动。

第四十七条　物业服务企业应当协助做好物业管理区域内的安全防范工作。发生安全事故时，物业服务企业在采取应急措施的同时，应当及时向有关行政管理部门报告，协助做好救助工作。

物业服务企业雇请的保安人员，应当遵守国家有关规定。保安人员在维护物业管理区域内的公共秩序时，应当履行职责，不得侵害公民的合法权益。

《前期物业服务合同（示范文本）》

……

第二章　服务内容与质量

第二条　在物业管理区域内，乙方提供的前期物业管理服务包括以下内容：

1. 物业共用部位的维修、养护和管理（物业共用部位明细见附件三）；
2. 物业共用设施设备的运行、维修、养护和管理（物业共用设施设备明细见附件四）；
3. 物业共用部位和相关场地的清洁卫生，垃圾的收集、清运及雨水、污水管道的疏通；
4. 公共绿化的养护和管理；
5. 车辆停放管理；
6. 公共秩序维护、安全防范等事项的协助管理；
7. 装饰装修管理服务；
8. 物业档案资料管理。

……

《普通住宅小区物业管理服务等级标准》（试行）

一级

（五）保洁服务

1. 高层按层、多层按幢设置垃圾桶，每日清运2次。垃圾袋装化，保持垃圾桶清洁、无异味。
2. 合理设置果壳箱或者垃圾桶，每日清运2次。
3. 小区道路、广场、停车场、绿地等每日清扫2次；电梯厅、楼道每日清扫2次，每周拖洗1次；一层共用大厅每日拖洗1次；楼梯扶手每日擦洗1次；共用部位玻璃每周清洁1次；路灯、楼道灯每月清洁1次。及时清除道路积水、积雪。
4. 共用雨、污水管道每年疏通1次；雨水、污水井每月检查1次，视检查情况及时清掏；化粪池每月检查1次，每半年清掏1次，发现异常及时清掏。
5. 二次供水水箱按规定清洗，定时巡查，水质符合卫生要求。
6. 根据当地实际情况定期进行消毒和灭虫除害。

二级

（五）保洁服务

1. 按幢设置垃圾桶，生活垃圾每天清运1次。
2. 小区道路、广场、停车场、绿地等每日清扫1次；电梯厅、楼道每日清扫1次，半月拖洗1次；楼梯扶手每周擦洗2次；共用部位玻璃每月清洁1次；路灯、楼道灯每季度清洁1次。及时清除区内主要道路积水、积雪。

3. 区内公共雨、污水管道每年疏通 1 次；雨水、污水井每季度检查 1 次，并视检查情况及时清掏；化粪池每 2 个月检查 1 次，每年清掏 1 次，发现异常及时清掏。

4. 二次供水水箱按规定期清洗，定时巡查，水质符合卫生要求。

5. 根据当地实际情况定期进行消毒和灭虫除害。

三级

（五）保洁服务

1. 小区内设有垃圾收集点，生活垃圾每天清运 1 次。

2. 小区公共场所每日清扫 1 次；电梯厅、楼道每日清扫 1 次；共用部位玻璃每季度清洁 1 次；路灯、楼道灯每半年清洁 1 次。

3. 区内公共雨、污水管道每年疏通 1 次；雨、污水井每半年检查 1 次，并视检查情况及时清掏；化粪池每季度检查 1 次，每年清掏 1 次，发现异常及时清掏。

4. 二次供水水箱按规定清洗，水质符合卫生要求。

《环境卫生管理标准》

……

五、露台（包括天台、平台、阳台）

1. 消防栓：无污迹、无积尘、无乱张贴物。

2. 地漏及水沟：无污物积聚、无堵塞。

3. 地面：无堆放杂物、无垃圾、无污迹。

4. 檐沟及排水管：无污物积聚、无堵塞。

……

《防御强台风（暴雨）紧急行动预案》

1.0 目的

规范本公司各部门在面临自然灾害——强台风，暴雨期间的工作程序。

2.0 适用范围

适用于本公司各部门

3.0 定义

本预案的行动期限：是以广播，电视播出气象台发出强台风警报开始到该次台风警报解除为止。

……

5.1.2 管理处组织相关人员做好预警行动，在强台风登陆之前完成：

1）检查小区内外排水管道，电梯底坑地漏、底库排水设施，窨井是否畅通，如有堵塞，立刻疏通；

2）高层住宅楼、顶层平台雨水沟是否有堵塞，如有堵塞，立刻疏通；

……

5.4 灾后清理行动（当天听到气象台发出本次强台风警报解除时）

5.4.1 管理处组织相关人员，做好灾后处理工作：

1）清理小区主干道上的障碍物；

2）清理楼宇天台外来杂物；

3）清理低洼地的积水和淤泥；

4）清理积水地带的雨水、污水窨井，掏挖积沙淤泥、疏通管道；

……

《楼宇巡查管理标准作业规程》

一、目的

规范楼宇巡查工作，保障小区正常的工作和生活秩序。

二、适用范围

适用于小区的楼宇巡查工作。

三、职责

1. 服务处主管负责楼宇巡查的组织、管理工作。
2. 服务处员工负责依照本规程实施楼宇巡查工作。

四、程序要点

1. 服务处主管应于每月月底制定下月的巡查楼宇工作方案，内容应包括责任区域的巡查安排及巡查的内容等。

2. 楼宇巡查的内容

（1）治安隐患的巡查。

（2）公共设施设备安全完好状况的巡查。

（3）清洁卫生状况的巡查。

（4）园林绿化维护状况的巡查。

（5）装修违章的巡查。

（6）消防违章的巡查。

（7）利用巡查机会与住户沟通。

3. 楼宇巡查的方法应包括"看"、"听"、"摸"、"调查了解"等。

（1）"看"：通过观察来发现楼宇管理服务中存在的问题。

（2）"听"：从设施设备运行时的声音判断是否有故障。

（3）"摸"：通过用手触摸感觉设施设备的使用状况。

（4）"调查了解"：向住户或员工调查楼宇及公共设施设备的使用状况。

4. 房屋本体巡查的工作要领

……

（3）巡查逃生天台：

①检查逃生天台门是否能随手打开（严禁上锁）；

②检查天台护栏是否完好，避雷针、电视天线、隔热层是否完好；

③检查有无违章占用逃生天台现象；

④检查雨水管理道是否通畅；

⑤检查卫生状况是否良好。

……

解决方法

在日常管理中，物业服务企业要加强对员工爱岗敬业的职业道德和业务技能的培训，使员工具备高度的责任心，具备较强的岗位技能，能够熟练地按照物业保洁标准作业来规程作业，达到环境卫生管理标准要求。加强管理人员和房管员的巡查监督，做到事事有标准，事事有记录，事事能实现标准，做到防患于未然。

就本案例而言，业主投诉后，物业管理公司要认真开展调查，争取弄清饮料瓶的来历，以便分清责任。还要查找、整理好每日巡查记录,用以证明自己完全履行了物业管理服务义务,而饮料瓶是属于偶然因素造成的,以减轻自身责任。

当然,这样做的目的不是为了摆脱责任,而是要保护自己的合法权利。最重要的是,要认真分析造成事件发生的直接原因和间接原因有哪些;是否在实施物业管理服务过程中存在管理漏洞;要加强对员工的教育,从中汲取教训,举一反三,在今后的物业管理服务中,杜绝类似事件的发生。

案例三

业主拔掉小区花草种蔬菜怎么办

某小区两业主拔掉小区公共绿化带花草种上了蔬菜,并以粪便施肥,小区居民对此怨声载道。

种上蔬菜的绿化带紧临小区 6 单元 1-1、1-2 两业主房前。该片公共绿化带以前种植的各种花草已被青葱、萝卜、小白菜取代,种植面积 20 平方米左右。菜丛中可见粪便等物,蝇虫飞舞,还不时散发难闻的异味。业主陈先生介绍,1 年前入住小区后,所有公共绿化带均被各种花草覆盖,一片生机。去年 6 月,6 单元 1-1、1-2 两户业主不知什么原因,开始拔掉门前绿化带花草,种上丝瓜、南瓜等时令蔬菜。蔬菜藤蔓四处攀爬,与整个小区绿化环境极不协调。更为糟糕的是,种菜者以粪便施肥,路过此地,臭味扑鼻而来,很影响小区环境。

"用粪便施肥让大家遭受恶臭不说,还会引来蝇虫漫天飞舞",业主张女士说,包括她在内的数名业主多次与物业管理处和种菜者交涉,一直未果。

为何要拔掉公共绿化带花草种菜?6 单元 1-2 的种菜业主罗先生解释,种有蔬菜的绿化带属于自己私有,种植何种植物由自己决定,物业管理公司也同意其种菜行为。

为该小区提供物业管理服务的物业管理公司项目经理否认了罗先生的说法。被拔掉花草、种上蔬菜的绿化带属于小区公共地带,任何人不得私自改变用途,更无"同意种菜行为"一说。

案例分析

近几年来,业主或以领养绿地为名,或以美化环境为借口,甚至是无须任何理由侵占绿地的事件时有发生,已经成为一种较为普遍的现象。这种现象在物业管理服务中根治难度往往很大,其主要原因是虽然从法律的角度来讲,这种行为是对其他业主共有权的侵占,侵权业主从中获得了较多的经济利益,但这种侵权在其他业主看来并没有侵犯自己的实际利益,尤其是没有构成安全上的威胁或对自己的家居生活产生直接的负面影响,因此,许多业主对此漠不关心,这在客观上助长了侵权业主的蛮不讲理和胡搅蛮缠的做法。

其实,在阻止像本案例中业主侵占绿地,私自改种蔬菜的类似事件中,最主要的是一个观念问题。侵权业主往往都有一个个冠冕堂皇的理由,即是绿地,种蔬菜还是改种其他绿色植物都没有改变绿地的用途,没有对其他人产生什么不利的影响。这里,他们实际上是改变了事件的性质。侵占绿地,之所以定性为"侵占",而不是"占有",其根本就在于这是一种侵权行为,这种行为是将归全体业主所有的公共部位——绿地,据为己有,侵犯了全体业主的合法权利和利益,破坏了绿化环境的整体规划,甚至会像本案例中因为粪便施肥而臭味扑鼻、蝇虫孳生,污染了小区居住环境,影响了业主或使用人的正常生活。因此,应该予以治理。

对侵占绿地此类行为的阻止,对于物业服务企业来讲,关键在管理的防微杜渐上,要发现苗头就积极阻止;否则,一旦形成规模,就会增加管理难度,甚至出现管理失控的局面。某住宅区

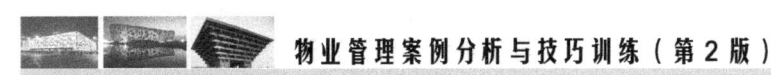

里曾发生过的案例是很有借鉴意义的。该小区两年来"圈地运动"越演越烈。两片公共绿地成了由香椿、石榴、葡萄等密树木组成的杂树林和种植辣椒、韭菜、丝瓜的菜园子。圈地的业主收获了"丰收"果实，但其他业主对此颇有微词。物业管理处在反复劝阻下，发出通知：限10日之内自行清除私自种植的果木和蔬菜，逾期将强行清理，重新统一规划建设绿地。

规定时限到了，仍有部分业主无动于衷，物业管理部只好亲自动手，开始对杂树林、菜园子进行彻底的清理。清理刚刚开始，一个业主把举报电话打到了市园林绿化监察部门，投诉物业管理处私自砍伐树木。园林绿化监察执法人员来到现场，没收了物业管理工作人员的工具，并下发了违章通知书。园林绿化监察部门解释说，物业管理处重新规划建设楼前绿地的初衷是好的，但楼前绿地属于住宅区附属绿地，统一归市园林绿化规划与建设，对其树木的砍伐实行许可制度。并强调无论楼前绿地上的树木何人所种，已经长成这是事实，长成了就要纳入园林绿化监察部门的监管范围。可见，在处理业主侵占绿地行为时，还要注意时机和政策的把握。

另外，在管理中还要注意策略和方法，要注意发挥业主委员会的自治管理作用，善于调动其他业主，形成一种反对随意侵占绿地的舆论呼声，变被动阻止为主动疏导，使问题得以妥善的解决。

相关法规制度

《中华人民共和国民法通则》

第八十三条　不动产的相邻各方，应当按照有利生产、方便生活、团结互助、公平合理的精神，正确处理截水、排水、通行、通风、采光等方面的相邻关系。给相邻方造成妨碍或者损失的，应当停止侵害，排除妨碍，赔偿损失。

第一百二十四条　违反国家保护环境防止污染的规定，污染环境造成他人损害的，应当依法承担民事责任。

《中华人民共和国物权法》

第三十二条　物权受到侵害的，权利人可以通过和解、调解、仲裁、诉讼等途径解决。

第三十三条　因物权的归属、内容发生争议的，利害关系人可以请求确认权利。

第三十六条　造成不动产或者动产毁损的，权利人可以请求修理、重做、更换或者恢复原状。

第七十三条　建筑区划内的道路，属于业主共有，但属于城镇公共道路的除外。建筑区划内的绿地，属于业主共有，但属于城镇公共绿地或者明示属于个人的除外。建筑区划内的其他公共场所、公用设施和物业服务用房，属于业主共有。

第七十八条　业主大会或者业主委员会的决定，对业主具有约束力。

业主大会或者业主委员会作出的决定侵害业主合法权益的，受侵害的业主可以请求人民法院予以撤销。

第八十三条　业主应当遵守法律、法规以及管理规约。

业主大会和业主委员会，对任意弃置垃圾、排放污染物或者噪声、违反规定饲养动物、违章搭建、侵占通道、拒付物业费等损害他人合法权益的行为，有权依照法律、法规以及管理规约，要求行为人停止侵害、消除危险、排除妨害、赔偿损失。业主对侵害自己合法权益的行为，可以依法向人民法院提起诉讼。

第九十五条　共同共有人对共有的不动产或者动产共同享有所有权。

第九十六条　共有人按照约定管理共有的不动产或者动产；没有约定或者约定不明确的，各共有人都有管理的权利和义务。

第九十七条　处分共有的不动产或者动产以及对共有的不动产或者动产做重大修缮的，应当经占份额三分之二以上的按份共有人或者全体共同共有人同意,但共有人之间另有约定的除外。

《中华人民共和国环境保护法》

第六条 一切单位和个人都有保护环境的义务,并有权对污染和破坏环境单位和个人进行检举和控告。

第二十三条 城乡建设应当结合当地自然环境的特点,保护植被、水域和自然景观,加强城市园林、绿地和风景名胜区的建设。

《城市绿化条例》

第十三条 城市绿化规划应当因地制宜地规划不同类型的防护绿地。各有关单位应当依照国家有关规定,负责本单位管界内防护绿地的绿化建设。

第十八条 城市的公共绿地、风景林地、防护绿地、行道树及干道绿化带的绿化,由城市人民政府城市绿化行政主管部门管理;各单位管界内的防护绿地的绿化,由该单位按照国家有关规定管理;单位自建的公园和单位附属绿地的绿化,由该单位管理;居住区绿地的绿化,由城市人民政府城市绿化行政主管部门根据实际情况确定的单位管理;城市苗圃、草圃和花圃等,由其经营单位管理。

第十九条 任何单位和个人都不得擅自改变城市绿化规划用地性质或者破坏绿化规划用地的地形、地貌、水体和植被。

第二十条 任何单位和个人都不得擅自占用城市绿化用地;占用的城市绿化用地,应当限期归还。

因建设或者其他特殊需要临时占用城市绿化用地,须经城市人民政府城市绿化行政主管部门同意,并按照有关规定办理临时用地手续。

第二十一条 任何单位和个人都不得损坏城市树木花草和绿化设施。

砍伐城市树木,必须经城市人民政府城市绿化行政主管部门批准,并按照国家有关规定补植树木或者采取其他补救措施。

第二十三条 城市的绿地管理单位,应当建立、健全管理制度,保持树木花草繁茂及绿化设施完好。

第二十八条 未经同意擅自占用城市绿化用地的,由城市人民政府城市绿化行政主管部门责令限期退还、恢复原状,可以并处罚款;造成损失的,应当负赔偿责任。

《物业管理条例》

第七条 业主在物业管理活动中,履行下列义务:

(一)遵守业主公约、业主大会议事规则;

(二)遵守物业管理区域内物业共用部位和共用设施设备的使用、公共秩序和环境卫生的维护等方面的规章制度;

……

第四十六条 对物业管理区域内违反有关治安、环保、物业装饰装修和使用等方面法律、法规规定的行为,物业管理企业应当制止,并及时向有关行政管理部门报告。

有关行政管理部门在接到物业管理企业的报告后,应当依法对违法行为予以制止或者依法处理。

第五十条 物业管理区域内按照规划建设的公共建筑和共用设施,不得改变用途。

业主依法确需改变公共建筑和共用设施用途的,应当在依法办理有关手续后告知物业管理企业;物业管理企业确需改变公共建筑和共用设施用途的,应当提请业主大会讨论决定同意后,由

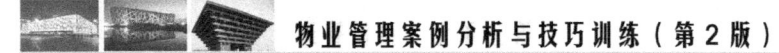

业主依法办理有关手续。

《业主大会和业主委员会指导规则》

第二十条 业主拒付物业服务费，不缴存专项维修资金以及实施其他损害业主共同权益行为的，业主大会可以在管理规约和业主大会议事规则中对其共同管理权的行使予以限制。

第三十五条 业主委员会履行以下职责：

（一）执行业主大会的决定和决议；

……

（四）及时了解业主、物业使用人的意见和建议，监督和协助物业服务企业履行物业服务合同；

（五）监督管理规约的实施；

……

（八）调解业主之间因物业使用、维护和管理产生的纠纷；

（九）业主大会赋予的其他职责。

《居住小区绿化养护等级标准》

一级绿地：

1. 植物配置合理。乔、灌、花、草搭配适当，能突出小区特色；绿化充分，无裸露土地。

2. 树木生长健壮，生长超过该树种该规格的平均生长量，树冠完整、美观，修剪适当，主侧枝分布匀称，内膛不乱，通风透光，无死树和枯枝死杈；在正常条件下，不黄叶、不焦叶、不卷叶、不落叶；被啃咬的叶片最严重的每株在5%以下；无蛀干害虫的活卵、活虫；介壳虫为害不明显；树木缺株在2%以下；树木无钉栓、捆绑现象。

3. 绿篱生长健壮，叶色正常，修剪造型美观，无死株和干枯枝，有虫株率在2%以下；草坪覆盖率达到95%以上，修剪及时整齐美观，叶色正常，无杂草；宿根花卉管理及时，花期长，花色正，无明显缺株。

4. 绿地整洁，无杂树，无堆物堆料、搭棚、侵占等现象；设施完好，无人为损坏，对违法行为能及时发现和处理；绿化生产垃圾及时清运。

5. 按一级养护技术措施要求认真地进行养护。

二级绿地：

1. 植物配置基本合理。乔灌花草齐全。绿化较充分，基本无裸露土地。

2. 树木生长正常，生长达到该树种该规格的平均生长量。树冠基本完整，内膛不乱，通风透光，修剪及时，无死树和明显枯枝死杈；在正常条件下，无明显黄叶、焦叶、卷叶、落叶；被啃咬的叶片最严重的每株在10%以下；有蛀干害虫的株数在2%以下；介壳虫为害较轻；树木缺株在4%以下；树木基本无钉栓、捆绑现象。

3. 绿篱生长造型正常，叶色正常，修剪及时，基本无死株和干死枝，有虫株率在10%以下；草坪覆盖率达到90%以上，修剪及时，叶色正常，无明显杂草；宿根花卉管理基本及时，花期正常，缺株率在5%以下。

4. 绿地整洁，无杂树，无堆物堆料、搭棚、侵占等现象；设施基本完好，无明显人为损坏，对违法行为能及时发现和处理；绿化生产垃圾能及时清运。

5. 按二级养护技术措施要求认真地进行养护。

三级绿地：

1. 植物搭配一般，绿化基本充分，无明显裸露土地。

2. 树木生长基本正常，无死树和明显枯枝死杈；在正常条件下，无严重黄叶、焦叶、卷叶；

被啃咬的叶片最严重的每株在20%以下；有蛀干害虫的株数在10%以下；介壳虫为害一般；树木缺株在6%以下；树木无明显的钉栓、捆绑现象。

3. 绿篱生长造型基本正常，叶色基本正常，无明显的死株和枯死枝，有虫株率在20%以下；草坪宿根花卉生长基本正常，草坪斑秃和宿根花卉缺株不明显，基本无明显的草荒。

4. 绿地基本整洁，无明显的堆物堆料、搭棚、侵占等现象；设施无明显的破损，无较严重人为破坏，对人为损坏和违法行为能及时处理；无绿化生产垃圾。

5. 按三级养护技术措施要求认真地进行养护。

等外：

不符合三级标准的均列入等外。

解决方法

首先，可采取怀柔策略，物业管理处多次针对业主反映的情况和两家种菜业主协调沟通，进行规劝，但收效甚微。为求得环境的和谐统一，物业管理处还专门在种上蔬菜的绿化带周围安装上了木栅栏，但仍不能达到美化环境的效果。这一行动使业主看到了物业管理处的积极努力，对物业管理处的工作难度有了更多的理解，而这种理解将会转化为支持。

主动与业主委员会沟通，并做好那些未做"圈地"活动的业主的工作，向他们说明物业管理处的管理苦衷，希望得到他们的支持。在业主委员会支持下，物业管理处可展开舆论攻势，积极宣传物权法、城市绿化条例等相关法规，明确指出侵权业主所占绿地是归全体业主所有的公共部位，他们的行为是对全体业主权利的侵犯，是侵权行为。在园区内对侵权业主形成谴责的舆论氛围，使那些"圈地"业主了解他们的行为是违规行为。

发挥管理规约在业主自治管理中的作用，要求"圈地"业主遵守管理规约，规范自身行为。应建议业主委员会决出决定，发出整改限期通告，并暗示如不奏效将通过新闻媒体曝光并付诸法律途径寻求最终解决。

案例四

业主健身扰民怎么办

某小区活跃着一支中老年健身队。她们昨天学十八法，今天练太极拳，明天跳健身舞，鲜艳夺目的服装、多姿多彩的动作成了小区一道亮丽的风景线。然而，健身活动中播放的音乐，却不时扰民，成为业主投诉的导火索。物业管理处收到业主投诉后，经理多次亲临现场，一探究竟。

没想到，健身队也是一肚子苦水。小区中老年健身队领队表示，自从退休回家，内心充满失落感和空虚感，身体一天不如一天。参加了晨练队伍后，心境开阔、筋骨活络，"老死不相往来"的新邻居成了情同手足的好姐妹。但是，健身活动遭到了部分业主的反对，底楼业主家里的音响、喇叭搬到窗口"对着干"；高层业主朝下扔蛋壳、浇水，健身队伍只好打一枪换一个地方。她们迫切希望物业管理处想想办法，帮助她们解决难题。

案例分析

住宅小区内如何给业主提供一个安静舒适的环境，是物业服务企业提供物业管理服务的内容之一。但是由于业主们的文化素质、兴趣爱好各有不同，物业服务企业要想做好这件事难度确实很大。尤其是这些年来随着人们健康意识的提高，社区文化生活的丰富，各种健身、文艺队伍越来越多，这些队伍的活动都集中在小区的公共场所，活动的时间又大多集中在早晚人们休息的时间，这样小区有人因健身放音乐，有人因休息、学习需要安静的环境，这个矛盾自然摆在了物业服务企业面前。

怎样解决呢？疏导是最好的化解办法。因为"做文明业主，塑城市精神"，是每一个业主的分内事，物业服务企业每天与业主接触，应从正面多加引导，从人情、人性、人心入手，让业主之间相互理解沟通，并且抓住健身者的各种特点，普遍为休闲时间充裕的，退休人员请他们调整好活动时间，安排好他们的活动场地，减少对他人的影响，在可能的情况下搞一些能提高业主文明素质的活动，对于提高管理服务质量，建设良好的社区文化和精神文明，将会起到推进作用。

相关法规制度

《中华人民共和国民法通则》

第八十三条　不动产的相邻各方，应当按照有利生产、方便生活、团结互助、公平合理的精神，正确处理截水、排水、通行、通风、采光等方面的相邻关系。给相邻方造成妨碍或者损失的，应当停止侵害，排除妨碍，赔偿损失。

《中华人民共和国物权法》

第八十三条　业主应当遵守法律、法规以及管理规约。

业主大会和业主委员会，对任意弃置垃圾、排放污染物或者噪声、违反规定饲养动物、违章搭建、侵占通道、拒付物业费等损害他人合法权益的行为，有权依照法律、法规以及管理规约，要求行为人停止侵害、消除危险、排除妨害、赔偿损失。业主对侵害自己合法权益的行为，可以依法向人民法院提起诉讼。

第八十四条　不动产的相邻权利人应当按照有利生产、方便生活、团结互助、公平合理的原则，正确处理相邻关系。

第九十条　不动产权利人不得违反国家规定弃置固体废物，排放大气污染物、水污染物、噪声、光、电磁波辐射等有害物质。

《中华人民共和国环境噪声污染防治法》

第二条本法所称环境噪声，是指在工业生产、建筑施工、交通运输和社会生活中所产生的干扰周围生活环境的声音。本法所称环境噪声污染，是指所产生的环境噪声超过国家规定的环境噪声排放标准，并干扰他人正常生活、工作和学习的现象。

第四十一条本法所称社会生活噪声，是指人为活动所产生的除工业噪声、建筑施工噪声和交通运输噪声之外的干扰周围生活环境的声音。

第四十五条禁止任何单位、个人在城市市区噪声敏感建筑物集中区域内使用高音广播喇叭。在城市市区街道、广场、公园等公共场所组织娱乐、集会等活动，使用音响器材可能产生干扰周围生活环境的过大音量的，必须遵守当地公安机关的规定。

第四十六条使用家用电器、乐器或者进行其他家庭室内娱乐活动时，应当控制音量或者采取其他有效措施，避免对周围居民造成环境噪声污染。

第五十八条违反本法规定，有下列行为之一的，由公安机关给予警告，可以并处罚款：

（一）在城市市区噪声敏感建筑物集中区域内使用高音广播喇叭；

（二）违反当地公安机关的规定，在城市市区街道、广场、公园等公共场所组织娱乐、集会等活动，使用音响器材，产生干扰周围生活环境的过大音量的；

（三）未按本法第四十六条和第四十七条规定采取措施，从家庭室内发出严重干扰周围居民生活的环境噪声的。

六十一条受到环境噪声污染危害的单位和个人，有权要求加害人排除危害；造成损失的，依法赔偿损失。赔偿责任和赔偿金额的纠纷，可以根据当事人的请求，由环境保护行政主管部门或者其他环境噪声污染防治工作的监督管理部门、机构调解处理；调解不成的，当事人可以向人民法院起诉。当事人也可以直接向人民法院起诉。

第六十三条本法中下列用语的含义是：

（一）"噪声排放"是指噪声源向周围生活环境辐射噪声。

（二）"噪声敏感建筑物"是指医院、学校、机关、科研单位、住宅等需要保持安静的建筑物。

（三）"噪声敏感建筑物集中区域"是指医疗区、文教科研区和以机关或者居民住宅为主的区域。

（四）"夜间"是指晚二十二点至次日晨六点之间的期间。

（五）"机动车辆"是指汽车和摩托车。

《物业管理条例》

第七条　业主在物业管理活动中，履行下列义务：

（一）遵守管理规约、业主大会议事规则；

（二）遵守物业管理区域内物业共用部位和共用设施设备的使用、公共秩序和环境卫生的维护等方面的规章制度；

（三）执行业主大会的决定和业主大会授权业主委员会作出的决定；

……

第十七条　管理规约应当对有关物业的使用、维护、管理，业主的共同利益，业主应当履行的义务，违反管理规约应当承担的责任等事项依法作出约定。

管理规约应当尊重社会公德，不得违反法律、法规或者损害社会公共利益。

管理规约对全体业主具有约束力。

第二十条　业主大会、业主委员会应当配合公安机关，与居民委员会相互协作，共同做好维护物业管理区域内的社会治安等相关工作。

在物业管理区域内，业主大会、业主委员会应当积极配合相关居民委员会依法履行自治管理职责，支持居民委员会开展工作，并接受其指导和监督。

住宅小区的业主大会、业主委员会作出的决定，应当告知相关的居民委员会，并认真听取居民委员会的建议。

《业主大会和业主委员会指导规则》

第十七条　业主大会决定以下事项：

（一）制定和修改业主大会议事规则；

（二）制定和修改管理规约；

……

第十八条　管理规约应当对下列主要事项做出规定：

（一）物业的使用、维护、管理；

（二）专项维修资金的筹集、管理和使用；

（三）物业共用部分的经营与收益分配；

（四）业主共同利益的维护；

（五）业主共同管理权的行使；

（六）业主应尽的义务；

（七）违反管理规约应当承担的责任。

第二十条 业主拒付物业服务费，不缴存专项维修资金以及实施其他损害业主共同权益行为的，业主大会可以在管理规约和业主大会议事规则中对其共同管理权的行使予以限制。

第三十五条 业主委员会履行以下职责：

（一）执行业主大会的决定和决议；

……

（四）及时了解业主、物业使用人的意见和建议，监督和协助物业服务企业履行物业服务合同；

（五）监督管理规约的实施；

……

（八）调解业主之间因物业使用、维护和管理产生的纠纷；

（九）业主大会赋予的其他职责。

《关于开展创建安静居住小区活动的通知》

各省、自治区、直辖市环境保护局（厅）：

为落实《国务院关于国家环境保护十五计划的批复》（国函［2001］196号）中提出的"各地要重点解决群众反映强烈、问题突出的环境问题"和"运用激励机制，营造环境保护良好氛围"的要求，我局决定在全国城市开展创建"安静居住小区"活动。通过创建活动，树立一批环境管理优秀、生活安静舒适的居住小区典范，以此进一步推动城市的环境噪声管理。现将创建"安静居住小区"有关事项通知如下：

一、各地应充分重视创建"安静居住小区"工作，把其作为为民办实事的内容之一，因地制宜开展工作。要加强宣传，使得创建工作能够得到社会各界的广泛参与和积极支持，使"安静居住小区"真正成为居住区的典范。要严格考核，确保创建工作的质量和效果。

二、创建工作本着自愿的原则，由小区物业管理部门对照我局制定《安静居住小区指标（试行）》或地方环保部门制定的实施要求进行自查，各项指标完全符合要求的可以向所在地城市环保局提出申请。

城市环保部门根据申请，按照要求，对全部指标合格的，确定为"安静居住小区"。城市环保局可通过媒体公布或授牌等形式命名；或可经省级环保部门审核同意后，由省级环保局通过媒体公布或授牌等形式命名。对命名的"安静居住小区"，命名单位应定期进行复查，并进行抽查，复查不合格的，撤销命名。

三、"安静居住小区指标（试行）"是一个原则性的要求，各地可根据本地实际情况，制定创建"安静居住小区"的具体操作程序和评分标准，使之更加符合环境噪声管理的要求。

附：安静居住小区考核指标（试行）

一、基本条件

1．在已经建成的环境噪声达标区范围内。

2．小区区域环境噪声平均等效声级达到噪声环境质量一类标准，即昼间低于55分贝，夜间低于45分贝。

3．小区面积、建筑面积、居民户数等应具有一定的规模。

二、管理技术指标

1．小区设立专人负责安静居住小区创建工作并维持安静环境。

2. 变、配电设施应与居民楼分离设置，楼内其他公用设施（电梯、水泵等）采取低噪声或减震减噪措施，不对居民休息产生不利影响。

3. 产生噪声的各类服务业（饮食、娱乐）噪声污染源排放优于相应的排放标准。

4. 小区居民装修工程须审批，并控制作业时间，没有扰民装修。

5. 居民在室内播放音乐和演奏乐器适当控制音量。

6. 小区各类群众体育娱乐活动不影响邻里居民，适当控制音乐播放音量。小区内禁止设置高音喇叭。

7. 小区内设立机动车禁鸣标志；禁止农用运输车进入小区；夜间摩托车进出小区应熄火推行；有专用停车场或规范的停车位；机动车防盗装置不应扰民。

8. 物业管理单位和居民有措施防止饲养宠物产生噪声。

三、其他指标

小区内绿化率、环境卫生、安全管理等应符合建设部门的优良小区标准。

四、保证措施和居民满意度

安静居住小区应建章立制，公示小区居民，共同遵守。公布热线电话，接受居民监督和投诉，对产生影响他人的噪声污染现象及时采取措施纠正。居民对小区环境质量满意率不低于95%，噪声扰民投诉能依法解决，结案率为100%.

《某小区业主公约》(即管理规约)

……

（二）业主的义务

……

7. 在住宅区不得有下列行为：

（1）践踏、占有绿化地。

（2）占用楼梯间、通道、屋面、平台、道路、停车场、自行车房（棚）等公用设施而影响其正常使用功能。

（3）乱抛垃圾、杂物。

（4）影响市容观瞻的乱搭、乱贴、乱挂等。

（5）损坏、涂划园林艺术雕塑。

（6）聚众喧闹。

（7）随意停放车辆和鸣喇叭。

（8）发出超过规定标准的噪声。

（9）排放有毒、有害物质。

（10）经营锻造、锯木、建筑油漆、危险品、殡仪业以及利用住宅开舞厅、招待所等危害公共利益或业主正常生活秩序的行为。

（11）妨碍他人合法使用设施及公共场所（地）

（12）法律、法规及市政府的规定禁止的其他行为。

……

解决方法

物业管理处经过实地调查研究，拟订了一套解决方案。

第一，寻找场地。变电所门口有一块空地可以利用，但十几辆遗而未弃的破自行车怎么办呢？

管理处先张贴旧车招领启事，三天后，经理亲自上阵，将破车、旧车一辆一辆地进行处置，有的搬入地下车库，有的劝业主作为废铁卖掉，最终为健身队开辟出了一块健身宝地！同时，还关照邻里之间要相互关心，晨练时尽可能地把音乐音量调到最低限度。从此皆大欢喜，投诉也烟消云散。

第二，调整时间。物业管理处经过与居民委员会、业主委员会多方协调，小区健身队的晨练时间改在早上 7:30—8:30，避开了上学、上班的高峰时间段；练功、学舞改在晚上 7:00 以后，健身队不再随意调高音量，队员们在健身中还常常相互提醒，不要大声聊天影响别人。学习新的动作时，她们会自觉到地下室去练习，参加比赛前的排练，也都到地下室去进行。

如此，健身和扰民的矛盾终于得到圆满解决。

其实，在物业管理实践中，针对健身扰民这类业主投诉事件，物业服务企业还要注意与业主委员会的有效沟通，发挥业主委员会在业主自治管理中的核心作用。最好能够在业主大会成立筹备阶段，就建议筹备组在管理规约中对类似的行为作出明确的限制性规定，这样就能够很好地起到防患于未然的作用。类似事件发生时，一方面物业服务企业要从环境管理、秩序维护的角度履行物业服务合同义务，进行必要的劝阻，另一方面更应该建议并要求业主委员会履行好《业主大会和业主委员会指导规则》所赋予的调解纠纷的义务与权力，从业主自治管理的角度，用好管理规约，协调处理好此类问题。

案例五

废旧自行车不骑不弃 物业管理公司怎么办

在某小区楼道间里，以物业管理公司的名义贴出的一张通知单："小区里许多废旧自行车乱停乱放多年，为维护小区环境，请车主尽快将其清理掉，逾期将视作无主垃圾处理。"通知是上月 9 日贴的，昨天是最后一天，可情况依旧。"到处都是这种车，太头痛了。"指着一辆停放在楼道里的自行车，物业管理处的负责人无奈地说："车胎坏了，钢圈生锈了，坐垫也没了，可这毕竟是别人的财产，车钥匙、相关证件都在车主手里，我们也不方便处理。"这辆红色的山地车积满灰尘，锈迹斑斑，70%的零件已破损。不到 2 米远处，同样斜躺着两辆男式车，车身斑驳陈旧。

除了小区公共绿化带、路面通道，楼道也成了废旧自行车的"安乐窝"。离这些废旧自行车不足 5 米远的地方就是一个车库，车库有专人守候，配有自行车道，非常方便。每辆自行车要 5 元钱的保管费用。但废旧自行车的车主不愿出钱，就乱停乱放。自行车保管员说，无主自行车已成为一块"心病"，停放两年的车就有好几辆，又不好私自处理。

"许多废旧自行车其实没有什么大的问题。"小区的废旧自行车一部分是车主有了"新欢"，另外一部分则是嫌修理麻烦、样式不好看而舍弃。一位废旧自行车的车主说，2003 年家里买了汽车，自行车就停在小区。曾打算将自行车处理掉，收废品的人只愿出 20 元钱，她的自行车是花 680 元买的，只骑了半年，20 元划不来。有关部门规定，个人所有旧自行车及零部件的买卖必须在指定的交易市场内进行，严禁交易无牌、无证、钢号毁坏或钢号与车证不符的自行车。而在这些废旧自行车中，许多车因为车主购买时嫌麻烦，就没有办理车证，因此也无法进入交易市场。

案例分析

随着人民生活水平的提高，城市公共交通系统的四通八达，以及私家车的不断增多，人们的出行越来越便利，于是，许多家庭将原来购置的自行车弃置不用，所以像本案例所描述的情景越来越成为居民小区中的普遍现象。

　　如何解决好这一问题，的确是物业服务企业面临的一大难题。擅自将这些废旧自行车作为废弃物处理掉，就会遭到居民的非议。因为这些废旧自行车放在小区，并不代表遗弃，物业服务企业是没权处理的，一些小区居民如是说"自行车是私有财产，理应由车主处理。物业服务企业自行处理自行车显然不合理。"可是这些在楼道、屋边、路上、树下或绿化带的废旧自行车，既影响美观、污染环境，又影响出行，妨碍交通。许多小区居民认为，车主要有起码的社会公德心，不能破坏环境，应自觉地把"鸡肋"卖掉或转送他人；物业服务企业也应该加强管理，杜绝废旧自行车乱停乱放，给业主提供整洁的生活环境。

　　其实，这些废旧自行车给物业服务企业带来的麻烦何止这些。这些废旧自行车不交保管费用，还占着车位、道路，物业服务企业还得保证安全，防止小偷行窃，否则，这些废旧自行车一旦被盗，居民还要求赔偿，物业服务企业真是苦不堪言呀。还有，这些乱停乱放的废旧自行车对于出行不便的老人和嬉戏的儿童还构成了安全隐患，一旦出现险情，无论是对受伤害者、车主，还是物业服务企业都将带来损害，是和谐社会建设中的一个不和谐的因素。

　　对此，物业服务企业必须要予以高度重视，加大管理力度，主动与业主委员会搞好沟通合作，大力宣传个人的行为不能妨碍公共利益，号召广大车主讲究社会公德，动员其自觉处理好废旧自行车。同时，还应积极开动脑筋，创新思维，结合所管辖小区的实际情况，找出合理稳妥的解决方案，为全体居民提供一个安全、整洁、舒适、宁静的生活环境。

相关法规制度

《中华人民共和国民法通则》

　　第七条　民事活动应当尊重社会公德，不得损害社会公共利益，破坏国家经济计划，扰乱社会经济秩序。

　　第七十一条　财产所有权是指所有人依法对自己的财产享有占有、使用、收益和处分的权利。

　　第七十五条　公民的个人财产，包括公民的合法收入、房屋、储蓄、生活用品、文物、图书资料、林木、牲畜和法律允许公民所有的生产资料以及其他合法财产。

　　公民的合法财产受法律保护，禁止任何组织或者个人侵占、哄抢、破坏或者非法查封、扣押、冻结、没收。

　　第八十三条　不动产的相邻各方，应当按照有利生产、方便生活、团结互助、公平合理的精神，正确处理截水、排水、通行、通风、采光等方面的相邻关系。给相邻方造成妨碍或者损失的，应当停止侵害，排除妨碍，赔偿损失。

　　第一百零六条　公民、法人违反合同或者不履行其他义务的，应当承担民事责任。

　　公民、法人由于过错侵害国家的、集体的财产，侵害他人财产、人身的，应当承担民事责任。没有过错，但法律规定应当承担民事责任的，应当承担民事责任。

　　第一百一十七条　侵占国家的、集体的财产或者他人财产的，应当返还财产，不能返还财产的，应当折价赔偿。

　　损坏国家的、集体的财产或者他人财产的，应当恢复原状或者折价赔偿。

　　受害人因此遭受其他重大损失的，侵害人并应当赔偿损失。

《中华人民共和国物权法》

　　第四条　国家、集体、私人的物权和其他权利人的物权受法律保护，任何单位和个人不得侵犯。

第七条 物权的取得和行使,应当遵守法律,尊重社会公德,不得损害公共利益和他人合法权益。

第三十四条 无权占有不动产或者动产的,权利人可以请求返还原物。

第三十七条 侵害物权,造成权利人损害的,权利人可以请求损害赔偿,也可以请求承担其他民事责任。

第六十六条 私人的合法财产受法律保护,禁止任何单位和个人侵占、哄抢、破坏。

第七十三条 建筑区划内的道路,属于业主共有,但属于城镇公共道路的除外。建筑区划内的绿地,属于业主共有,但属于城镇公共绿地或者明示属于个人的除外。建筑区划内的其他公共场所、公用设施和物业服务用房,属于业主共有。

第七十八条 业主大会或者业主委员会的决定,对业主具有约束力。

业主大会或者业主委员会作出的决定侵害业主合法权益的,受侵害的业主可以请求人民法院予以撤销。

第八十三条 业主应当遵守法律、法规以及管理规约。

业主大会和业主委员会,对任意弃置垃圾、排放污染物或者噪声、违反规定饲养动物、违章搭建、侵占通道、拒付物业费等损害他人合法权益的行为,有权依照法律、法规以及管理规约,要求行为人停止侵害、消除危险、排除妨害、赔偿损失。业主对侵害自己合法权益的行为,可以依法向人民法院提起诉讼。

第八十四条 不动产的相邻权利人应当按照有利生产、方便生活、团结互助、公平合理的原则,正确处理相邻关系。

《中华人民共和国物权法》

第八十九条 在公共道路上堆放、倾倒、遗撒妨碍通行的物品造成他人损害的,有关单位或者个人应当承担侵权责任。

《物业管理条例》

第七条 业主在物业管理活动中,履行下列义务:

(一)遵守管理规约、业主大会议事规则;

(二)遵守物业管理区域内物业共用部位和共用设施设备的使用、公共秩序和环境卫生的维护等方面的规章制度;

(三)执行业主大会的决定和业主大会授权业主委员会作出的决定;

……

第十七条 管理规约应当对有关物业的使用、维护、管理,业主的共同利益,业主应当履行的义务,违反管理规约应当承担的责任等事项依法作出约定。

管理规约应当尊重社会公德,不得违反法律、法规或者损害社会公共利益。

管理规约对全体业主具有约束力。

第二十条 业主大会、业主委员会应当配合公安机关,与居民委员会相互协作,共同做好维护物业管理区域内的社会治安等相关工作。

在物业管理区域内,业主大会、业主委员会应当积极配合相关居民委员会依法履行自治管理职责,支持居民委员会开展工作,并接受其指导和监督。

住宅小区的业主大会、业主委员会作出的决定,应当告知相关的居民委员会,并认真听取居民委员会的建议。

第四十六条 对物业管理区域内违反有关治安、环保、物业装饰装修和使用等方面法律、法规规定的行为，物业服务企业应当制止，并及时向有关行政管理部门报告。

有关行政管理部门在接到物业服务企业的报告后，应当依法对违法行为予以制止或者依法处理。

第四十七条 物业服务企业应当协助做好物业管理区域内的安全防范工作。发生安全事故时，物业服务企业在采取应急措施的同时，应当及时向有关行政管理部门报告，协助做好救助工作。

物业服务企业雇请保安人员的，应当遵守国家有关规定。保安人员在维护物业管理区域内的公共秩序时，应当履行职责，不得侵害公民的合法权益。

第四十八条 物业使用人在物业管理活动中的权利义务由业主和物业使用人约定，但不得违反法律、法规和管理规约的有关规定。

物业使用人违反本条例和管理规约的规定，有关业主应当承担连带责任。

《业主大会和业主委员会指导规则》

第二十条 业主拒付物业服务费，不缴存专项维修资金以及实施其他损害业主共同权益行为的，业主大会可以在管理规约和业主大会议事规则中对其共同管理权的行使予以限制。

第三十五条 业主委员会履行以下职责：

（一）执行业主大会的决定和决议；

……

（四）及时了解业主、物业使用人的意见和建议，监督和协助物业服务企业履行物业服务合同；

（五）监督管理规约的实施；

……

（八）调解业主之间因物业使用、维护和管理产生的纠纷；

（九）业主大会赋予的其他职责。

《前期物业管理服务合同（示范文本）》

第十九条 乙方可采取规劝、_____、_____等必要措施，制止业主、物业使用人违反本临时公约和物业管理区域内物业管理规章制度的行为。

《业主临时公约（示范文本）》

第九条 业主应遵守法律、法规的规定，按照有利于物业使用、安全、整洁以及公平合理、不损害公共利益和他人利益的原则，在供电、供水、供热、供气、排水、通行、通风、采光、装饰装修、环境卫生、环境保护等方面妥善处理与相邻业主的关系。

第十八条 本物业管理区域内禁止下列行为：

1．损坏房屋承重结构、主体结构，破坏房屋外貌，擅自改变房屋设计用途；

2．占用或损坏物业共用部位、共用设施设备及相关场地，擅自移动物业共用设施设备；

……

第三十一条 业主违反本临时公约关于物业的使用、维护和管理的约定，妨碍物业正常使用或造成物业损害及其他损失的，其他业主和物业管理企业可依据本临时公约向人民法院提起诉讼。

第三十二条 业主违反本临时公约关于业主共同利益的约定，导致全体业主的共同利益受损的，其他业主和物业管理企业可依据本临时公约向人民法院提起诉讼。

解决方法

　　首先要明确法律保护私有财产不受侵犯。小区里的废旧自行车虽然是居民的私有财产，但因不妥善保管已影响到他人的利益，物业服务企业又不能按垃圾废弃物随意处理。当前物业服务企业要做的第一项工作就是对废旧自行车进行摸底登记，弄清车主，掌握情况。

　　在掌握废旧自行车基本情况的前提下，物业服务企业应主动与业主委员会以及支持清理废旧自行车的业主或使用人做好沟通，区分车主的不同情况，按工作难易度划分类别，然后营造有利于废旧自行车清理工作的舆论环境，几个方面共同配合，按类别区别对待车主，开展不同方式的劝说工作，做好废旧自行车车主的思想工作，争取问题得到有效解决。如此下来，工作必见效果，剩下的一定是极少数顽固分子了。

　　对少数顽固分子或前期工作奏效不大的情况，可建议业主委员会召开业主大会，提出清理废旧自行车的提议，对此进行表决，由业主大会决定对废旧自行车处理的方案。由于废旧自行车车主毕竟是少数，相信提议一定会得到绝大多数业主的支持，获得通过。在这种有利形势下，物业服务企业应联合业主委员会联合贴出告示，让废旧自行车的主人自行处理。对未能及时处理的废旧自行车，再规定一个认领期限，当确认为无主废弃自行车时，由物业服务企业、业主委员会与居民委员会沟通，三方联合处理。

　　废旧自行车长期闲置，无形中也是资源的浪费。如有可能，物业服务企业也可与车主沟通，双方共同出资，对这些废旧自行车进行适当维修，使其能够重新使用。然后联系贫困地区，捐献给那里的初高中学生，方便他们上学、放学，这也算是实现了物尽其用，也让车主奉献了爱心，是一举多得的善举。

第三单元　工程管理

案例一

业主想装"太阳能"物业管理公司不允许

杨女士在某花园小区的住宅楼内买了一套位于 5 楼、面积为 100 平方米的房子，刚入住不久。她是一名热爱环保的人，一直对太阳能利用很感兴趣。她搬进新家后，就打算装一个太阳能热水器。她认为，太阳能热水器所用的能源是阳光，对环境不会造成影响。在阴雨天还可用电自动辅助加热，不受水压的影响，确保室内全天 24 小时源源不断供应热水。另外，从经济的角度来看，一次性投资三四千元，以后基本不用再花钱，也比较划算。

于是，杨女士和丈夫到商场选好太阳能热水器的品牌，她觉得楼顶的结构有斜面，就根据实际情况选了适合安装斜面上的产品，接收器面积约在 1.5 平方米左右。为了让安装更顺利些，杨女士到物业管理公司咨询。没想到工作人员的答复出乎她的意料：在小区内不允许安装太阳能热水器。

"楼顶不能安装太阳能热水器，那么在哪里可以安装呢？"杨女士感到很困惑。

案例分析

楼顶能否安装太阳能热水器已成为现时物业管理服务中，物业服务企业与业主产生异议或纠纷的一个主要起因。这其中一个很主要的原因是宏观政策不一致造成的。对于太阳能的利用，国家早在 20 世纪 70 时代就已给予相当的关注，其后政府颁布的与太阳热水器发展有关的宏观政策和规划有：1995 年 1 月的国家计委、国家科委、国家经贸委印发的"新能源和可再生能源发展纲要（1996-2010）"中指出"把推广应用节能型太阳能建筑、太阳热水器和光伏发电作为重点来抓"；1998 年 1 月实施的《中华人民共和国节约能源法》规定："太阳能热水器是太阳能热利用产业发展的主要内容之一，国家鼓励开发利用太阳能"；2000 年 8 月国家经贸委出台的"2000-2015 年新能源和可再生能源产业发展规划要点"中，确定太阳热水器是太阳能热利用产业发展的主要内容之一，并将建成和发展大型高效太阳热水产业、规范市场作为重要的发展任务，规划中还明确提出了到 2015 年全国家庭住宅太阳热水器普及率达到 20%～30%的目标；建设部《建筑节能"十五"计划和 2010 年规划》也提出，到 2015 年全国家庭住宅太阳能热水器普及率要达到 20%～30%，还公布了"太阳能热水器的安装布置图"；国家技术监督总局 2002 年 4 月出台了太阳能热水器的安装标准《太阳能热水器系统设计、安装及工程验收技术规范》，该规范规定，"太阳能热水器基础可建在屋顶防水层上，也可建在屋顶结构层上"；2005 年 12 月建设部又批准了《民用建筑太阳能热水系统应用技术规范》为国家标准；建设部、科技部发布了《绿色建筑技术导则》。我国新近颁布《中华人民共和国可再生能源法》，也明确规定国家鼓励单位、个人安装和使用太阳能热水系统、供热采暖和制冷系统、光伏发电系统等设施。但是，在具体推行时，各地政策不一致，甚至地方政策与国家宏观政策相左。如江苏省建设厅明确指出，开发商和小区物管无权阻止业主安装太阳能热水器，装不装太阳能热水器，应由业主大会决定；而辽宁省某市城市管理综合执法局、规划和国土资源管理局和房产局于 2003 年 7 月 16 日联合发出《关于加强市容管理开展房屋立面、楼面整治工作的通告》：不准任何单位和个人安装太阳能热水器；已经安装的自通告下发之日起 15 日内自行拆除，否则予以强行拆除，并按规定给予处罚。各地政策的不一致，在今天这样一个信息畅通的时代，促成了纠纷的形成，给物业服务企业处理、解决安装太阳能热水器问题带来了诸多不利。

从目前的情况来看，购房前后，开发商、物业服务企业在房屋买卖合同或物业服务合同中写明的"不得安装太阳能热水器"款项，与此前国家只有推广太阳能热水器的鼓励政策，而没有强制性的规定有直接关联。开发设计阶段，预留太阳能热水器安装位置，显然会增加开发商的建筑成本，因此，开发商钻政策空子，在售房合同中"巧妙地明示"不得安装太阳能热水器以回避日后责任，也就成为情理之中的事情了。而业主在购房时或因为当时不了解国家相关政策，也无安装计划；或因为不了解业主权利义务，不愿过多纠缠；或因为"胸有成竹"，根本不介意合同，一概签字了事。入住后，发现该条款与自己利益向相违背，索性装作不知，我行我素，照装不误，当物业服务企业发现制止时，怨气索性都撒向物业服务企业，纠纷自然随之而来。

概括起来，开发商和物业服务企业不准业主安装太阳能热水器，原因不外乎影响小区美观、楼顶空间不够等，这从目前业主安装太阳能热水器的实际情况看的确如此。业主安装太阳能热水器，都是采取分散安装的方式，由于热水器品牌不同，大小不一，架子五花八门，必然是杂乱无章，影响美观；有的太阳能热水器在安装时破坏了屋顶的防水层，导致房屋渗水、漏水；有的太阳能热水器重量过大，加大了屋顶的负荷，超出了房屋的承重能力，容易产生安全隐患；有的太阳能热水器水管通过排烟道排布，堵塞了排烟道；有的给水回水管道沿建筑外立面蜿蜒而下，造成立面脏乱；还有的因屋顶空间不足，邻里之间抢占安装位置，造成邻里不和。这些状况，从侵权角度看，是对全体业主共用部分所有权的侵害；从物业管理角度来看，影响了小区内整洁统一的管理标准。对此，物业服务企业出面疏导、制止，是履行物业服务合同中的必然结果，不应受到非议。业主应该自觉遵守房屋买卖合同或物业服务合同的有关条款，在目前房屋建筑结构不具备安装太阳能热水器的前提条件下，共同维护好全体业主的合法权利，减少或杜绝业主与物业服务企业、业主与业主之间的纠纷。尽管如此，物业服务企业在进行具体操作时，还是要注意方式方法的。

相关法规制度

《中华人民共和国民法通则》

第八十三条 不动产的相邻各方，应当按照有利生产、方便生活、团结互助、公平合理的精神，正确处理截水、排水、通行、通风、采光等方面的相邻关系。给相邻方造成妨碍或者损失的，应当停止侵害，排除妨碍，赔偿损失。

第一百零六条 公民、法人违反合同或者不履行其他义务的，应当承担民事责任。

公民、法人由于过错侵害国家的、集体的财产，侵害他人财产、人身的，应当承担民事责任。没有过错，但法律规定应当承担民事责任的，应当承担民事责任。

第一百一十一条 当事人一方不履行合同义务或者履行合同义务不符合约定条件的，另一方有权要求履行或者采取补救措施，并有权要求赔偿损失。

第一百二十六条 建筑物或者其他设施以及建筑物上的搁置物、悬挂物发生倒塌、脱落、坠落造成他人损害的，它的所有人或者管理人应当承担民事责任，但能够证明自己没有过错的除外。

《中华人民共和国物权法》

第八十四条 不动产的相邻权利人应当按照有利生产、方便生活、团结互助、公平合理的原则，正确处理相邻关系。

第八十五条 法律、法规对处理相邻关系有规定的，依照其规定；法律、法规没有规定的，可以按照当地习惯。

第九十一条 不动产权利人挖掘土地、建造建筑物、铺设管线以及安装设备等，不得危及相邻不动产的安全。

第九十二条 不动产权利人因用水、排水、通行、铺设管线等利用相邻不动产的，应当尽量避免对相邻的不动产权利人造成损害；造成损害的，应当给予赔偿。

《中华人民共和国侵权责任法》

第十五条 承担侵权责任的方式主要有：

（一）停止侵害；

（二）排除妨碍；

（三）消除危险；

（四）返还财产；

（五）恢复原状；

（六）赔偿损失；

（七）赔礼道歉；

（八）消除影响、恢复名誉。

以上承担侵权责任的方式，可以单独适用，也可以合并适用。

第二十一条 侵权行为危及他人人身、财产安全的，被侵权人可以请求侵权人承担停止侵害、排除妨碍、消除危险等侵权责任。

第八十五条 建筑物、构筑物或者其他设施及其搁置物、悬挂物发生脱落、坠落造成他人损害，所有人、管理人或者使用人不能证明自己没有过错的，应当承担侵权责任。所有人、管理人或者使用人赔偿后，有其他责任人的，有权向其他责任人追偿。

《中华人民共和国可再生能源法》

第十七条 国家鼓励单位和个人安装和使用太阳能热水系统、太阳能供热采暖和制冷系统、太阳能光伏发电系统等太阳能利用系统。

国务院建设行政主管部门会同国务院有关部门制定太阳能利用系统与建筑结合的技术经济政策和技术规范。

房地产开发企业应当根据前款规定的技术规范，在建筑物的设计和施工中，为太阳能利用提供必备条件。

对已建成的建筑物，住户可以在不影响其质量与安全的前提下安装符合技术规范和产品标准的太阳能利用系统；但是，当事人另有约定的除外。

《物业管理条例》

第七条 业主在物业管理活动中，履行下列义务：

（一）遵守管理规约、业主大会议事规则；

（二）遵守物业管理区域内物业共用部位和共用设施设备的使用、公共秩序和环境卫生的维护等方面的规章制度；

……

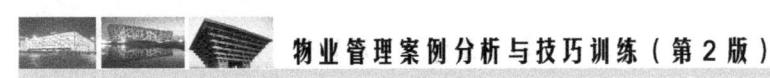

第四十六条 对物业管理区域内违反有关治安、环保、物业装饰装修和使用等方面法律、法规规定的行为，物业服务企业应当制止，并及时向有关行政管理部门报告。

有关行政管理部门在接到物业服务企业的报告后，应当依法对违法行为予以制止或者依法处理。

第五十三条 业主需要装饰装修房屋的，应当事先告知物业服务企业。

物业服务企业应当将房屋装饰装修中的禁止行为和注意事项告知业主。

《住宅室内装饰装修管理办法》

第五条 住宅室内装饰装修活动，禁止下列行为：

（一）未经原设计单位或者具有相应资质等级的设计单位提出设计方案，变动建筑主体和承重结构；

（二）将没有防水要求的房间或者阳台改为卫生间、厨房间；

（三）扩大承重墙上原有的门窗尺寸，拆除连接阳台的砖、混凝土墙体；

（四）损坏房屋原有节能设施，降低节能效果；

（五）其他影响建筑结构和使用安全的行为。

本办法所称建筑主体，是指建筑实体的结构构造，包括屋盖、楼盖、梁、柱、支撑、墙体、连接接点和基础等。

《城市异产毗连房屋管理规定》

第五条 所有人和使用人对房屋的使用和修缮，必须符合城市规划、房地产管理、消防和环境保护等部门的要求，并应按照有利使用、共同协商、公平合理的原则，正确处理毗连关系。

第六条 所有人和使用人对共有、共用的门厅、阳台、屋面、楼道、厨房、厕所以及院路、上下水设施等，应共同合理使用并承担相应的义务；除另有约定外，任何一方不得多占、独占。

所有人和使用人在房屋共有、共用部位，不得有损害他方利益的行为。

第七条 异产毗连房屋所有人以外的人如需使用异产毗连房屋的共有部位时，应取得各所有人一致同意，并签订书面协议。

第十一条 因使用不当造成异产毗连房屋损坏的，由责任人负责修缮。

第十二条 异产毗连房屋的一方所有人或使用人有造成房屋危险行为的，应当及时排除危险；他方有权采取必要措施，防止危险发生；造成损失的，责任方应当负责赔偿。

第十三条 异产毗连房屋的一方所有人或使用人超越权利范围，侵害他方权益的，应停止侵害，并赔偿由此而造成的损失。

第十四条 异产毗连房屋的所有人或使用人发生纠纷的，可以协商解决。不愿协商或者协商不成的，可以依法申请仲裁或者向人民法院起诉。

解决办法

接到杨女士的咨询，应首先肯定杨女士的环保意识，然后明确答复：业主不能安装太阳能热水器。具体的理由是，根据《住宅室内装饰装修管理办法》、《城市异产毗连房屋管理规定》相关规定，不允许业主擅自改变建筑外观和用途，安装太阳能热水器在原有的建筑物上附着新的构筑物，改变了楼顶的外观是违规的。屋顶没有太阳能热水器安装的预留设计，没有预留相关的管道，也不适于安装太阳能热水器。楼顶是公共部位，任何业主都不能单独使用，如须安装太阳能热水器，必须向物业服务企业出示经过公证的所在单元所有业主的同意书和授权书，再向城管局、建设局和规划局申请，才能安装。否则，会受到处罚。

另外,要指出杨女士在入住时,已签订了管理规约,其中规定业主不能破坏房屋安全,影响房屋的外观。从安全角度考虑,安装太阳能热水器后,太阳能热水器作为搁置物,会影响房屋的结构,留有安全隐患。还有如果物业管理处同意杨女士安装,别的业主也纷纷提这个要求,对小区的影响就会很大。如果杨女士执意在公共场所安装的话,最好要征求她所住的整栋楼全体业主的同意。

案例二

物业管理人员的行为是否妥当

某小区物业管理处规定,装修户在每天装修施工期间不得将入户门关闭,以便装修管理人员随时检查。一天,装修管理人员在例行巡查过程中,见一名未签署《装修管理服务协议》的装修户房门虚掩未锁,内有施工的声音,于是推门而入。发现装修工人在满是易燃物的施工现场吸烟,并且没有按规定配备必要的消防器材。于是装修管理人员认为施工单位违反了该小区装修安全管理规定,勒令工人立即熄灭香烟并暂停施工,同时通知秩序维护员将装修施工负责人带到管理处接受处理。不久,业主知道了此事。遂投诉管理处工作人员在未经业主同意的情况下私闯民宅,并且非法滞留施工人员,侵犯业主和装修工人的合法权益,同时表示将诉诸公堂。

案例分析

本案例中物业管理人员的行为,是根据相关法规和物业服务合同认真履行自己的职责和义务,其制止违规装修行为,消除安全隐患,是为了维护广大业主的共同利益,这应该是合情、合理、合法的。《住宅室内装饰装修管理办法》中规定了装修工人不得拒绝和阻碍物业管理单位依据住宅室内装饰装修管理服务协议的约定,对住宅室内装饰装修活动的监督检查。但是,物业管理人员在履行自己的职责和义务时,的确忽略了对法律法规的遵守。在案例中,该物业管理人员在不经住宅主人同意(也未敲门征得施工人员许可)而又缺少法律根据的前提下,以装修管理为由,对私家住宅堂而皇之地"推门而入",这一行为显然有违我国宪法关于公民的合法财产以及人身权益不受侵犯的法律规定,侵犯了业主的合法权益,确有非法侵入住宅之嫌。

物业管理人员在现场发现装修施工人员的违规事实和安全隐患以后,按照相关法规的规定,将施工负责人带到管理处接受处理(比如向其告知禁止行为和注意事项,发放《违章整改通知书》要求限期整改等),并没有限制该负责人的人身自由的主观故意和事实情节,不构成所谓的"非法滞留"。当然,如果这时出现施工人员拒绝到管理处处理的情况,物业管理人员也可以采取服务上门的方式,送达《违章整改通知书》,来履行劝阻制止以及其他法定义务。

业主未签署《装修管理服务协议》,并不能说明业主没有履行《物业管理条例》所规定的"事先告知物业管理企业"的义务,因为"事先告知"不一定以签署协议为载体,也不构成业主对其住宅进行装修的先决条件,这是业主的权利(在不违章的情况下)。但是,业主有义务告知装修施工人员应按照法律法规进行装修作业,否则,他将承担连带责任。

相关法规制度

《中华人民共和国宪法》

第三十九条 中华人民共和国公民的住宅不受侵犯。禁止非法搜查或者非法侵入公民的住宅。

《中华人民共和国民法通则》

第一百三十四条：承担民事责任的方式主要有：

（一）停止侵害；

（二）排除妨碍；

（三）消除危险；

（四）返还财产；

（五）恢复原状；

（六）修理、重做、更换；

（七）赔偿损失；

（八）支付违约金；

（九）消除影响、恢复名誉；

（十）赔礼道歉。

以上承担民事责任的方式，可以单独适用，也可以合并适用。

《中华人民共和国消防法》

第十八条　同一建筑物由两个以上单位管理或者使用的，应当明确各方的消防安全责任，并确定责任人对共用的疏散通道、安全出口、建筑消防设施和消防车通道进行统一管理。

住宅区的物业服务企业应当对管理区域内的共用消防设施进行维护管理，提供消防安全防范服务。

第二十一条　禁止在具有火灾、爆炸危险的场所吸烟、使用明火。因施工等特殊情况需要使用明火作业的，应当按照规定事先办理审批手续，采取相应的消防安全措施；作业人员应当遵守消防安全规定。

进行电焊、气焊等具有火灾危险作业的人员和自动消防系统的操作人员，必须持证上岗，并遵守消防安全操作规程。

《物业管理条例》

第七条　业主在物业管理活动中，履行下列义务：

（一）遵守管理规约、业主大会议事规则；

（二）遵守物业管理区域内物业共用部位和共用设施设备的使用、公共秩序和环境卫生的维护等方面的规章制度；

（三）执行业主大会的决定和业主大会授权业主委员会作出的决定；

（四）按照国家有关规定交纳专项维修资金；

（五）按时交纳物业服务费用；

（六）法律、法规规定的其他义务。

第四十六条　对物业管理区域内违反有关治安、环保、物业装饰装修和使用等方面法律、法规规定的行为，物业服务企业应当制止，并及时向有关行政管理部门报告。

有关行政管理部门在接到物业服务企业的报告后，应当依法对违法行为予以制止或者依法处理。

第四十七条　物业服务企业应当协助做好物业管理区域内的安全防范工作。发生安全事故时，物业服务企业在采取应急措施的同时，应当及时向有关行政管理部门报告，协助做好救助工作。

物业服务企业雇请保安人员的，应当遵守国家有关规定。保安人员在维护物业管理区域内的公共秩序时，应当履行职责，不得侵害公民的合法权益。

第五十三条　业主需要装饰装修房屋的，应当事先告知物业服务企业。

物业服务企业应当将房屋装饰装修中的禁止行为和注意事项告知业主。

《住宅室内装饰装修管理办法》

第十一条　装饰装修企业从事住宅室内装饰装修活动，应当遵守施工安全操作规程，按照规定采取必要的安全防护和消防措施，不得擅自动用明火和进行焊接作业，保证作业人员和周围住房及财产的安全。

第十五条　物业管理单位应当将住宅室内装饰装修工程的禁止行为和注意事项告知装修人和装修人委托的装饰装修企业。

装修人对住宅进行装饰装修前，应当告知邻里。

第二十条　装修人不得拒绝和阻碍物业管理单位依据住宅室内装饰装修管理服务协议的约定，对住宅室内装饰装修活动的监督检查。

第二十七条　住宅室内装饰装修过程中所形成的各种固体、可燃液体等废物，应当按照规定的位置、方式和时间堆放和清运。严禁违反规定将各种固体、可燃液体等废物堆放于住宅垃圾道、楼道或者其他地方。

第四十一条　装饰装修企业违反国家有关安全生产规定和安全生产技术规程，不按照规定采取必要的安全防护和消防措施，擅自动用明火作业和进行焊接作业的，或者对建筑安全事故隐患不采取措施予以消除的，由建设行政主管部门责令改正，并处 1000 以上 1 万元以下的罚款；情节严重的，责令停业整顿，并处 1 万元以上 3 万元以下的罚款；造成重大安全事故的，降低资质等级或者吊销资质证书。

第四十二条　物业管理单位发现装修人或者装饰装修企业有违反本办法规定的行为不及时向有关部门报告的，由房地产行政主管部门给予警告，可处装饰装修管理服务协议约定的装饰装修管理服务费 2 倍至 3 倍的罚款。

解决办法

正所谓魔鬼出在细节处，物业管理人员在现场工作中往往容易忽略细节方面的法律问题，于不知不觉中"闯红灯"。尤其是在法律法规日趋完善，人们维权意识日益提高的今天，物业管理人员更要注意时刻保持应有的法律意识。在本案例中，业主的房门是"虚掩"还是"紧闭"其实并不重要，重要的是物业管理人员是否养成了良好的工作习惯，应在先表明身份和来意并征得同意后方可进入业主的私家住宅，而不能大大咧咧地"推门而入"。

事实上作为物业管理常规业务的装修管理工作，可以在物业管理的许多环节加以控制。如在物业销售环节，可以在房屋买卖合同中的物业管理内容里加以明确，也可以在临时管理规约中加以明确，还可以在业主办理入住手续时明确，或待业主大会成立时在管理规约加以明确，还可以在外来人员控制、装修手续办理以及日常巡查等环节加以控制和处理。总之，物业服务企业可以通过多种途径履行自己的告知、制止、报告以及协助处理等法定义务，规避这类风险。

在处理现场违章装修时，如果出现业主或装修施工单位拒不配合物业管理人员正当的装修管理工作时，物业管理人员可以在依法采取劝告、制止、发放《违章整改通知书》、向政府部门报告等措施的同时，注意在每一个步骤搜集有利证据，以使自己始终处于主动有利的地位，切忌采取过激行为，授人以柄。

对业主的投诉我们要按照法律规定区别对待。未经业主同意的情况下私闯民宅，要表示歉意，

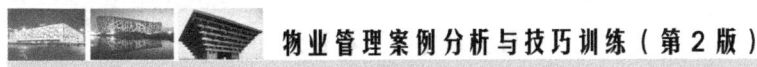

并表达今后会加强对员工法制教育的想法，求得业主的谅解。对于非法滞留施工人员一说，我们要从法律的角度和装修管理的角度，讲明这是不存在的。将装修施工负责人带到管理处，只是为了宣传装修相关的法规政策，提高其认识，以消除安全隐患，这也是为业主负责的需要，希望业主能够冷静思考，正确对待。另外，我们还要向业主宣传装饰装修的有关法规、政策和程序，希望业主能够签署《装修管理服务协议》，使物业管理处在协助业主监督装修方面发挥更多的作用。

案例三

房间的使用功能能更改吗

覃先生购买了位于某住宅小区 14 号楼 142 平方米的一套住房，房屋结构为三室两厅两卫。办理入住后，覃先生开始准备装修，想尽快搬进新居。正当他准备施工时，一件意外打乱了他的整个装修计划。

覃先生吃惊地发现楼上住户正在装修的住户，要将同一面积的住房改为四个独立的封闭单间对外出租，每个单间都设计了一个卫生间。楼上除保留了原有固定位置的两个卫生间外，还在楼下饭厅和卧室顶上增设了两个卫生间。虽然楼上的改动没有改变楼体的承重墙，也没有从自己室内走上下水管，但由于增设卫生间，楼上将隔断砌到了自己饭厅和卧室中央位置，而楼下没有任何的支撑；再想到楼上住房主要用于出租，装修是包工包料，装修质量难以保证，说不定哪天就会漏水。想到此种装修的种种隐患，覃先生心里就很不舒服。

5月30日，正当楼上准备将楼板刨出深沟安下水管时，覃先生的家人找到了小区物业管理处，要求物业管理处制止楼上刨沟及增设卫生间的行为，物业管理处却告之覃先生找售楼处的工程部解决此事。工程部的答复是，认为刨沟不影响安全，并没有制止楼上增设卫生间的行为。

6月1日，覃先生再次找到物业管理处，要求物业管理处出面制止楼上的装修行为。物业管理处虽然一再强调物业没有执法权，但仍贴出了通知。通知说，由于装修已影响楼下业主的生活秩序，并影响原有的楼体结构，望速恢复。在随后的几天里，覃先生发现楼上一直在施工，每次向物业管理处反映情况时，物业管理处都说停止施工了。当6月7日上午覃先生再次来到现场时，才发现楼上在短短的几天内装修已经初具规模。在这几天里，覃先生一直希望通过物业管理处联系楼上业主，也希望物业管理处将此情况反映到上级部门，由上级部门来处理，但其希望全都落空。直到6日，覃先生才从物业管理处经理口中知道，楼上装修的业主姓雷，此前物业管理处一直说业主的姓名、单位要保密。覃先生还了解到，在此小区内同样的拆改行为还有很多，有几家还将住房装修成了旅社，物业管理处也习以为常了。而且该物业管理处再三强调，他们没有执法权，对此事不好定性，只能进行调解。

通过物业解决问题的出路不能成功，覃先生来到执法部门，希望执法部门能够出面制止并拆除非法装修。

案例分析

按照中华人民共和国物权法、国家住宅设计规范及住宅室内装饰装修管理办法等有关规定，姓雷业主的装修行为是违规的，其必须进行整改，恢复房屋原貌和原使用功能。

在装修过程中，物业服务企业如何确定自己的角色和地位，有效地开展装修管理与服务，是物业管理服务实践中，一直难以把握的一件事情。这里的难点主要在无论是物业管理条例还是其他相关法规政策，都赋予了物业服务企业告知、劝阻、报告的义务，但都没有赋予其行政执法的权利,这是因为物业管理公司只是一个民事主体而非行政管理机关。这使得物业服务企业在物业管理服务实践中,在遇有装修违规行为发生时,注定了其尴尬的角色定位。调解、劝阻、制止没有力度,反映上报时日不可待,佯装不知受侵害业主不依不饶,无论怎样处理,都是左右难办。

但这却不能成为物业服务企业对装修违规置之不理,毫无作为的理由。在这一点上,本案例中物业管理处的拖延做法显然是未尽义务的行为,一纸通知目的只是为了证明其有所作为,但制止、报告的义务却被弃置在了一旁。如此的做法,才使得其管辖小区内同样的违规行为存在很多,自己也就熟视无睹,习以为常了。其实,稍加分析我们就可以推断出这样的结论,一旦政府相关部门在权利受到侵害业主不断投诉的情况下,介入处理该小区的装修违规行为,要求违规人拆除违规装修部分,恢复房屋原貌和原使用功能,违规人的经济损失是可想而知的。那个时候,该物业管理处可以说在受侵害业主和违规业主面前是猪八戒照镜子——里外不是人,在业主心目中想象是一落千丈,其今后的工作更是难上加难。

从本案例来看,该物业管理处根本没有履行监督管理义务,至少承担以下三个方面的责任:没有履行物业服务合同中的相关约定,应当承担相应的违约责任,受侵害业主有权要求赔偿;其有法不依,放任自流,致使违规业主对他人权利侵犯扩大,违规业主有权要求其承担不作为责任,赔偿经济损失;其拖延做法和不及时报告行为,违反了物业管理条例相关规定,政府房地产管理部门可酌情处罚。

因此,通过本案例,物业服务企业应在装修管理服务中,把握好自我定位,履行应尽义务,行使好自己的职权,发现违规行为要及时制止,及时向有关行政管理部门报告,控制事态扩大,减少业主损失,在装修管理服务中树立企业良好的形象。

相关法规制度

《中华人民共和国民法通则》

第八十三条 不动产的相邻各方,应当按照有利生产、方便生活、团结互助、公平合理的精神,正确处理截水、排水、通行、通风、采光等方面的相邻关系。给相邻方造成妨碍或者损失的,应当停止侵害,排除妨碍,赔偿损失。

《中华人民共和国物权法》

第七十一条 业主对其建筑物专有部分享有占有、使用、收益和处分的权利。业主行使权利不得危及建筑物的安全,不得损害其他业主的合法权益。

第八十三条 业主应当遵守法律、法规以及管理规约。

业主大会和业主委员会,对任意弃置垃圾、排放污染物或者噪声、违反规定饲养动物、违章搭建、侵占通道、拒付物业费等损害他人合法权益的行为,有权依照法律、法规以及管理规约,要求行为人停止侵害、消除危险、排除妨害、赔偿损失。业主对侵害自己合法权益的行为,可以依法向人民法院提起诉讼。

第八十四条 不动产的相邻权利人应当按照有利生产、方便生活、团结互助、公平合理的原则,正确处理相邻关系。

第八十五条 法律、法规对处理相邻关系有规定的,依照其规定;法律、法规没有规定的,可以按照当地习惯。

第九十一条 不动产权利人挖掘土地、建造建筑物、铺设管线以及安装设备等,不得危及相邻不动产的安全。

第九十二条 不动产权利人因用水、排水、通行、铺设管线等利用相邻不动产的,应当尽量避免对相邻的不动产权利人造成损害；造成损害的，应当给予赔偿。

《物业管理条例》

第七条　业主在物业管理活动中，履行下列义务：

（一）遵守管理规约、业主大会议事规则；

（二）遵守物业管理区域内物业共用部位和共用设施设备的使用、公共秩序和环境卫生的维护等方面的规章制度；

（三）执行业主大会的决定和业主大会授权业主委员会作出的决定；

……

第十七条　管理规约应当对有关物业的使用、维护、管理，业主的共同利益，业主应当履行的义务，违反管理规约应当承担的责任等事项依法作出约定。

管理规约应当尊重社会公德，不得违反法律、法规或者损害社会公共利益。

管理规约对全体业主具有约束力。

第四十六条　对物业管理区域内违反有关治安、环保、物业装饰装修和使用等方面法律、法规规定的行为，物业服务企业应当制止，并及时向有关行政管理部门报告。

有关行政管理部门在接到物业服务企业的报告后，应当依法对违法行为予以制止或者依法处理。

第五十三条　业主需要装饰装修房屋的，应当事先告知物业服务企业。

物业服务企业应当将房屋装饰装修中的禁止行为和注意事项告知业主。

《城市异产毗连房屋管理规定》

第二条　本规定适用于城市（指直辖市、市、建制镇，下同）内的异产毗连房屋。

本规定所称异产毗连房屋，系指结构相连或具有共有、共用设备和附属建筑，而为不同所有人所有的房屋。

第五条　所有人和使用人对房屋的使用和修缮，必须符合城市规划、房地产管理、消防和环境保护等部门的要求，并应按照有利使用、共同协商、公平合理的原则，正确处理毗连关系。

第十二条　异产毗连房屋的一方所有人或使用人有造成房屋危险行为的，应当及时排除危险；他方有权采取必要措施，防止危险发生；造成损失的，责任方应当负责赔偿。

第十三条　异产毗连房屋的一方所有人或使用人超越权利范围，侵害他方权益的，应停止侵害，并赔偿由此而造成的损失。

第十四条　异产毗连房屋的所有人或使用人发生纠纷的，可以协商解决。不愿协商或者协商不成的，可以依法申请仲裁或者向人民法院起诉。

《住宅设计规范》　GB 50096—1999（2003年版）

3.4.3　卫生间不应直接布置在下层住户的卧室、起居室（厅）和厨房的上层，可布置在本套内的卧室、起居室（厅）和厨房上层；并均应有防水、隔声和便于检修的措施。

《住宅室内装饰装修管理办法》

第三条　住宅室内装饰装修应当保证工程质量和安全，符合工程建设强制性标准。

第五条　住宅室内装饰装修活动，禁止下列行为：

（一）未经原设计单位或者具有相应资质等级的设计单位提出设计方案，变动建筑主体和承重结构；

（二）将没有防水要求的房间或者阳台改为卫生间、厨房间；

……

第十三条　装修人在住宅室内装饰装修工程开工前，应当向物业管理企业或者房屋管理机构（以下简称物业管理单位）申报登记。

第十四条　申报登记应当提交下列材料：

（一）房屋所有权证（或者证明其合法权益的有效凭证）；

（二）申请人身份证件；

（三）装饰装修方案；

（四）变动建筑主体或者承重结构的，须提交原设计单位或者具有相应资质等级的设计单位提出的设计方案；

（五）涉及本办法第六条行为的，须提交有关部门的批准文件，涉及本办法第七条、第八条行为的，须提交设计方案或者施工方案；

（六）委托装饰装修企业施工的，须提供该企业相关资质证书的复印件。

非业主的住宅使用人，还须提供业主同意装饰装修的书面证明。

第十五条　物业管理单位应当将住宅室内装饰装修工程的禁止行为和注意事项告知装修人和装修人委托的装饰装修企业。

装修人对住宅进行装饰装修前，应当告知邻里。

第十六条　装修人，或者装修人和装饰装修企业，应当与物业管理单位签订住宅室内装饰装修管理服务协议。

住宅室内装饰装修管理服务协议应当包括下列内容：

（一）装饰装修工程的实施内容；

（二）装饰装修工程的实施期限；

（三）允许施工的时间；

（四）废弃物的清运与处置；

（五）住宅外立面设施及防盗窗的安装要求；

（六）禁止行为和注意事项；

（七）管理服务费用；

（八）违约责任；

（九）其他需要约定的事项。

第十七条　物业管理单位应当按照住宅室内装饰装修管理服务协议实施管理，发现装修人或者装饰装修企业有本办法第五条行为的，或者未经有关部门批准实施本办法第六条所列行为的，或者有违反本办法第七条、第八条、第九条规定行为的，应当立即制止；已造成事实后果或者拒不改正的，应当及时报告有关部门依法处理。对装修人或者装饰装修企业违反住宅室内装饰装修管理服务协议的，追究违约责任。

第十八条　有关部门接到物业管理单位关于装修人或者装饰装修企业有违反本办法行为的报告后，应当及时到现场检查核实，依法处理。

第二十条　装修人不得拒绝和阻碍物业管理单位依据住宅室内装饰装修管理服务协议的约定，对住宅室内装饰装修活动的监督检查。

第二十一条　任何单位和个人对住宅室内装饰装修中出现的影响公众利益的质量事故、质量缺陷以及其他影响周围住户正常生活的行为，都有权检举、控告、投诉。

第三十条　住宅室内装饰装修工程竣工后，装修人应当按照工程设计合同约定和相应的质量标准进行验收。验收合格后，装饰装修企业应当出具住宅室内装饰装修质量保修书。

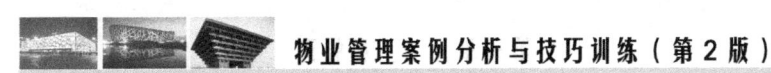

物业管理单位应当按照装饰装修管理服务协议进行现场检查，对违反法律、法规和装饰装修管理服务协议的，应当要求装修人和装饰装修企业纠正，并将检查记录存档。

第三十八条　住宅室内装饰装修活动有下列行为之一的，由城市房地产行政主管部门责令改正，并处罚款：

（一）将没有防水要求的房间或者阳台改为卫生间、厨房间的，或者拆除连接阳台的砖、混凝土墙体的，对装修人处5百元以上1000元以下的罚款，对装饰装修企业处1000元以上1万元以下的罚款；

……

第四十二条　物业管理单位发现装修人或者装饰装修企业有违反本办法规定的行为不及时向有关部门报告的，由房地产行政主管部门给予警告，可处装饰装修管理服务协议约定的装饰装修管理服务费2倍至3倍的罚款。

解决办法

加强装修巡视检查，对业主的违规行为要争取及早发现，及早提出改进意见，并及早制止或向有关行政管理部门报告。也就是说要完全履行物业服务企业的义务。

在接到业主投诉时，应热情接待，讲清各方责任。应立即赶赴装修现场，调查了解情况，对违规行为及时制止。制止时，应主动向违规业主宣传国家和地方的有关法规政策，讲清相关的处罚依据，让违规业主弄清利害，晓之以理，动之以情，并提出损失最小的整改建议，争取使问题得到妥善解决。如违规业主拒绝劝阻，那就发出书面整改通知，并立即向有关行政管理部门报告。

装修管理服务中，最重要的是在装修的初期阶段进行控制，发现违规苗头就及时制止，打下良好的基础好，后面的工作就容易开展了。

本案例中的物业管理处，在政府有关行政部门来现场处理装修违规时，要积极配合，提供工作便利，要向受侵害业主诚恳致歉，讲明自己的工作难度，求得受侵害业主的理解和原谅。要及时通知违规业主，并做好违规业主的思想工作，提出积极的整改建议，力争违规行为及早得到改正。

案例四

楼梯护栏空隙大，小儿跌下成重伤

某日下午，某综合市场，一个3岁男孩上楼时从三楼楼梯平台摔至二楼楼梯，事后被送往医院医治。在医院，一位医师告诉大家，小孩属开放性的脑损伤，现在虽然清醒，但仍未过危险期。

在出事地点可看到，在小孩摔下的那个楼梯道，二楼至四楼之间的楼梯护栏有两个平行四边形的大口，一个大口大概宽四五十厘米，长七八十厘米，这样的空隙足可漏下一个成年人。

在另一个楼梯道查看，发现这里的楼梯护栏也有同样大的空隙。据一位住户说，这种现象已经有相当长一段时间了，去年也有一个小孩从楼梯护栏空隙掉下来，跌伤了眼睛。他说，这里上上下下的小孩就有成百个，他们多次把情况反映给物业管理处，却一直不见什么修护行动。

小孩的父母说，目前的治疗费用已花了7000多元。他们认为，小孩跌下是因为楼梯护栏空隙太大，物业管理处应负主要责任。而物业管理处则多方回避，至今未有明确答复。他们气愤地说："市场的物业管理处至今没给一分钱，难道他们一点责任都没有吗？"

我们找到市场旁边的物业管理处，其员工对此事也不太清楚。当问到："为什么去年已有一个小孩掉下来，现在还没去修护？"时，该员工称时间很急，需要等申请，并说补一个铁丝网的工程很难。后来再试图联系物业管理处的其他人员，均未成功。

案例分析

日常维修保养和计划修理工作是物业管理服务的基本业务，也是物业服务企业最经常、最持久、最基本的工作内容。这其中很重要的一项就是房屋管理、公共部位配套设施的养护与维修。建设部印发的《前期物业管理服务合同示范文本》中明确表述：乙方（物业服务企业）提供的物业管理服务包括物业共用部位的维修、养护和管理以及物业共用设施设备的运行、维修、养护和管理。在物业管理条例中，也规定了物业服务企业应协助做好管理区域内的安全防范工作。这就是说，对房屋、公共部位配套设施的养护与维修是物业管理企业义不容辞的义务。

在物业管理服务中，通常此项工作是通过管理人员的走访查房和住户的随时报修两个渠道来收集维修养护信息的。走访查房是管理人员定期对辖区内住户进行走访，并在走访中查看房屋质量、安全状况，主动收集住户对房屋维修的具体要求，发现住户尚未提出或忽略掉的房屋险情及公用部位的损坏部位。住户随时报修的途径主要是设立客户服务中心，配备专职客服接待员，负责全天候接待来访、投诉、保修等，协调住户与维修工程部门间的关系。

在本案例中，造成小孩摔伤的直接原因，就是因为楼梯栏杆垂直杆件间距过大造成的。从案例内容看，该楼梯栏杆垂直杆件间距过大的事实，已存在相当长的时间，并在一年前曾致使一小孩从楼梯护栏空隙掉下跌伤了眼睛。一般来讲，对于物业管理区域内公共部位配套设施的维修养护，无论从上述哪一渠道获得信息，物业管理企业都应对急修项目，接到报修后24小时内修理；一般项目，应在接到报修后72小时内修理，更何况加焊楼梯栏杆垂直杆件不是技术难度很大的一项维修任务。即使因为暂时缺少同样垂直杆件，也可以采取诸如加焊金属丝网等临时补救措施，防止伤人事故的出现。因此，我们可以确定，因该楼梯栏杆为房屋公共部位配套设施，理应由该物业管理处负责维修养护，而该物业管理处在多次接到业主报修的情况下，拖延时间至少长达一年以上，造成小孩开放性的脑损伤摔伤，属于没有很好履行物业服务合同所规定义务的行为，应承担责任。

相关法规制度

《中华人民共和国民法通则》

第十六条　未成年人的父母是未成年人的监护人。

第十八条　监护人应当履行监护职责，保护被监护人的人身、财产及其他合法权益，除为被监护人的利益外，不得处理被监护人的财产。

监护人依法履行监护的权利，受法律保护。

监护人不履行监护职责或者侵害被监护人的合法权益的，应当承担责任；给被监护人造成财产损失的，应当赔偿损失。人民法院可以根据有关人员或者有关单位的申请，撤销监护人的资格。

《物业管理条例》

第二十二条　建设单位应当在销售物业之前，制定临时管理规约，对有关物业的使用、维护、管理，业主的共同利益，业主应当履行的义务，违反临时管理规约应当承担的责任等事项依法作出约定。

建设单位制定的临时管理规约，不得侵害物业买受人的合法权益。

第三十一条　建设单位应当按照国家规定的保修期限和保修范围，承担物业的保修责任。

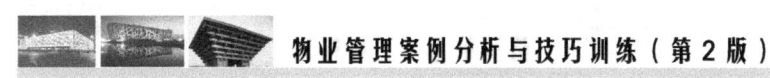

第三十五条 业主委员会应当与业主大会选聘的物业服务企业订立书面的物业服务合同。

物业服务合同应当对物业管理事项、服务质量、服务费用、双方的权利义务、专项维修资金的管理与使用、物业管理用房、合同期限、违约责任等内容进行约定。

第三十六条 物业服务企业应当按照物业服务合同的约定，提供相应的服务。

物业服务企业未能履行物业服务合同的约定，导致业主人身、财产安全受到损害的，应当依法承担相应的法律责任。

第四十七条 物业服务企业应当协助做好物业管理区域内的安全防范工作。发生安全事故时，物业服务企业在采取应急措施的同时，应当及时向有关行政管理部门报告，协助做好救助工作。

物业服务企业雇请保安人员的，应当遵守国家有关规定。保安人员在维护物业管理区域内的公共秩序时，应当履行职责，不得侵害公民的合法权益。

第五十六条 物业存在安全隐患，危及公共利益及他人合法权益时，责任人应当及时维修养护，有关业主应当给予配合。

责任人不履行维修养护义务的，经业主大会同意，可以由物业服务企业维修养护，费用由责任人承担。

《住宅设计规范》GB 50096—1999（2003年版）

4.1 楼梯和电梯

4.1.1 楼梯间设计应符合现行国家标准《建筑设计防火规范》（GBJ16）和《高层民用建筑设计防火规范》（GB50045）的有关规定。

4.1.2 楼梯梯段净宽不应小于1.10m。六层及六层以下住宅，一边设有栏杆的梯段净宽不应小于1m。

注：楼梯梯段净宽系指墙面至扶手中心之间的水平距离。

4.1.3 楼梯踏步宽度不应小于0.26m，踏步高度不应大于0.175m。扶手高度不宜小于0.90m。楼梯水平段栏杆长度大于0.50m时，其扶手高度不应小于1.05m。楼梯栏杆垂直杆件间净空不应大于0.11m。

4.1.4 楼梯平台净宽不应小于楼梯梯段净宽，并不得小于1.20m。楼梯平台的结构下缘至人行过道的垂直高度不应低于2m。入口处地坪与室外地面应有高差，并不应小于0.10m。

4.1.5 楼梯井宽度大于0.11m时，必须采取防止儿童攀滑的措施。

……

4.2 走廊和出入口

4.2.1 外廊、内天井及上人屋面等临空处栏杆净高，低层、多层住宅不应低于1.05m，中高层、高层住宅不应低于1.10m，栏杆设计应防止儿童攀登，垂直杆件间净空不应大于0.11m。

4.2.2 高层住宅作主要通道的外廊宜做封闭外廊，并设可开启的窗扇。走廊通道的净宽不应小于1.20m。

4.2.3 住宅的公共出入口位于阳台、外廊及开敞楼梯平台的下部时，应采取设置雨罩等防止物体坠落伤人的安全措施。

……

《建设工程质量管理条例》

第三十九条 建设工程实行质量保修制度。

建设工程承包单位在向建设单位提交工程竣工验收报告时，应当向建设单位出具质量保修书。质量保修书中应当明确建设工程的保修范围、保修期限和保修责任等。

第四十条　在正常使用条件下,建设工程的最低保修期限为:

(一)基础设施工程、房屋建筑的地基基础工程和主体结构工程,为设计文件规定的该工程的合理使用年限;

(二)屋面防水工程、有防水要求的卫生间、房间和外墙面的防渗漏,为5年;

(三)供热与供冷系统,为2个采暖期、供冷期;

(四)电气管线、给排水管道、设备安装和装修工程,为2年。

其他项目的保修期限由发包方与承包方约定。

建设工程的保修期,自竣工验收合格之日起计算。

第四十一条　建设工程在保修范围和保修期限内发生质量问题的,施工单位应当履行保修义务,并对造成的损失承担赔偿责任。

《前期物业管理服务合同（示范文本）》

第二条　在物业管理区域内,乙方提供的前期物业管理服务包括以下内容:

1. 物业共用部位的维修、养护和管理（物业共用部位明细见附件三）；
2. 物业共用设施设备的运行、维修、养护和管理（物业共用设施设备明细见附件四）；
3. 物业共用部位和相关场地的清洁卫生,垃圾的收集、清运及雨、污水管道的疏通；
4. 公共绿化的养护和管理；
5. 车辆停放管理；
6. 公共秩序维护、安全防范等事项的协助管理；
7. 装饰装修管理服务；
8. 物业档案资料管理。

第四条　乙方提供的前期物业管理服务应达到约定的质量标准（前期物业管理服务质量标准见附件五）。

第十五条　对于本合同签订后承接的物业共用部位、共用设施设备,甲乙双方应按照前条规定进行查验并签订确认书,作为界定各自在开发建设和物业管理方面承担责任的依据。

《物业管理日常巡查工作制度》

物业管理公司应对其管理的物业物业进行日常巡查,发现问题及时处理。

一、物业的维修、保养和卫生的巡查工作,由房管员分工负责。

二、房管员负责建立物业维修、保养的档案

三、要求房管员每天对所管辖区域至少巡查一次,并做好详细的巡查工作记录,巡查记录本由房管员填写并保管,发现问题应及时报告部门主管并进行处理,属进驻企业内部问题应督促其整改并检查整改情况。

四、房管员的任务和要求:

1. 工作用房内部、停车场、单车保管站、电梯、水泵房、正在装修的企业以及大院的卫生情况的巡查每周二次。
2. 检查中心供电线路是否正常、安全、工作用房内的电器、电源线路安装是否规范。
3. 检查户外广告牌、招牌、指示牌是否有松动或脱落。
4. 检查空调机及室外机是否牢固、安全,空调机排水管安装是否规范。
5. 检查各工作用房的防盗门、防盗网是否有效、窗户是否松动。
6. 检查各工作用房的供水管是否有堵塞或水流量细的现象。

7. 检查各单位公共消防设施、消防设备、标志是否完好齐备。
8. 检查电梯房、电梯、供水房、抽水机是否正常运转。
9. 检查各楼层排水管是否有堵塞、楼层是否有漏水、积水。
10. 检查大楼各走廊、楼梯、墙壁、楼板等是否有异常情况。
11. 进驻单位工作用房的装修是否影响结构、排污管、电源等问题。
12. 卫生的巡查工作按《卫生及维修管理暂行规定》中卫生与绿化管理条例的要求。

五、在日常工作中，接到报告需要维修的，维修人员必须在接到报告后的半小时内到达现场了解情况并制定维修方案，属日常维修范围的应立刻维修，属突发性或价值较高（100元以上）的要即刻报部门主管或中心领导审批后组织人员进行维修。

解决办法

该物业管理处应注意树立为业主服务的管理理念。对待业主有关公共部位的维修要求，许多物业服务企业规定房屋管理员应在30分钟内到现场查看，并在60分钟内给业主答复，答复要进行维修的，应在24小时内维修好。要求房屋管理员在做日常巡视时，要检查楼梯扶手及护栏，保证扶手完好，无颜色褪变；护栏完好，无脱焊，完全符合要求。如果，该物业管理处能够按规定做好这些工作，这件小孩摔伤的事故就不会发生了，无论是孩子、孩子的父母，还是物业管理处都不必承受这样的精神压力和经济损失了。

如果，该房屋仍处于保修期内，接到报修或在巡视中发现隐患，也应该先采取补救措施，及时与开发商沟通，进行保修。如遇到开发商推卸责任，物业管理处可先行维修，然后再与开发商协调解决，但此时一定要注意影像资料和文字证据的搜集和保存，以备日后使用。但一定要注意的是，不能因为开发商的推托，物业管理处就采取不管不问的态度和做法，因为这样做，既摆脱不掉物业管理处的责任，也会在业主的心中留下阴影，失去业主的信任。

本案例中小孩摔伤的事故已经发生，物业管理处也不应采取这种躲避的做法，这样做只能激化矛盾，不利于问题的解决，要敢于面对问题。因为，责任不是靠躲避就可以摆脱掉的。应以积极主动的态度去解决问题，用人道主义的精神去关怀受伤害的家人，以法律为依据，讲清责任，承担责任，求得受伤害家人的理解，使问题得到妥善解决。同时，还要主动深入现场，找有关人员进行调查，了解事故发生的具体情景，注意证据的收集，分析对自己有利的因素。如本案例中，孩子只有3岁，家长作为监护人是否很好地履行了监护义务。尽管楼梯护栏维护不及时，但它作为安全隐患存在的事实也已有一年以上，作为监护人的家长理应高度重视，监护好自己的孩子。还有业主交付使用的物业是否符合国家规定的验收标准，是否按照国家规定的保修期限和保修范围承担物业的保修责任等。这样思考问题，才能使问题得到合理解决，才能维护双方的合法权益。

案例五

物业管理公司是否可以拒绝业主自用部分的维修服务

某商品房业主因夜间使用家用电器不当，而使自家的保险丝烧断。该业主向物业管理公司报修，物业管理公司的维修人员感到维修地点较远，且收费不高，故答复业主："你反正一样要交钱，就近找个人修修算了。再说自用部位的维修应由业主自己负责。"

案例分析

众所周知,物业服务企业所提供的管理服务,是依据《物业管理条例》及物业服务合同的约定,对其管理项目公共区域的保洁、保安、绿化、房屋及公共设施的维护、小区日常管理等履行管理服务义务。物业服务合同除了对上述管理服务事项进行约定外,还可以根据物业管理项目的具体情况,就业主或使用人自有部分的有关设备的维修保养管理事宜作出约定。

在物业管理服务中,物业服务企业发现住宅的共用部位、共用设备或者公共设施损坏时,或接到物业损坏报修时,都应立即采取保护措施,并按照物业服务合同的约定进行维修,并做好物业维修、更新及其费用收支的各项记录,妥善保管物业档案资料和有关的财务账册,按约定的期限,定期向业主委员会报送物业维修、更新费用的收支账目,接受业主委员会的审核。住宅共用部位和共用设备的维修、更新费用,按《住宅专项维修资金管理办法》的相关规定执行。

对于住宅自用部位和自用设备损坏的维修、更新,其费用由业主承担。自用部位,是指一套住宅内部,由住宅的业主、使用人自用的卧室、客厅、厨房、卫生间、阳台、天井、庭园以及室内墙面等部位;自用设备,是指一套住宅内部,由住宅的业主、使用人自用的门窗、卫生洁具以及通向总管的供水、排水、燃气管道、电线等设备。住宅自用部位和自用设备损坏时,按照有关规定和物业服务合同的约定,业主或使用人可以向该住宅区域的物业服务企业报修,也可以向其他修缮单位报修。向物业服务企业报修的,物业服务企业不得拒绝修理。在具体维修时,可以要求相邻业主或使用人予以配合,但不得造成相邻业主或使用人的自用部位或自用设备损坏或者其他财产损失,否则要负责修复或者赔偿。

对业主使用人的自用部位或自用设备损坏的报修,物业服务企业应当场登记。对水电、电梯故障等急修项目报修,应在 24 小时内完成维修;对门窗、水卫设备、屋面渗漏水等一般项目报修的,应在 72 小时内完成维修。维修行为应达到规定的质量标准,并按标准收费。物业维修项目实行质量保修制度,保修期一般为三个月。维修项目竣工以业主验收签字为准,其中疏通项目的维修竣工以流水畅通为验收合格标准,筑漏项目以下一次下雨不漏为验收合格标准。因维修质量引起的返修不得再收费。

本案例业主保险丝烧断虽是家用电器使用不当引起,但属因室内线路故障引起的停电事故,属于规定的物业急修项目。物业管理公司在接到居民报修后,应该在两小时内到达现场进行处理,24 小时内修复。物业管理公司的这种拒绝行为是错误的。

相关法规制度

《中华人民共和国民法通则》

第一百一十一条 当事人一方不履行合同义务或者履行合同义务不符合约定条件的,另一方有权要求履行或者采取补救措施,并有权要求赔偿损失。

《中华人民共和国合同法》

第五十三条 合同中的下列免责条款无效:
(一)造成对方人身伤害的;
(二)因故意或者重大过失造成对方财产损失的。

第一百零七条 当事人一方不履行合同义务或者履行合同义务不符合约定的,应当承担继续履行、采取补救措施或者赔偿损失等违约责任。

物业使用人违反本条例和业主公约的规定,有关业主应当承担连带责任。

《物业管理条例》

第三十五条　业主委员会应当与业主大会选聘的物业服务企业订立书面的物业服务合同。

物业服务合同应当对物业管理事项、服务质量、服务费用、双方的权利义务、专项维修资金的管理与使用、物业管理用房、合同期限、违约责任等内容进行约定。

第三十六条　物业服务企业应当按照物业服务合同的约定，提供相应的服务。

物业服务企业未能履行物业服务合同的约定，导致业主人身、财产安全受到损害的，应当依法承担相应的法律责任。

第四十四条　物业服务企业可以根据业主的委托提供物业服务合同约定以外的服务项目，服务报酬由双方约定。

第五十四条　住宅物业、住宅小区内的非住宅物业或者与单幢住宅楼结构相连的非住宅物业的业主，应当按照国家有关规定交纳专项维修资金。

专项维修资金属于业主所有，专项用于物业保修期满后物业共用部位、共用设施设备的维修和更新、改造，不得挪作他用。

专项维修资金收取、使用、管理的办法由国务院建设行政主管部门会同国务院财政部门制定。

第五十六条　物业存在安全隐患，危及公共利益及他人合法权益时，责任人应当及时维修养护，有关业主应当给予配合。

责任人不履行维修养护义务的，经业主大会同意，可以由物业服务企业维修养护，费用由责任人承担。

《物业服务收费明码标价规定》

第二条　物业管理企业向业主提供服务（包括按照物业服务合同约定提供物业服务以及根据业主委托提供物业服务合同约定以外的服务），应当按照本规定实行明码标价，标明服务项目、收费标准等有关情况。

第五条　物业管理企业实行明码标价应当做到价目齐全，内容真实，标示醒目，字迹清晰。

第六条　物业服务收费明码标价的内容包括：物业管理企业名称、收费对象、服务内容、服务标准、计费方式、计费起始时间、收费项目、收费标准、价格管理形式、收费依据、价格举报电话12358等。

实行政府指导价的物业服务收费应当同时标明基准收费标准、浮动幅度，以及实际收费标准。

第七条　物业管理企业在其服务区域内的显著位置或收费地点，可采取公示栏、公示牌、收费表、收费清单、收费手册、多媒体终端查询等方式实行明码标价。

第九条　物业管理企业根据业主委托提供的物业服务合同约定以外的服务项目，其收费标准在双方约定后应当以适当的方式向业主进行明示。

第十条　实行明码标价的物业服务收费的标准等发生变化时，物业管理企业应当在执行新标准前一个月，将所标示的相关内容进行调整，并应标示新标准开始实行的日期。

第十一条　物业管理企业不得利用虚假的或者使人误解的标价内容、标价方式进行价格欺诈。不得在标价之外，收取任何未予标明的费用。

《前期物业管理服务合同（示范文本）》

第二章　服务内容与质量

……

第五条　单个业主可委托乙方对其物业的专有部分提供维修养护等服务，服务内容和费用由双方另行商定。

《居住物业报修和维修的规定》

物业报修和维修的权利义务应当在物业服务合同中予以约定。合同没有约定或约定不明确的,按下列规定执行:

1. 接受委托的物业管理企业,应向业主和使用人公布报修点和报修时间。业主和使用人可用电话报修,也可直接到报修点报修。

2. 业主、使用人报修项目分为急修项目和一般项目。物业管理企业接到急修项目报修的,应在 2 小时内赶到现场,24 小时内修理;接到一般项目报修的,应在 72 小时内修理。物业管理企业未按时维修造成业主、使用人损失的,应当承担赔偿责任。

(1) 急修项目分为:
1) 物业公共部位、共用设备、公共设施损坏发生危险;
2) 因室内线路故障而引起停电和漏电;
3) 因水泵故障和进水表内的水管爆裂造成停水和龙头严重漏水;
4) 水落管、落水管堵塞和水盘等设备漏水;
5) 电梯故障、不能正常行驶;
6) 楼地板、扶梯踏步板断裂和阳台、晒台、扶梯等各种扶手栏杆松动、损坏;
7) 其他属于危险性急修项目。

(2) 一般项目分为:
1) 各类钢、木门窗损坏;
2) 水卫设备零件损害;
3) 屋面渗漏水;
4) 其他属于小修养护和便民服务范围的项目。

3. 业主自用部位的原有自用设备的损坏,业主可以向该物业管理区域的物业管理企业报修,也可以向其他维修单位报修。向物业管理企业报修的,物业管理单位不得拒绝修理。

4. 急修以及维修项目在两工以下的维修费用,由报修人认可签字后,按规定列支;除此之外,共用部位、共用设备维修在两工以上且维修费用在 500 元以上的,须经业主小组认可后予以维修,费用按规定列支。

5. 物业维修项目实行质量保修制度,保修期一般为 3 个月。修理项目竣工以业主验收签字为准。其中,疏通项目的修理竣工以流水畅通为验收合格标准,筑漏项目以下一次下雨不漏为验收合格标准。因修理质量引起的返修不得再收费。

解决办法

在本案例中,保险丝烧断虽是家用电器使用不当引起,但属因室内线路故障引起的停电事故,属于规定的物业急修项目。物业管理公司在接到居民报修后,应该在 2 小时内到达现场进行处理,24 小时内修复。自用部位和自用设备的维修、更新费用,应由业主承担。

如该业主因物业管理公司维修人员拒绝对其报修项目的维修而投诉,物业管理公司应就此事表示歉意,并迅速安排维修人员进行维修,用实际行动纠正错误。另外,还要组织员工学习讨论,树立守法观念,强化服务意识,明确岗位职责,在今后坚决杜绝此类事情的发生。

第四单元　公共秩序服务

案例一

"排除法"锁定高空抛物伤人元凶

2005年4月20日8时许，退休教师张女士在某新村小区一楼下捡拾物品时，被楼上扔下的物品砸伤。由于事发突然，张女士并没有看见杂物是从哪家窗户飞出来的，于是拿起电话向派出所报警。

当时11楼的一名住户正在装修，有4名装修工人正在刮大白和刷油，张女士怀疑是其所为。但对方获悉事情后均不承认往楼下扔过东西，还说楼上有这么多家，保不准是谁家扔的。张女士无法确定物体是从哪一户居民家掉下来的，民警赶来后一时也无法处理。

事故发生后，张女士住院10天，支付医疗费1.6万余元，后经中国医科大学法医鉴定中心鉴定为十级伤残。

张女士事后调查发现，该新村小区是新开发的小区，物业管理公司登记该栋楼该单元共入住7户，张女士被砸伤时，有4户家中无人，3户家中有人。其中11楼1号人家正在装修，11楼2号人家正在休息，其所住房屋已经装修完毕。另一户2楼2号也正在装修。

张女士认为，2楼住户砸伤她的可能并不存在，而剩下两家就说不好了。谁会是真正的凶手呢？张女士把这一难题交给了法院。2006年6月，张女士将11楼两户人家以及管理该小区的开发公司和物业管理公司都诉至法院，要求他们赔偿经济损失5万余元。

案例分析

高空抛物已成为伴随着城市的高楼林立而出现的一种痼疾，产生这个问题的直接原因就是人的道德缺失造成的，还有法律不健全、针对性与可操作性不够，以及没有强有力的惩处规范及措施等，都助长了高空抛物行为的发生。这里应强调的是高空抛物不同于物业管理辖区中公共区域中搁置物、悬挂物等的脱落，如广告牌匾、花盆等的坠落，这种坠物是非人为直接造成的，比如年久失修或风吹等造成的。我们现在所说的高空抛物是人为的，是人故意抛物的行为。因此，高空抛物带有不可预见性的特点。高空抛物的危害不仅是给环境增添了垃圾，更主要的是使小区住户之间产生不和谐的关系，甚至危及人身安全。在现实生活中，因高空抛物而造成受害人死亡的事件已是屡见不鲜。

就物业管理服务而言，物业服务企业在日常管理中，接到业主有关高空抛物的投诉后，往往由于缺乏直接证据，不能找到真正的行为人，因此，对这一行为的劝阻或管理基本处于无从下手的状态。只能是通过加强宣传和引导，通过多种方式宣传高空抛物的危害性，以期尽量减少高空抛物的不文明行为。

对高空抛物行为的制止，关键还是在于提高社会公德意识，要让人们充分认识高空抛物的危害性，摒弃生活陋习，养成良好习惯。另外，从法律的角度来讲，也要加强立法和教育的力度，司法机关应该根据主观过错和客观行为，按照刑法相关规定，准确定罪，依法追究肇事者的刑事责任，教育广大市民，尽量减少和避免此类事件的发生。根据我国刑法规定，高空坠物和高空抛物造成严重后果的，可能构成的罪名包括故意杀人罪、过失致人死亡罪、故意伤害罪、过失致人重伤罪、以危险方法危害公共安全罪、重大责任事故罪等；根据侵权责任法的相关规定，由于难以确定具体侵权人，存在加害可能的相关人就要承担连带责任，除非能够证明自己不是侵权人的除外。以此，让人们增强法律意识，遵守法律和文明准则，杜绝高空抛物行为

在本案例中，张女士认为物业管理公司对造成其受伤的高空抛物行为负有连带责任，将其也列入被告名单，那么，该物业管理公司究竟应不应该承担连带责任呢？

从高空抛物特点看，对物业服务企业来说是无法预见、且无法直接制止的。从立法角度来看，物业服务企业无制止高空抛物行为的权利和行为能力，一般不应直接承担由此产生的责任。但是，物业服务企业有管理小区公共秩序的责任，其收取的物业管理费中含有公共秩序维护费，在目前的立法和现实条件下，物业服务企业对高空坠物、高空抛物的警示工作是应该做的，如物业服务企业未尽此职责，应承担一定的补偿责任。

本案例一审法院认为，在张女士受伤当天，11楼1号住户雇用的4名工人正在装修，张女士系被楼上物品砸伤并有证据证明系装修材料所致。根据法律规定：雇员在从事雇佣活动中致人损害的，雇主应当承担民事责任。因此法院判决由11楼1号住户对张女士受到的伤害承担全部责任，赔偿张女士医疗费、残疾赔偿金3万余元。

宣判后，11楼1号住户不服，提起上诉。市法院认为，首先，该住户当天正在装修。其次，在张女士受伤之时，与其在一起的韩某看见2单元11楼的窗户是开着的。第三，11楼1号住户无证据证明张女士系他人致伤。综上所述，对其提出的该项请求，因无证据予以证明，故法院不予支持。但因张女士在退休后没有从事其他职业，故原审判决赔偿误工费不当，市法院在原判基础上判决减少误工费1000余元。

相关法规制度

《中华人民共和国民法通则》

第一百二十六条 建筑物或者其他设施以及建筑物上的搁置物、悬挂物发生倒塌、脱落、坠落造成他人损害的，其所有人或者管理人应当承担民事责任，但能够证明自己没有过错的除外。

第一百三十条 二人以上共同侵权造成他人损害的，应当承担连带责任。

《中华人民共和国民事诉讼法》

第六十四条：当事人对自己提出的主张，有责任提供证据。

《最高人民法院关于民事诉讼证据的若干规定》

第四条 下列侵权诉讼应依照以下规定承担举证责任：

……

（四）建筑物或者其他设施以及建筑物上的搁置物、悬挂物发生倒塌、脱落、坠落致人损害的侵权诉讼，由其所有人或者管理人对其无过错承担举证责任；

……

（七）因共同危险行为致人损害的侵权诉讼，由实施危险行为的人就其行为与损害结果之间不存在因果关系承担举证责任；

……

第十条 当事人向人民法院提供的证据，应当为原件或者原物。如须自己保存证据原件、原

物或者提供原件、原物确有困难的，可以提供经人民法院核对无异的复印件或者复制品。

第十四条 当事人应当对其提交的证据材料逐一分类编号，对证据材料的来源、证明对象和内容作简要说明、签名盖章并注明提交日期，并依照对方当事人人数提出副本。

人民法院收到当事人提交的证据材料后，应当出具收据并注明证据的名称、份数和页数以及收到的时间 由经办人员签名或者盖章。

《中华人民共和国物权法》

第八十三条 业主应当遵守的法律、法规以及管理规约。

业主大会和业主委员会，对任意弃置垃圾、排放污染物或者噪声、违反规定饲养动物、违章搭建、侵占通道、拒付物业费等损害他人合法权益的行为，有权依照法律、法规以及管理规约，要求行为人停止侵害、消除危险、排除妨害、赔偿损失。业主对侵害自己合法权益的行为，可以依法向人民法院提起诉讼。

第八十四条 不动产的相邻权利人应当按照有利生产、方便生活、团结互助、公平合理的原则，正确处理相邻关系。

《中华人民共和国侵权责任法》

第三条 被侵权人有权请求侵权人承担侵权责任。

第六条 行为人因过错侵害他人民事权益的，应当承担侵权责任。

根据法律规定推定行为人有过错，行为人不能证明自己没有过错的，应当承担侵权责任。

第十三条 法律规定承担连带责任的，被侵权人有权请求部分或者全部连带责任人承担责任。

第十四条 连带责任人根据各自责任大小确定相应的赔偿数额；难以确定责任大小的，平均承担赔偿责任。

支付超出自己赔偿数额的连带责任人，有权向其他连带责任人追偿。

第十六条 侵害他人造成人身损害的，应当赔偿医疗费、护理费、交通费等为治疗和康复支出的合理费用，以及因误工减少的收入。造成残疾的，还应当赔偿残疾生活辅助工具费和残疾赔偿金。造成死亡的，还应当赔偿丧葬费和死亡赔偿金。

第二十五条 损害发生后，当事人可以协商赔偿费用的支付方式。协商不一致的，赔偿费用应当一次性支付；一次性支付确有困难的，可以分期支付，但应当提供相应的担保。

第八十五条 建筑物、构筑物或者其他设施及其搁置物、悬挂物发生脱落、坠落造成他人损害，所有人、管理人或者使用人不能证明自己没有过错的，应当承担侵权责任。所有人、管理人或者使用人赔偿后，有其他责任人的，有权向其他责任人追偿。

第八十七条 从建筑物中抛掷物品或者从建筑物上坠落的物品造成他人损害，难以确定具体侵权人的，除能够证明自己不是侵权人的外，由可能加害的建筑物使用人给予补偿。

《物业管理条例》

第七条 业主在物业管理活动中，履行下列义务：

（一）遵守管理规约、业主大会议事规则；

（二）遵守物业管理区域内物业共用部位和共用设施设备的使用、公共秩序和环境卫生的维护等方面的规章制度；

（三）执行业主大会的决定和业主大会授权业主委员会作出的决定；

……

第十二条 ……

业主大会或者业主委员会的决定，对业主具有约束力。

第十五条　业主委员会执行业主大会的决定事项，履行下列职责：

（一）召集业主大会会议，报告物业管理的实施情况；

（二）代表业主与业主大会选聘的物业服务企业签订物业服务合同；

（三）及时了解业主、物业使用人的意见和建议，监督和协助物业服务企业履行物业服务合同；

（四）监督管理规约的实施；

（五）业主大会赋予的其他职责。

第十七条　管理规约应当就有关物业的使用、维护、管理，业主的共同利益，业主应当履行的义务，违反管理规约应当承担的责任等事项依法作出约定。

管理规约应当尊重社会公德，不得违反法律、法规或者损害社会公共利益。

管理规约对全体业主具有约束力。

第二十条　业主大会、业主委员会应当配合公安机关，与居民委员会相互协作，共同做好维护物业管理区域内的社会治安等相关工作。

在物业管理区域内，业主大会、业主委员会应当积极配合相关居民委员会依法履行自治管理职责，支持居民委员会开展工作，并接受其指导和监督。

住宅小区的业主大会、业主委员会作出的决定，应当告知相关的居民委员会，并认真听取居民委员会的意见和建议。

第四十六条　对物业管理区域内违反有关治安、环保、物业装饰装修和使用等方面法律、法规规定的行为，物业服务企业应当制止，并及时向有关行政管理部门报告。

有关行政管理部门在接到物业服务企业的报告后，应当依法对违法行为予以制止或者处理。

第四十七条　物业服务企业应当协助做好物业管理区域内的安全防范工作。发生安全事故时，物业服务企业在采取应急措施的同时，应当及时向有关行政管理部门报告，协助做好救助工作。

物业服务企业雇请保安人员的，应当遵守国家有关规定。保安人员在维护物业管理区域内的公共秩序时，应当认真履行职责，不得侵害公民的合法权益。

第四十八条　物业使用人在物业管理活动中的权利和义务由业主和物业使用人约定，但不得违反法律、法规和管理规约的有关规定。

物业使用人违反本条例和管理规约的规定的，有关业主应当承担连带责任。

解决办法

高空抛物发生后，通常无法确定谁是高空抛物的行为人，按照《最高人民法院关于民事诉讼证据的若干规定》，建筑物或者其他设施以及建筑物上的搁置物、悬挂物发生倒塌、脱落、坠落致人损害的侵权诉讼，由所有人或者管理人对其无过错承担举证责任，即举证倒置。也就是说，如果受害人无法确定谁是高空抛物的行为人，可把高层建筑全部的所有者或管理者告上法庭，并要求他们共同承担赔偿责任，业主或住户作为被告，虽然自己不是高空抛物的行为人，但仍然要拿出证据，证明自己对高空抛物没有责任，否则法律将推定其承担相应的责任。这在理论上称为共同危险行为损害赔偿。自该规定出台后，目前，全国已受理了几起此类案件，具有很强的警示借鉴意义。

高空坠物、高空抛物涉及道德、法律和管理等多方面的问题，事后处理对于受害人来说仅仅是经济上的补偿和精神上的安慰，应着重解决预防问题，采取可行的管理措施。根据《中华人民共和国物权法》第八十三条规定，对高空抛物行为的管理教育，应主要以业主自治管理为主，要通过管理规约规范业主的生活行为，业主委员会应认真履行监督管理规约实施的职责，加强对业主行为规范的管理，以杜绝此类不文明行为。而不应将责任完全推脱给物业服务企业。

物业服务企业在管理实践中，要从秩序维护的角度认真履行合同约定，在楼宇单元门等适当部位，设立禁止高空抛物警示标识，履行好警示职责。还要大力宣传高空抛物的危害，将造成重大经济损失、人员伤亡的高空抛物案件广泛宣传；让市民知道，高空抛物除了有违道德，还有可能触犯我国法律，以达到警醒市民的目的。要让业主或使用人知道，按照相关法律规定，当你所居住楼宇发生高空抛物伤人事件，而你有无法证明自己没有作为时，法院一般会判共同承担赔偿连带责任。所以对高空抛物事件，即使不是自己所为，也不要以为与己无关，最好的办法就是，大家互相监督，并教育家人、亲朋拒绝高空抛物，对高空抛物的行为及时进行制止，对高空抛物的人共同谴责，以避免此类伤人悲剧再次发生。这是对自己的保护，也是对他人生命和安全的保护，从而达到有效防止高空抛物的目的。

在物业管理实践中，很少有住户主动承认高空抛物。寻找乱扔东西者主要靠小区秩序维护员、清洁员，但保安员、清洁员一般害怕住户找麻烦而不愿积极举报。建议相关部门设立奖励机制，鼓励工作人员举报高空抛物行为并做好保护举报人的工作。如果这样做，等于小区里增加了多个"人工摄像头"，也让住户胸中有数，知道有人随时监督高空抛物行为。对经查属实的高空抛物者要及时进行提醒，对屡教不改或造成严重后果者，上报业主委员会并公布其不文明行为。

动员各住户要及时清理自家阳台、门窗等室外悬挂物，经常检查窗户、雨棚、防盗网、空调支架等是否牢固，如有松动应及时加固，防止高空坠物。

建议政府应强制所有业主购买一定数额的公共安全责任险。一旦发生高空抛物导致人身或财产损失的事故，由保险公司先向受害人做出赔偿，再追究肇事者责任。如果无法追查出肇事者，则由该栋楼全体业主共同承担责任；如果一段时间内没有发生高空抛物行为，本金可以返还给业主。

案例二

保安半夜进民宅，物业管理公司被判赔

某住宅区张先生夫妇在凌晨三点左右，被室内的响动惊醒，立即起床并打开卧室的门，发现有人已走到客厅和卧室过道处，当时便质问："为什么闯入住宅？"此人自称是物业管理公司的保安员，由于在深夜值班时发现张先生家的家门虚开，在经按铃房内无反应的可疑情况下，他才进入房内进行检查。张先生说熄灯前已经锁上门，并且质问来人"既是保安为什么不着装？"来人无言以对。

第二天，张先生就到物业管理处投诉，但物业管理处只是在口头上表示歉意，当张先生要求解释保安入室的原因时，物业管理处却拒绝给予明确答复。于是张先生夫妇将物业管理公司诉讼到法院，要求其书面道歉，并赔偿夫妇精神损失费各 5 万元。

法院审理过程中，物业管理公司辩称：保安员是在深夜值班时发现张先生家的房门虚开，经按铃房内无反应的可疑情况下，才进入房内进行检查，完全是在履行职责，是对张先生夫妇的安全负责。根据相关物业管理制度，以及当时的现场情况，保安员不可能掌握张先生家的钥匙，也没有门锁及其他损坏后果，而且张先生没有任何物品丢失，保安员在此种情况下的入室行为不构成侵权。另外，物业管理公司的《住户手册》规定，保安员在社区内做 24 小时巡逻，如遇紧急情况，应按登记的电话号码联系有关住户并立即通知公安部门或消防等部门，如无法联系到有关

住户时,应请公安人员或消防人员开启房门,进入房间审查事故情况,并做适当处理,因此,保安入室只是违纪,违反了物业管理企业内部的规章制度。

案例分析

物业服务企业应按照物业服务合同的约定,及相关法律法规的规定为业主提供相应物业管理服务。《物业管理条例》中规定秩序维护员(即本案例所称保安员)在维护物业管理区域内的公共秩序时,应当履行职责,不得侵害公民的合法权益。按照物业服务企业通常的规定,秩序维护员在进行巡逻期间,如遇到紧急情况,应首先应通知值班主管,由值班主管按登记的电话号码联系相关住户,弄清情况,再作下一步的决定。如与相关住户联系不上,须入户检查,就要联系当地派出所,在公安人员的见证下,由物业服务企业人员开启房门,进入住户室内检查情况,并做处理。

在本案例中,秩序维护员发现张先生家房门虚开,在没有请示值班主管的情况下,擅自进入张先生家的室内查证情况,该行为已经超越了其应有的权限,并违反了民法中"公民住宅不受侵犯"相关法律法规,已构成侵权。

在物业管理服务中,秩序维护员这一岗位,承担着十分特殊的岗位职责。秩序维护员是与辖区内住户接触最多的人,他们披星戴月、餐风宿露、顶风冒雨、迎寒抗暑、站岗放哨,保一方平安,甚至抗暴灭火、舍身救人……不仅是物业管理辖区的业主和使用人,而且整个社会都给予他们极大的关注。他们的一举一动不仅关联着物业服务企业的形象,更关联着物业管理辖区住户的安全。因此,在物业服务企业中,秩序维护员的人数往往占了企业人数的大多数,是物业管理企业最为重视的岗位之一。因此,对于秩序维护员这一群体,物业服务企业应该下大力气抓好他们整体队伍水平的提高,要把秩序维护员素质的持续教育落到实处,既要关心他们的待遇和生活,更要抓好他们的政治思想教育、职业道德教育,树立全心全意为人民服务的思想,强化他们的专业知识和岗位技能,熟知各种情况的处理程序,掌握法律规范,在履行职责时应注意采取合理的方式,严格遵守法定的权限和程序,从而树立起秩序维护队伍的良好形象。

本案例的最后审理结果是:法院认为张先生夫妇身为业主,与物业管理公司间形成了委托管理关系。保护业主的安全,维护业主的利益是物业管理公司的职责。但在履行职责时应注意采取适当合理的方式,如果措施不当侵害了业主的权利,应承担相应的法律责任。物业管理公司保安员在值班时进入张先生夫妇房间,其自称因为房门虚掩,为张先生夫妇的安全和利益而入室检查。而按照《住户手册》规定,遇此紧急情况其既不与业主家电话联系,又未请公安人员见证,该行为是不符合有关规定的,侵害了公民住宅不受侵犯的权利。而且其是在张先生夫妇深夜熟睡之机闯入,给张先生夫妇带来了一定的精神刺激,影响了生活,应该就此不当行为承担责任。因该保安员是在履行职务中侵害了张先生夫妇的权利,故由物业管理公司承担责任。

关于赔礼道歉的方式,因该事实仅发生在原告、被告之间,口头方式已经足够消除影响,因此法院对张先生夫妇要求书面致歉的请求不予支持。对物业管理公司做的口头致歉行为予以认可。

关于赔偿损失问题,因为被告工作人员深夜入室给熟睡中的张先生夫妇带来一定的精神恐惧,因此应给予适当的精神抚慰。最后法院判决,物业管理公司除向张先生夫妇口头道歉外,还应一次性向张先生夫妇赔偿精神抚慰金各1500元。

相关法规制度

《中华人民共和国宪法》

第三十九条　中华人民共和国公民的住宅不受侵犯。禁止非法搜查或者非法侵入公民的住宅。

《中华人民共和国民法通则》

第五条　公民、法人合法的民事权益受法律保护，任何组织和个人不得侵犯。

第五十六条　民事法律行为可以采取书面形式、口头形式或者其他形式。法律规定是特定形式的，应当依照法律规定。

第一百零六条　公民、法人违反合同或者不履行其义务的，应当承担民事责任。

公民、法人侵害国家、集体的财产及他人人身、财产安全的，应当承担民事责任。

没有过错，但法律规定应当承担民事责任的，应当承担民事责任。

第一百三十四条　承担民事责任的方式主要有：

（一）停止侵害；

（二）排除妨碍；

（三）消除危险；

（四）返还财产；

（五）恢复原状；

（六）修理、重做、更换；

（七）赔偿损失；

（八）支付违约金；

（九）消除影响、恢复名誉；

（十）赔礼道歉。

以上承担民事责任的方式，可以单独适用，也可以合并适用。

人民法院审理民事案件，除适用上述规定外，还可以予以训诫、责令具结悔过、收缴进行非法活动的财物和非法所得，并可以依照法律规定处以罚款、拘留。

《中华人民共和国侵权责任法》

第三条　被侵权人有权请求侵权人承担侵权责任。

第六条　行为人因过错侵害他人民事权益，应当承担侵权责任。

根据法律规定推定行为人有过错，行为人不能证明自己没有过错的，应当承担侵权责任。

第七条　行为人损害他人民事权益，无论行为人有无过错，法律规定应当承担侵权责任的，依照其规定。

第十五条　承担侵权责任的方式主要有：

（一）停止侵害；

（二）排除妨碍；

（三）消除危险；

（四）返还财产；

（五）恢复原状；

（六）赔偿损失；

（七）赔礼道歉；

（八）消除影响、恢复名誉。

以上承担侵权责任的方式,可以单独适用,也可以合并适用。

第二十二条　侵害他人人身权益,造成他人严重精神损害的,被侵权人可以请求精神损害赔偿。

第三十四条　用人单位的工作人员因执行工作任务造成他人损害的,由用人单位承担侵权责任。

劳务派遣期间,被派遣的工作人员因执行工作任务造成他人损害的,由接受劳务派遣的用工单位承担侵权责任;劳务派遣单位有过错的,承担相应的补充责任。

《物业管理条例》

第三十六条　物业服务企业应当按照物业服务合同的约定,提供相应的服务。

物业服务企业未能履行物业服务合同的约定,导致业主人身、财产安全受到损害的,应当依法承担相应的法律责任。

第四十七条　物业服务企业应当协助做好物业管理区域内的安全防范工作。发生安全事故时,物业服务企业在采取应急措施的同时,应当及时向有关行政管理部门报告,协助做好救助工作。

物业服务企业雇请保安人员的,应当遵守国家有关规定。保安人员在维护物业管理区域内的公共秩序时,应当履行职责,不得侵害公民的合法权益。

解决办法

当张先生夫妇向物业管理处投诉时,该物业管理处就应在口头道歉的同时,讲清保安员入室的原因,以及错误性质,求得张先生夫妇的理解。本案例在实际处理时,虽然该物业管理公司当即以"工作中有违章操作行为"为由将张姓保安辞退,并于次日派项目经理、保安经理两次登门致歉,并免费更换门锁。但由于沟通不及时,结果导致张先生起诉。

张先生夫妇能够通过法律的手段来保护自己的合法权利,理应得到理解。物业管理公司应主动查找相关的法律、法规,做好积极应对的准备。同时,还应主动与张先生夫妇沟通,争取双方能够协商解决。

但是,我们更希望不仅是张先生夫妇,而且是全体的业主和使用人,能够对秩序维护员多一分理解和关怀。对于秩序维护员在日常工作中的不规范行为,在批评教育的同时,要区别对待,如秩序维护员是从的善良愿望出发做出的违规行为,还是要多些理解,不要动辄就使用法律手段,既伤害感情,又激化矛盾,造成许多秩序维护员处理问题畏手畏脚,贻误时机。物业管理辖区的和谐靠的是住户和物业人的共同配合和努力。

物业服务企业应组织全体员工,尤其是秩序维护队伍开展讨论学习,强化法律法规教育,树立法律意识,掌握岗位技能,促进秩序维护员队伍整体水平的提高。

案例三

电梯内业主遭受袭击,物业服务企业应否担责

某日晚9时许,业主王先生因在所住小区大楼的电梯内遭受一群不法分子的袭击而受伤。王先生以物业管理公司未尽物业管理职责,没有聘请保安公司和选聘合格的保安员,未履行在电梯内设置电梯工的承诺,导致伤害后果的发生为由,向法院提起诉讼。

王先生在诉状中称:在入住时与被告物业管理公司签订了物业服务合同,约定由该物业管理

公司为其提供物业管理服务。而被告以赢利为目的，将未出售的空置房屋出租，造成大楼内外来人员复杂，被告的行为违反了物业服务合同中有关保安管理和依照《住户手册》独立实施管理的约定，原告遭到伤害是因被告违反合同所致，故要求解除与被告签订的物业服务合同，并要求被告赔偿医疗费、交通费、误工费、营养费、护理费、学习中断费及精神损失费共计人民币9000元。

被告物业管理公司认为：原告所称保安服务，应为秩序维护，其范围是指为维护物业管理区域的公共秩序而实施的防范性安全保卫活动，不是一般意义上的治安管理。在被告进行物业管理时，并不负有保证每个居民人身安全的义务。在案发时，门岗当班的秩序维护员未见陌生人进入大楼，且被告从未承诺在电梯内设置电梯工，故不同意原告的诉讼请求，但愿从道义上给予原告一次性经济补偿人民币2000元。

案例分析

本案的焦点是物业服务企业是否履行了物业服务合同约定的公共秩序维护义务，这是物业服务企业是否承担法律责任的依据。《物业管理条例》第三十六条第二款规定："物业服务企业未能履行物业服务合同的约定，导致业主人身、财产安全受到损害的，应当依法承担相应的法律责任。"根据该规定，物业服务企业承担相应法律责任的前提条件，一是物业服务企未能履行物业服务合同约定的义务，二是物业服务企业的违约导致了业主受到损害。

对物业管理区域内发生的刑事犯罪，物业服务企业是否应当承担责任，应该具体分析。在物业管理服务实践中，业主或使用人所称的安全服务，应该准确地称为公共秩序维护服务。其性质根据中国物业管理协会2008年《关于使用"秩序维护员"称谓的指导意见》的要求，其内容主要指维护相关区域内秩序的活动，物业服务企业的职责包括协助做好物业管理区域的安全防范工作。由于物业服务企业与业主之间的法律关系是合同关系，如果物业服务企业因未履行物业服务合同的约定而导致业主的人身安全受到伤害，物业服务企业承担的是违约责任，应当根据物业服务合同的约定承担相应的法律责任。反之，则不应承担法律责任。

在一般情况下，物业服务合同中约定的公共秩序维护的内容，主要体现在两方面：一是保证业主不因物业管理区域内设施设备的安全隐患受到人身损害；二是保证业主在物业管理区域内免遭外来第三人的不法侵害。本案中王先生遭受了不法分子袭击，物业服务企业是否承担民事责任，关键是看物业服务企业在公共秩序维护服务方面是否符合物业服务合同的约定。如果物业服务企业在公共秩序维护服务方面履行了物业服务合同的约定，相关制度健全完备，秩序维护员切实履行了岗位责任，不存在管理上的缺陷，即使业主或使用人人身遭受了伤害，物业服务企业也不应当承担责任；反之，如果根据物业服务合同的约定，物业服务企业存在明显的过错，则应当承担未履行合同、未完全履行合同或履行合同存在瑕疵的赔偿责任。从物业管理实践，以及原建设部或各地物业服务合同示范文本来看，对公共秩序维护服务概念和职责的界定，普遍为公共秩序维护、安全防范等事项的协助管理，而不是王先生所理解的保安概念。这一点，本案审理法院予以了明确的界定。法院在判决中对于王先生所称保安，界定为为物业使用创造方便安全的条件，以及维护小区公共秩序的良好与稳定，而不是广义上的社会安全。这种界定是切合实际的，因为公共秩序维护服务并不能等同于保镖义务，也不能要求物业服务企业在治安意义上确保物业管理区域内所有财产和人身的安全。物业服务企业并不具有公安机关打击违法犯罪的职能，当然也不在治安意义上保障和负责物业管理区域内业主的人身财产安全。公共秩序维护服务重在履行过程，只要履行了物业服务合同中有关公共秩序维护服务的约定，即使无法阻止业主受到损害，提供公共秩序维护服务的一方，即物业服务企业也不应当承担民事责任。

本案中的王先生虽然在其居住大楼电梯内遭受不法分子的伤害，但并不能因此认定物业服务企业在履行公共秩序维护服务上存在过错。物业服务合同中并没有约定该物业管理公司在电梯内安排员工值班，在电梯内没有该公司员工并非违约行为，因此，该物业管理公司不应承担民事责任。

一审法院经审理认为：原告与被告订立的物业服务合同系双方自愿，合法有效。被告物业管理公司虽在合同中承诺了原告所称的保安服务，但这种保安服务应限于防范性安全保卫活动，并不能要求完全根除治安案件。被告确已在小区设置了门岗及保安员，王先生不能提供其遭袭击和伤害系原告不履行物业服务合同约定的职责所致的证据，故要求被告承担侵权的赔偿责任缺乏事实和法律依据，法院难予以支持。被告自愿补偿人民币2000元，于法无悖，可予准许。至于原告提出解除双方签订的物业服务合同的要求，不符合中华人民共和国物权法、物业管理条例中有关解聘物业服务企业的相关规定，无法定的解除合同的理由，故对该项请求不予支持。判决如下：

1. 原告要求解除与被告签订的物业服务合同的诉讼请求不予支持。
2. 原告要求被告赔偿人民币9000元的诉讼请求不予支持。
3. 原告在本判决生效之日起十日内补偿原告人民币2000元。

一审判决后，王某不服提出上诉，坚持原上诉理由，要求被告物业管理公司承担违约责任，赔偿其因该起事件造成的全部损失共计9000元。

二审法院经审理认为，从物业管理的定义来看，物业管理是对物业进行维护、修缮、管理，对物业管理区域内的公共秩序、交通、消防、环境卫生、绿化等事项提供协助或服务活动。因此，上述人所称保安服务应该理解为为物业使用创造方便安全的条件，以及维护小区公共秩序的良好与稳定，而不是指广义上的社会安全。被上诉人物业管理公司不承担业主、使用人的人身安全保险责任。上述王先生与被上述物业管理公司之间没有有关保卫人身安全的特别约定，故被上述人物业管理公司不承担上述人王先生人身损害的赔偿之责。王先生在被上述人提供物业管理服务的物业管理区域内遭不法分子袭击致伤，直接责任人为实施不法行为的犯罪分子，应由其承担相应的损害赔偿责任。王先生的人身损害与被上诉人管理行为无直接因果关系，判决驳回上诉，维持原判。

相关法规制度

《中华人民共和国民法通则》

第一百一十一条　当事人一方不履行合同义务或者履行合同义务不符合约定条件的，另一方有权要求履行或者采取补救措施，并有权要求赔偿损失。

第一百一十二条　当事人一方违反合同的赔偿责任，应当相当于另一方因此所受到的损失。

当事人可以在合同中约定，一方违反合同时，向另一方支付一定数额的违约金；也可以在合同中约定对于违反合同而产生的损失赔偿额的计算方法。

第一百三十五条　向人民法院请求保护民事权利的诉讼时效期为二年，法律另有规定的除外。

第一百三十六条　下列的诉讼时效期为一年：

（一）身体受到伤害要求赔偿的；
（二）出售质量不合格的商品未声明的；
（三）延付或者拒付租金的；
（四）寄存财物被丢失或者损毁的。

《中华人民共和国物权法》

第七十六条 下列事项由业主共同决定：

（一）制定和修改业主大会议事规则；

（二）制定和修改建筑物及其附属设施的管理规约；

（三）选举业主委员会或者更换业主委员会成员；

（四）选聘和解聘物业服务企业或者其他管理人；

（五）筹集和使用建筑物及其附属设施的维修资金；

（六）改建、重建建筑物及其附属设施；

（七）有关共有和共同管理权利的其他重大事项。

决定前款第五项和第六项规定的事项，应当经专有部分占建筑物总面积三分之二以上的业主且占总人数三分之二以上的业主同意。决定前款其他事项，应当经专有部分占建筑物总面积过半数的业主且占总人数过半数的业主同意。

第八十二条 业服务企业或者其他管理人根据业主的委托管理建筑区划内的建筑物及其附属设施，并接受业主的监督。

《中华人民共和国治安管理处罚法》

第四十三条 殴打他人的，或者故意伤害他人身体的，处五日以上十日以下拘留，并处二百元以上五百元以下罚款；情节较轻的，处五日以下拘留或者五百元以下罚款。

有下列情形之一的，处十日以上十五日以下拘留，并处五百元以上一千元以下罚款：

（一）结伙殴打、伤害他人的；

（二）殴打、伤害残疾人、孕妇、不满十四周岁的人或者六十周岁以上的人的；

（三）多次殴打、伤害他人或者一次殴打、伤害多人的。

《前期物业服务合同（示范文本）》

第二章 服务内容与质量

第二条 在物业管理区域内，乙方提供的前期物业管理服务包括以下内容：

1. 物业共用部位的维修、养护和管理（物业共用部位明细见附件三）；

2. 物业共用设施设备的运行、维修、养护和管理（物业共用设施设备明细见附件四）；

3. 物业共用部位和相关场地的清洁卫生、垃圾的收集、清运及雨、污水管道的疏通；

4. 公共绿化的养护和管理；

5. 车辆停放管理；

6. 公共秩序维护、安全防范等事项的协助管理；

7. 装饰装修管理服务；

8. 物业档案资料管理。

乙方提供的其他服务包括以下事项：

……

第四条 乙方提供的前期物业管理服务应达到约定的质量标准（前期物业管理服务质量标准见附件五）。

《物业管理条例》

第三十六条 物业服务企业应当按照物业服务合同的约定，提供相应的服务。

物业服务企业未能履行物业服务合同的约定，导致业主人身、财产安全受到损害的，应当依法承担相应的法律责任。

第四十六条　对物业管理区域内违反有关治安、环保、物业装饰装修和使用等方相关律、法规规定的行为，物业服务企业应当制止，并及时向有关行政管理部门报告。

有关行政管理部门在接到物业服务企业的报告后，应当依法对违法行为予以制止或者依法处理。

第四十七条　物业服务企业应当协助做好物业管理区域内的安全防范工作。发生安全事故时，物业服务企业在采取应急措施的同时，应当及时向有关行政管理部门报告，协助做好救助工作。

物业服务企业雇请保安人员的，应当遵守国家有关规定。保安人员在维护物业管理区域内的公共秩序时，应当履行职责，不得侵害公民的合法权益。

《保安服务管理条例》

第二十一条　保安服务公司提供保安服务应当与客户单位签订保安服务合同，明确规定服务的项目、内容以及双方的权利义务。保安服务合同终止后，保安服务公司应当将保安服务合同至少留存2年备查。

保安服务公司应当对客户单位要求提供的保安服务的合法性进行核查，对违法的保安服务要求应当拒绝，并向公安机关报告。

第二十九条　在保安服务中，为履行保安服务职责，保安员可以采取下列措施：

（一）查验出入服务区域的人员的证件，登记出入的车辆和物品；

（二）在服务区域内进行巡逻、守护、安全检查、报警监控；

（三）在机场、车站、码头等公共场所对人员及其所携带的物品进行安全检查，维护公共秩序；

（四）执行武装守护押运任务，可以根据任务需要设立临时隔离区，但应尽可能减少对公民正常活动的妨碍。

保安员应当及时制止发生在服务区域内的违法犯罪行为，对制止无效的违法犯罪行为应当立即报警，同时采取措施保护现场。

从事武装守护押运服务的保安员执行武装守护押运任务时使用枪支，依照《专职守护押运人员枪支使用管理条例》的规定执行。

第三十条　保安员不得有下列行为：

（一）限制他人人身自由、搜查他人身体或者侮辱、殴打他人；

（二）扣押、没收他人证件、财物；

（三）阻碍依法执行公务；

（四）参与追索债务、采用暴力或者以暴力相威胁的手段处置纠纷；

（五）删改或者扩散保安服务中形成的监控影像资料、报警记录；

（六）侵犯个人隐私或者泄露在保安服务中获知的国家秘密、商业秘密以及客户单位明确要求保密的信息；

（七）违反法律、行政法规的其他行为。

第四十三条　保安从业单位有下列情形之一的，责令限期改正，处2万元以上10万元以下的罚款；违反治安管理的，依法给予治安管理处罚；构成犯罪的，依法追究直接负责的主管人员和其他直接责任人员的刑事责任：

（一）泄露在保安服务中获知的国家秘密、商业秘密以及客户单位明确要求保密的信息的；

（二）使用监控设备侵犯他人合法权益或者个人隐私的；

（三）删改或者扩散保安服务中形成的监控影像资料、报警记录的；

（四）指使、纵容保安员阻碍依法执行公务、参与追索债务、采用暴力或者以暴力相威胁的手段处置纠纷的；

（五）对保安员疏于管理、教育和培训，发生保安员违法犯罪案件，造成严重后果的。

客户单位删改或者扩散保安服务中形成的监控影像资料、报警记录的，依照前款规定处罚。

第四十四条　保安从业单位因保安员不执行违法指令而解除与保安员的劳动合同，降低其劳动报酬和其他待遇，或者停缴、少缴依法应当为其缴纳的社会保险费的，对保安从业单位的处罚和对保安员的赔偿依照有关劳动合同和社会保险的法律、行政法规的规定执行。

第四十五条　保安员有下列行为之一的，由公安机关予以训诫；情节严重的，吊销其保安员证；违反治安管理的，依法给予治安管理处罚；构成犯罪的，依法追究刑事责任：

（一）限制他人人身自由、搜查他人身体或者侮辱、殴打他人的；

（二）扣押、没收他人证件、财物的；

（三）阻碍依法执行公务的；

（四）参与追索债务、采用暴力或者以暴力相威胁的手段处置纠纷的；

（五）删改或者扩散保安服务中形成的监控影像资料、报警记录的；

（六）侵犯个人隐私或者泄露在保安服务中获知的国家秘密、商业秘密以及客户单位明确要求保密的信息的；

（七）有违反法律、行政法规的其他行为的。

从事武装守护押运的保安员违反规定使用枪支规定的，依照《专职守护押运人员枪支使用管理条例》的规定处罚。

《使用"秩序维护员"称谓的指导意见》（中物协〔2008〕1号）

各物业服务企业：

《物业管理条例》第二条规定："物业管理，是指业主通过选聘物业服务企业，由业主和物业服务企业按照物业服务合同约定，对房屋及配套的设施设备和相关场地进行维修、养护、管理，维护物业管理区域内的环境卫生和相关秩序的活动。"第四十七条规定："物业服务企业应当协助做好物业管理区域内的安全防范工作。发生安全事故时，物业服务企业在采取应急措施的同时，及时向有关行政管理部门报告，协助做好救助工作。"

从以上两条规定可以看出，物业管理服务的内容包括"维护相关区域内秩序的活动"，物业服务企业的职责包括"协助做好物业管理区域的安全防范工作"。另外，从《物业服务收费管理办法》和《物业服务定价成本监审办法（试行）》的相关规定来看，均明确物业服务成本中包含"秩序维护费"的内容，并无"保安费"的表述。

在实际工作中，物业服务企业对从事维护公共秩序和协助安全防范岗位的工作人员，大多习惯称为"保安员"，业主及使用人也沿用这种称谓。但是，由"保安"一词隐含"保证安全"、"保护安全"之意，与物业服务企业维护公共秩序和协助安全防范的职责并不相符。同时，物业服务企业从事的守望、守护以及公共秩序维护工作，与配有防卫器械和枪支从事武装守护、护卫服务等各种保安服务有着本质区别。物业服务企业的秩序管理人员使用"保安员"称谓，容易引起误解，产生物业服务企业承担"保证业主人身和财产安全"的错觉，以往也曾出现过业主以"保安"为由追究物业服务企业管理责任的案例，引发诸多矛盾和纠纷，给管理服务工作造成被动，给行业健康发展带来不利影响。

为消除不必要的误解，准确界定行业责任，建议今后物业服务企业对从事物业管理区域内的秩序维护和协助开展安全防范的工作人员使用"秩序维护员"称谓，不再使用"保安员"的称谓。

第四单元 公共秩序服务

物业服务企业在签订物业服务合同时，应与业主进行充分协商，确定"秩序维护管理"的内容，尽量避免使用"保安服务"、"提供安全防范服务"、"维护社区治安"等用语，以减少管理服务纠纷，规避企业风险。

物业服务企业雇请保安人员的，应当遵守国家有关规定。

二〇〇八年一月三十一日

解决办法

物业管理的公共秩序维护服务重在防范。物业服务企业的公共秩序维护主要起到安全防范的作用，做好物业管理区域的公共秩序和公共设施设备的安全防范。这其中包括防火、防盗、防爆、防伤害和防自然灾害等。但这其中的防盗、防伤害，不是一般意义上的社会治安活动中的安全防范，而是协助相关部门，即公安部门开展安全防范工作。物业管服务企业不是维护社会治安的法定责任主体。因此，物业服务企业提供的公共秩序维护服务中的与治安管理相关的安全防范，是"服务"而不是"职责"，而这种服务是对公共秩序的维护，而不是对个人身体或财产安全的维护，不应承担物业服务合同约定以外的义务与责任。为了避免或减少业主或使用人在认识上的误解，物业服务企业一方面应加强宣传，另一方面要在签订物业服务合同时要持谨慎的态度，不能盲目随从业主的想法，在语言表述上要准确无误地表达义务与责任的约定。

在物业管理实践中，物业服务企业应力争避免业主或使用人被盗、被伤害的事件发生。因为，尽管此类事件发生后，物业服务企业在履行物业服务合同中有关公共秩序维护服务的约定前提下，不会承担法律责任，但却会对物业服务企业的形象产生不利的影响。因此，物业服务企业要加强公共秩序维护服务的制度建设与管理，强化技防与人防的结合，通过高频次的巡逻、严格的门岗询查、各岗位间的联动，形成公共秩序维护服务的有效机制，提高公共秩序维护服务的质量，使业主获得心理的安慰以及由此而来的安全感和舒适感，也能实现公共秩序维护服务的安全目标。

物业服务企业的公共秩序维护服务在防范刑事犯罪方面，要以公安部门为主，积极协助、配合公安部门做好物业管理区域内的预防和制止治安事件和刑事犯罪的工作，但在未得到业主允许及非现行违法犯罪条件下，在公共区域内只可用劝告方式，不可随意侵权。

物业服务企业在遇到类似本案例业主王先生的诉讼情况时，首先应在业主或使用人诉讼前，进行有效沟通，争取能够协商解决。如业主或使用人坚持诉讼，就要积极搜集、整理有关证据，尤其是自身履行物业服务合同的有利证据，以充分的准备应对诉讼，争取主动的局面。

案例四

消防栓没水 业主家因火灾受损要物业管理处赔偿

某日凌晨5时许，某小区刘先生家突发火情。自发扑救的邻居打开楼内所有消防栓箱，不仅找不到消防水带，甚至打开阀门连消防水都没有。接到火警，消防队即刻赶来，但由于消防通道停有业主车辆，消防车无法驶入，难以靠近发生火灾的楼宇；从楼内消防栓箱取水，又遇到无水的情况，消防队只好奔赴另外的取水点取水扑救。由于以上原因，贻误了火灾扑救时机，致使火势疯狂蔓延，造成包括事主在内的4户居民受损。

事后，刘先生聘请律师，准备起诉小区物业管理处。律师在取证时，逐层打开消防栓箱，看到这里的消防栓箱全部无消防水带，打开消防栓水阀无水；进一步了解发现，这种状况不是仅存在刘先生所居住的这一栋楼，小区单元楼共 18 栋，每幢楼内的消防栓箱都无供水和消防水带；消防水带锁在物业管理处的一间屋内。

对此，律师认为小区消防设施被占用状况严重，刘先生及另外 3 户的火灾损失，物业管理公司该承担相关责任。

案例分析

消防管理涉及物业辖区内的人身、财产安全，是物业服务企业各项管理中的重点工作，物业服务企业应按照规定配置消防设施和器材，设置消防安全标志。同时还应注意抓好以下工作：一是要加强消防设备设施及消防器材的配置，使用先进的消防安全系统；二是要加强消防设备设施的维修保养，使这些设备设施始终处于良好的使用状态；三是要加强辖区内的消防巡查，重点检查易出现隐患的区域或部位，巡查消防设备设施是否齐全完好；四是要加强消防宣传，树立"群放群治"的意识，树立全民全员的消防安全意识；五是要做好火灾处置预案，定期组织学习消防演习，培训员工和用户的火灾应变处理能力。

但从本案例的物业管理公司来看，可以说在加强消防设备设施的维修保养、使这些设备设施始终处于良好的使用状态方面没有尽到自己的义务，违反了《中华人民共和国消防法》相关规定和物业服务合同的有关约定，致使火情发生时，得不到有效控制，造成损失扩大，理应承担责任。但是，在现实中，像该小区物业管理处在消防管理中将消防水带收起、消防水源关闭、业主车辆占用消防通道的情况普遍存在，这里一个很重要的原因是，业主私自随意使用消防用水造成物业管理服务用水成本过高，物业服务企业难以承受重负，加之消防设施经常被盗，只好采用如此下策。随着社会生活水平的提高，私家车增多，小区普遍出现的车多停车位不足的窘状，业主们就在小区内随意停车，有的业主索性就把车停在小区的消防通道，物业服务企业劝说始终无效，却又无权将业主的车拖至他处，导致小区内停车秩序混乱，造成了安全隐患，这是不可回避的事实。

但以上这些众所周知的事实，如想成为物业服务企业免除或减轻责任的依据，就要看物业服务企业是否注重平日消防管理记录的保存和有效证据的搜集。根据消防法的规定，对于随意使用消防用水、堵塞消防通道的行为是明令禁止的。但在物业管理区域内的消防管理中，物业服务企业虽然负有管理义务与职责，却没有执法权，管理难度确实存在，但是，小区里随意使用消防用水、堵塞消防通道的现象最终还是要由物业服务企业来解决，那么，物业服务企业此时不应该采取收起消防水带、关闭消防水源、放任车辆随意停放的下下策，而应该主动行使的物业管理条例所规定的在安全防范工作中发现危害公众利益的现象时应履行的向有关行政管理部门报告的义务，另一方面还应该依靠业主委员会和业主大会寻求解决的方法。

相关法规制度

《中华人民共和国民法通则》

第六条　民事活动必须遵守法律，法律没有规定的，应当遵守国家政策。

第七条　民事活动应当尊重社会公德，不得损害社会公共利益，破坏国家经济计划，扰乱社会经济秩序。

第七十五条　公民的个人财产，包括公民的合法收入、房屋、储蓄、生活用品、文物、图书资料、林木、牲畜和法律允许公民所有的生产资料以及其他合法财产。

公民的合法财产受法律保护，禁止任何组织或者个人侵占、哄抢、破坏或者非法查封、扣押、冻结、没收。

第八十三条　不动产的相邻各方，应当按照有利生产、方便生活、团结互助、公平合理的精神，正确处理截水、排水、通行、通风、采光等方面的相邻关系。给相邻方造成妨碍或者损失的，应当停止侵害，排除妨碍，赔偿损失。

第一百零六条　公民、法人违反合同或者不履行其义务的，应当承担民事责任。

公民、法人由于过错侵害国家的、集体的财产，侵害他人财产、人身安全的，应当承担民事责任。

没有过错，但法律规定应当承担民事责任的，应当承担民事责任。

《中华人民共和国物权法》

第八十二条　物业服务企业或者其他管理人根据业主的委托管理建筑区划内的建筑物及其附属设施，并接受业主的监督。

第八十三条　业主应当遵守法律、法规以及管理规约。

业主大会和业主委员会，对任意弃置垃圾、排放污染物或者噪声、违反规定饲养动物、违章搭建、侵占通道、拒付物业费等损害他人合法权益的行为，有权依照法律、法规以及管理规约，要求行为人停止侵害、消除危险、排除妨害、赔偿损失。业主对侵害自己合法权益的行为，可以依法向人民法院提起诉讼。

《中华人民共和国消防法》

第五条　任何单位、个人都有维护消防安全、保护消防设施、预防火灾、报告火警的义务。任何单位、成年公民都有参加有组织的灭火工作的义务。

第十六条　机关、团体、企业、事业等单位应当履行下列消防安全职责：

（一）落实消防安全责任制，制定本单位的消防安全制度、消防安全操作规程，制定灭火和应急疏散预案；

（二）按照国家标准、行业标准配置消防设施、器材，设置消防安全标志，并定期组织检验、维修，确保完好有效；

（三）对建筑消防设施每年至少进行一次全面检测，确保完好有效，检测记录应当完整准确，存档备查；

（四）保障疏散通道、安全出口、消防通道畅通，保证防火防烟分区、防火间距符合消防技术标准；

（五）组织防火检查，及时消除火灾隐患；

（六）组织进行有针对性的消防演练；

（七）法律、法规规定的其他消防安全职责。

单位的主要负责人是本单位的消防安全责任人。

第十八条　同一建筑物由两个以上单位管理或者使用的，应当明确各方的消防安全责任，并确定责任人对共用的疏散通道、安全出口、建筑消防设施和消防车通道进行统一管理。

住宅区的物业服务企业应当对管理区域内的共用消防设施进行维护管理，提供消防安全防范服务。

第二十八条　任何单位、个人不得损坏、挪用或者擅自拆除、停用消防设施、器材，不得埋压、圈占、遮挡消火栓或者占用防火间距，不得占用、堵塞、封闭疏散通道、安全出口、消防通道。人员密集场所的门窗不得设置影响逃生和灭火救援的障碍物。

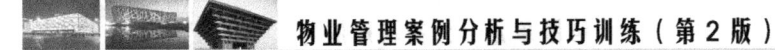

第二十九条　负责公共消防设施维护管理的单位,应当保持消防供水、消防通信、消防车通道等公共消防设施的完好有效。在修建道路以及停电、停水、截断通信线路时有可能影响消防队灭火救援的,有关单位必须事先通知当地公安机关消防机构。

第六十条　单位违反本法规定,有下列行为之一的,责令改正,处五千元以上五万元以下罚款:

(一)消防设施、器材或者消防安全标志的配置、设置不符合国家标准、行业标准,或者未保持完好有效的;

(二)损坏、挪用或者擅自拆除、停用消防设施、器材的;

(三)占用、堵塞、封闭疏散通道、安全出口或者有其他妨碍安全疏散行为的;

(四)埋压、圈占、遮挡消火栓或者占用防火间距的;

(五)占用、堵塞、封闭消防车通道,妨碍消防车通行的;

(六)人员密集场所在门窗上设置影响逃生和灭火救援的障碍物的;

(七)对火灾隐患经公安机关消防机构通知后不及时采取措施消除的。

个人有前款第二项、第三项、第四项、第五项行为之一的,处警告或者五百元以下罚款。

有本条第一款第三项、第四项、第五项、第六项行为,经责令改正拒不改正的,强制执行,所需费用由违法行为人承担。

《物业管理条例》

第十七条　管理规约应当对有关物业的使用、维护、管理,业主的共同利益,业主应当履行的义务,违反管理规约应当承担的责任等事项依法作出约定。

管理规约应当尊重社会公德,不得违反法律、法规或者损害社会公共利益。

管理规约对全体业主具有约束力。

第二十条　业主大会、业主委员会应当配合公安机关,与居民委员会相互协作,共同做好维护物业管理区域内的社会治安等相关工作。

在物业管理区域内,业主大会、业主委员会应当积极配合相关居民委员会依法履行自治管理职责,支持居民委员会开展工作,并接受其指导和监督。

住宅小区的业主大会、业主委员会作出的决定,应当告知相关的居民委员会,并认真听取居民委员会的建议。

第三十六条　物业服务企业应当按照物业服务合同的约定,提供相应的服务。

物业服务企业未能履行物业服务合同的约定,导致业主人身、财产安全受到损害的,应当依法承担相应的法律责任。

第四十六条　对物业管理区域内违反有关治安、环保、物业装饰装修和使用等相关法律、法规规定的行为,物业服务企业应当制止,并及时向有关行政管理部门报告。

有关行政管理部门在接到物业服务企业的报告后,应当依法对违法行为予以制止或者依法处理。

第四十七条　物业服务企业应当协助做好物业管理区域内的安全防范工作。发生安全事故时,物业服务企业在采取应急措施的同时,应当及时向有关行政管理部门报告,协助做好救助工作。

物业服务企业雇请保安人员的,应当遵守国家有关规定。保安人员在维护物业管理区域内的公共秩序时,应当履行职责,不得侵害公民的合法权益。

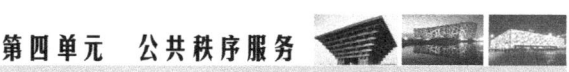

《业主大会和业主委员会指导规则》

第十八条　管理规约应当对下列主要事项作出规定：

（一）物业的使用、维护、管理；

（二）专项维修资金的筹集、管理和使用；

（三）物业共用部分的经营与收益分配；

（四）业主共同利益的维护；

（五）业主共同管理权的行使；

（六）业主应尽的义务；

（七）违反管理规约应当承担的责任

第三十五条　业主委员会履行以下职责：

（一）执行业主大会的决定和决议；

（二）召集业主大会会议，报告物业管理实施情况；

（三）与业主大会选聘的物业服务企业签订物业服务合同；

（四）及时了解业主、物业使用人的意见和建议，监督和协助物业服务企业履行物业服务合同；

（五）监督管理规约的实施；

（六）督促业主交纳物业服务费及其他相关费用；

（七）组织和监督专项维修资金的筹集和使用；

（八）调解业主之间因物业使用、维护和管理产生的纠纷；

（九）业主大会赋予的其他职责。

《高层居民住宅楼防火管理规则》

第三条　本规则适用于十层以上的居民住宅楼。公寓、九层以下的居民住宅楼及平房的防火管理工作可参照执行。

第九条　楼内消防设施和器材的维修、保养和更换由房屋产权单位负责，房屋产权不属房产管理部门的，房屋产权单位可委托房产管理部门代管代修，费用由房屋产权单位负担。

第十一条　高层住宅楼的居民自觉接受街道办事处、居民委员会、房产管理部门、房屋产权单位和供电、燃气经营单位和管理，并遵守下列防火事项：

（一）遵守电器安全使用规定，不得超负荷用电，严禁安装不合规格的保险丝、片；

（二）遵守燃气安全使用规定，经常检查灶具，严禁擅自拆、改、装燃气设备和用具；

（三）不得在阳台上堆放易燃物品和燃放烟花爆竹；

（四）不得将带有火种的杂物倒入垃圾道，严禁在垃圾道口烧垃圾；

（五）进行室内装修时，必须严格执行有关防火安全规定；

（六）室内不得存放超过 0.5 公斤的汽油、酒精、香蕉水等易燃物品；

（七）不得卧床吸烟

（八）楼梯、走道和安全出口等部位应当保持畅通无阻，不得擅自封闭，不得堆放物品、存放自行车

（九）消防设施、器材不得挪作他用，严防损坏、丢失；

（十）教育儿童不要玩火

（十一）学习消防常识，掌握简易的灭火方法，发生火灾及时报警，积极补救；

（十二）发现他人违章用火用电或有损坏消防设施、器材的行为，要及时劝阻、制止，并向街道办事处或居民委员会报告。

第十二条　房产管理部门或房屋产权单位需要改变高层居民住宅楼地下室的用途时，其防火安全必须符合国家有关规范、规定的要求，并经市（市辖区）、县公安机关审核同意。

第十三条　凡违反本规则的，根据有关法律、法规、规章的规定予以处罚。

《消防员职务说明书》

部门名称：保安部

直属上级：保安部领班

职务概述：严格执行国家有关消防安全工作的法律、法规，做好公司工作人员的防火常识教育和消防培训工作。

职务及职责范围：

1. 负责制定公司防火安全制度及防火、疏散和灭火战斗计划。

2. 协助各部门制定部门防火安全计划，并定期检查其落实情况。加强重点部门和部位的防火工作，把重点部位的防火工作落实到个人。

3. 定期对灭火设施、器材进行检查和维护保养，发现问题及时与有关部门协商整改，发现重大隐患或解决不了的问题，用书面形式向上级领导汇报，同时采取有效的防范措施。

4. 熟悉公司建筑布局结构、建筑材料的特点、紧急情况时的疏散计划与路线、消防设备的配备和设置情况。

5. 发现火警信号或接到火警报告，立即赶赴现场，发现火情，应立即组织人员扑救，同时将火势情况、地点报告保安部主管和总经理，由总经理决定是否向公安消防部门报警。

6. 给来公司施工的单位或个人制定防火安全措施，审批动用明火作业申请。

7. 对公司内的各种危险品（易燃品、易爆品等）实行监管。经常检查各部门有无火情隐患，并督促及时整改，杜绝不安全因素。

8. 建立健全消防安全工作档案。

9. 同当地消防部门保持密切联系，接受消防部门的指导。

解决办法

物业管理公司应针对刘先生的诉讼，深刻认识自己错误，并主动与刘先生及3家邻居协商，在分清责任的条件下，给予一定的赔偿。如物业管理公司掌握业主违规使用消防用水、反复劝导随意停车仍不奏效、向上级管理部门报告的充足记录和证据，就可积极应对法院审理，争取自己的合法权利得到法律保护。

物业管理公司痛定思痛，大力落实各项消防措施，加强消防巡查。另外，物业管理公司还充分利用这一典型案例，宣传《中华人民共和国消防法》有关规定，让业主清楚消防用水、消防通道是业主遭遇火灾的救星，如果业主不听物业管理公司的劝告，万一发生灾情，导致取水不便、扑救道路不畅，人员疏散困难，造成生命和财产损失，违规业主就要承担相应的法律责任。要求广大业主用户配合做好消防工作，不得随意使用、挪用消防器材，树立消防意识，促成小区的安全环境。

与业主委员会主动沟通，建议召开业主大会，就随意使用消防用水、占用消防通道的行为作出相关的管理规定，希望广大业主遵照执行。如停车问题，可通过业主大会表决，对公共区域规范划定停车位，规范业主的停车行为，并收取一定的费用，改善公共区域的停车条件，使停车问题得到妥善解决。

案例五

小区业主家中被盗应由谁来赔偿损失

刘先生是某花园小区的业主，家住在二楼，窗户外就是小区外围的公路。今年上半年，刘先生家楼下一楼的住户在房屋装修时在外墙窗户上安装了四个窗户护栏。刘先生当时就认为楼下安装的窗户护栏已经给自家造成了一定的安全隐患，为此，要求楼下住户予以拆除，楼下的住户一直没有答复。刘先生又找到小区物业管理处要求协助解决，管理处一直也没有采取有效的措施。一天晚上，刘先生下班回家发现家中被盗，损失财物价值3万多元。经公安机关现场勘查鉴定，认定小偷是从楼下的窗户护栏爬到刘先生家中的。为此，刘先生想要求楼下住户和小区物业管理处赔偿经济损失。

案例分析

出现安全方面的问题时，物业管理公司损失最大。这是因为物业管理公司一方面社会信誉必定受到极大的损害，另一方面可能因为履行物业服务合同违约还要进行经济赔偿，名利双失。因此，在物业管理实践中，安全管理就显得极为重要。

因财产被盗，对物业服务企业进行诉讼，请求经济赔偿的案件并不不鲜见，这主要是因为在《物业管理条例》第三十六条第二款规定，即"物业管理公司未能履行物业服务合同的约定，导致业主人身、财产安全受到损害的，应当依法承担相应的法律责任。"但是如果仅仅凭此就去判定责任，那在实践中就较难操作了。其原因是物业服务企业收取的物业管理费是否包括了保护业主人身财产安全的费用，按照目前的物业管理费构成此项费用显然是没有包含在其中。如果包含了，那么物业管理企业就负有保护业主人身财产安全之责，但按照订立合同的公平原则，现在的物业管理费标准又显然反映出了权利与义务不对等，这种合同的法律有效性将受到质疑。因此，单凭物业管理条例的这一规定来确定物业服务企业应否承担责任，显然是有失公允的。对于物业服务企业的安全防范工作而言，其物业服务合同中约定的义务一般是"保持公共秩序良好"。没有在合同中约定的义务，对于属于物业范畴的，物业服务企业应负管理责任，如小区内的花坛被破坏，物业服务企业如果负有管理上的过错责任，需要承担赔偿责任；如果没有管理上的过错责任，不需要承担责任。对于不属于物业范畴的，如业主、物业使用人家中的财物，其毁损、灭失，物业服务企业不承担赔偿责任，但物业服务企业与业主或使用人有特别约定的除外。

本案例应从两个方面进行分析。首先，该业主与楼下住户的争议是属于一个相邻关系的纠纷，作为楼下的住户负有不设置对上层住户构成潜在危险的设施的义务，按照我国《民法通则》第八十三条的规定，不动产的相邻各方应正确处理相邻关系，给相邻方造成妨碍，赔偿经济损失。刘先生楼下住户安装窗户护栏的行为，构成了对刘先生住宅安全的危害，事实上，这种危害已经被现实不幸证实了，刘先生完全可以要求楼下住户拆除窗户护栏，排除安全隐患。楼下住户如果置之不理，刘先生可以通过法律途径强制要求楼下住户拆除窗户护栏。但这并不意味着楼下住户一定构成对刘先生家中财产被盗的损失赔偿。要明确的是，楼下的住户安装窗户护栏这种行为本身并不构成对刘先生的侵害和妨碍，而是这种行为带来了对刘先生的潜在的安全隐患，可能成为犯罪分子实施犯罪行为的条件，这种条件与该业主家中被盗不能形成法律上的因果关系，因此，刘先生只有对楼下住户要求消除危险的请求权，而没有主张楼下住户赔偿家中被盗经济损失的请求权。

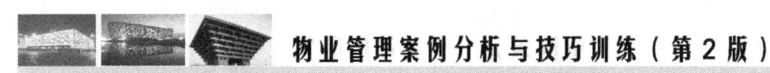

至于为刘先生所在小区提供物业管理服务的物业管理公司（小区管理处不是独立法人，没有独立的法律地位），是否构成对刘先生家中被盗的经济赔偿的义务，有两个问题值得关注。其一是小区的物业管理在安全防范措施上是否存在过错和这种过错是否与刘先生家中被盗构成法律上的因果关系，这一点的举证责任在刘先生，即如果刘先生不能提供明确的证据来证明"是"的话，物业管理公司就不承担对其的赔偿义务。其二是物业管理公司在对楼下住户的装修审批和装修监管上是否存在事实上的过失。从目前的法律规定来看，物业管理公司在装修的审批和监管上需要审核的只有两点：一是看装修是否影响了房屋的外观整洁，二是看装修是否影响了房屋的建筑结构，是否构成对相邻权的损害不是物业管理公司装修审批的必然条件，退一步讲即使相邻权内容是物业管理公司装修审批和监管的必然条件，那这种过失也不能从法律上证明与刘先生家中被盗形成因果联系，因此，刘先生也无权要求物业管理公司承担该业主家中被盗的经济损失。

相关法规制度

《中华人民共和国民法通则》

第八十三条　不动产的相邻各方，应当按照有利生产、方便生活、团结互助、公平合理的精神，正确处理截水、排水、通行、通风、采光等方面的相邻关系。给相邻方造成妨碍或者损失的，应当停止侵害，排除妨碍，赔偿损失。

第一百零六条　公民、法人违反合同或者不履行其义务的，应当承担民事责任。

公民、法人由于过错侵害国家、集体财产的安全，侵害他人财产、人身安全的，应当承担民事责任。

没有过错，但法律规定应当承担民事责任的，应当承担民事责任。

第一百一十一条　当事人一方不履行合同义务或者履行合同义务不符合约定条件的，另一方有权要求履行或者采取补救措施，并有权要求赔偿损失。

《中华人民共和国合同法》

第三条　合同当事人的法律地位平等，一方不得将自己的意志强加给另一方。

第五条　当事人应当遵循公平原则确定各方的权利和义务。

第一百零七条　当事人一方不履行合同义务或者履行合同义务不符合约定的，应当承当继续履行、采取补救措施或者赔偿损失等违约责任。

第一百二十一条　当事人一方因个人的原因造成违约的，应当向对方承担违约责任。当事人一方和第三人之间的纠纷，依照法律规定或者按照约定解决。

第一百二十二条　因当事人一方的违约行为，侵害对方人身、财产权益的，受损害方有权选择依照本法要求其承担违约责任，或者依照其他法律要求承担侵权责任。

第一百二十四条　本法分则或者其他法律没有明文规定的合同，适用本法总则的规定，并可以参照本法分则或者其他法律最相类似的规定。

第四百零六条　有偿的委托合同，因受托人的过错给委托人造成损失的，委托人可以要求赔偿损失。无偿的委托合同，因受托人的故意或者重大过失给委托人造成损失的，委托人可以要求赔偿损失。

受托人超越权限给委托人造成损失的，应当赔偿损失。

《物业管理条例》

第三十六条　物业服务企业应当按照物业服务合同的约定，提供相应的服务。

物业服务企业未能履行物业服务合同的约定，导致业主人身、财产安全受到损害的，应当依法承担相应的法律责任。

第四十七条　物业服务企业应当协助做好物业管理区域内的安全防范工作。发生安全事故时，物业服务企业在采取应急措施的同时，应当及时向有关行政管理部门报告，协助做好救助工作。

物业服务企业雇请保安人员的，应当遵守国家有关规定。保安人员在维护物业管理区域内的公共秩序时，应当履行职责，不得侵害公民的合法权益。

《保安部主管职务说明书》

中文职称：保安部主管

部门名称：保安部

直属上级：物业管理处主任　直属下级：保安部领班

职务概述：

遵照公安部门及上级的规定，确保辖区安全工作的部署、要求，组织本部门干部、员工有计划地实施，熟悉辖区安全、保卫、保密、侦破等有关知识；懂得消防业务，有一定的组织能力、判断力及语言表达能力。

岗位职责：

1．负责制订辖区的治安、消防年度、季度工作计划，做好保安部年度预算报告。

2．负责维持辖区内部秩序，预防和查处治安事故，协助、配合国家公安部门侦破有关治安和违法犯罪案件。

3．妥善处理有关安全方面的各种投诉。帮助寻找在辖区丢失的物品，努力改造良好的治安环境，让业主或使用人具有安全感。

4．"四防"（防火、防盗、防破坏、防治安灾害事故）为中心的安全教育和法制教育，定期检查"四防"设施，增强全员的安全意识和法制观念。

5．主动督促检查辖区各重点部位的"七合格"工作；协调各有关部门严格落实"七合格"要求，确保重点部位的安全。

6．负责制定夜间安全值勤、巡逻程序和要求，组织夜勤干部、员工逐项落实。确保辖区夜间财产、人身安全。

7．负责完善、制定辖区昼间、夜间各类钥匙的管理规定，定期检查执行情况，发现问题，及时纠正和报告。

8．负责制定保安监控的管理规定和操作程序，确保辖区监控范围内的防火、防盗安全工作。

9．适时完善、健全辖区的安全应急措施，并负责督促属下严格执行和演练落实。

10．定期检查各项保安措施，并做好记录，确保消防设备、设施完好，以备查考。

11．及时督促检查各部门对"谁主管，谁负责"责任制的执行情况，并协助各级责任人做到管好自己的人，看好自己的门，办好自己的事，确保安全工作落实。

12．组织好本部门的分工协作，每日召开部门当值保安干部、领班例会。

13．负责对保安部干部、员工的培训、考核、评估工作以及聘免和推荐。

14．做好本部门员工的思想工作，关心员工生活，提高业务水平。

15．参加行政部召开的部门经理会议，定期向总经理和领导汇报工作。

16．完成上级交办的其他任务。

解决办法

　　物业服务企业在日常工作中，要加强安全工作就要抓好以下几项：秩序维护队伍的建设；安全防范管理制度的制定和落实；日常的监督和巡查；电子报警系统的投入等。这样才能保证管理辖区的安全，树立物业服务企业的良好社会形象。

　　本案例中的物业管理公司，应认真准备相关法律政策，主动与该业主沟通，明确什么是物业管理、物业管理的内容、物业服务企业的责任和义务，以此说服业主。同时，还要表明对楼下护栏，物业管理处已经做了很多工作，通过此事，力争做好楼下业主工作，早日将其拆除。另外，物业管理处也应积极努力配合公安机关侦破此案，使业主的损失能够降到最少。

　　最后，物业管理处为了保障业主、物业使用人家中财物的安全，应进一步加强小区内的公共秩序维护服务，加强宣传，让业主或使用人能够强化防盗意识，采取参加财产保险等自我保护措施，共同加强安全防护，减少发案，营造安全环境。

第五单元　收费管理

案例一

电梯广告收益应归谁

走进位于北京海淀区某小区的电梯内，映入眼帘的是两幅花花绿绿的镜框广告。"里面的内容经常换，有时候是旅游，有时候是卖药什么的。"该小区业委会主任说，小区里共有110部电梯，每年广告位出租收益在6～8万元之间。

"广告都贴到我所住小区电梯间了，不仅破坏了电梯间的美观，而且电梯是共用部分，在这里张贴广告却没有通知业主！"家住海珠区某小区的胡先生投诉说，"物业管理公司擅自出租电梯间张贴广告，是不尊重业主的表现。这不仅是视觉污染，而且在电梯间张贴广告，让人们无可避免地被迫接受和注意，严重侵犯人们的自由和选择的权利"。

为此，某小区业主高女士将小区物业管理公司起诉到法院。她说物业管理公司在对小区进行物业管理期间，不遵守合同约定，擅自在公共电梯间张贴广告，要求该公司停止侵权，公开电梯间广告费的账目。物业管理公司承认曾利用电梯与有关单位合作制作广告一事，但表示广告费的收益用于小区的建设和服务。同时，物业管理公司提出高女士没有按照约定缴纳物业管理费，不同意原告的诉讼请求。

案例分析

高层住宅将电梯空间租给广告公司张贴广告，乃至发布电视广告的现象越来越多，也引发了越来越多的纠纷。这些纠纷的核心就是广告收益的归属权究竟应该是物业服务企业，还是全体业主。《物业管理条例》第55条中规定"凡是利用物业共用部位、共用设施设备进行经营的，应当在征得相关业主、业主大会、物业服务企业的同意后，按照规定办理有关手续。业主所得收益应当主要用于补充专项维修资金，也可以按照业主大会的决定使用"。显然，电梯作为共用设施设备，是业主的共有财产，物业服务企业在没有业主授权（代理委托）情况下或是在物业服务合同未作特别约定的情况下，并没有取得利用物业共用部位、共用设施设备的处分权和经营权，不能随意进行处置。如果物业服务企业擅自处置并从中获利，就是严重的侵权行为，那么无论是业主委员会还是业主大会，甚至单个业主都是有权利起诉物业管服务企业并要求合理的赔偿。

电梯作为全体业主的共有财产，其收益属于全体业主所有，这可以说不存在任何争议。但在实际操作中，这个收益怎么取得、怎么使用、怎么监督等问题却是包括电梯在内的共有部分收益纠纷的根源。根据《物业管理条例》第55条规定，这其中收益的取得和使用是比较容易处理的，即收益取得应征的业主、业主大会和物业服务企业的同意；收益的使用可以是"主要用于补充专项维修资金"或"按照业主大会的决定使用"。但如何监督却是难点，而这恰恰是利用共有部分进行经营所取得收益的关键所在。即经营取得多少利益，利益如何使用、分配，如果缺失了有效的监督，利用共有部分进行经营活动的整个过程的可信性就无从谈起，纠纷就随之发生了。虽然

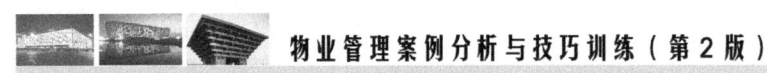

物业管理条例规定了业主对物业共用部位、共用设施设备和相关场地使用情况享有知情权和监督权，但其如何实施却没有明确、细化的规定，需要我们在实践中予以关注。

在本案例中，物业管理公司以高女士没有交纳物业管理费为理由驳回其诉讼请求是站不住脚的，因为对物业共用部位、共用设施设备和相关场地使用情况享有知情权和监督权是物业管理条例规定的业主权利之一，高女士作为小区业主，享有知情权和监督权。但这里需要注意的是，业主的这些权利尤其是监督权应通过业主大会或业主委员会实现，否则就会影响物业管理服务正常、有序地开展，引发不必要的纠纷。

本案例法院的判决是高女士作为小区业主之一，享有对小区实施物业管理服务过程中所发生资金收支情况的知情权；其所在小区物业管理公司立即在其管理的小区公告栏内公示在公共电梯间内张贴广告费的收益账目。

相关法规政策

《中华人民共和国民法通则》

第五十七条　民事法律行为从成立时起具有法律约束力。行为人非依法律规定或者取得对方同意，不得擅自变更或者解除。

第六十六条　没有代理权、超越代理权或者代理权终止后的行为，只有经过被代理人的追认，被代理人才承担民事责任。未经追认的行为，由行为人承担民事责任。本人知道他人以本人名义实施民事行为而不作否认表示的，视为同意。

代理人不履行职责而给被代理人造成损害的，应当承担民事责任。

代理人和第三人串通，损害被代理人的利益的，由代理人和第三人负连带责任。

第三人知道行为人没有代理权、超越代理权或者代理权已终止还与行为人实施民事行为给他人造成损害的，由第三人和行为人负连带责任。

第一百零六条　公民、法人违反合同或者不履行其他义务的，应当承担民事责任。

公民、法人由于过错侵害国家的、集体的财产，侵害他人财产、人身的，应当承担民事责任。

没有过错，但法律规定应当承担民事责任的，应当承担民事责任。

第一百一十一条　当事人一方不履行合同义务或者履行合同义务不符合约定条件的，另一方有权要求履行或者采取补救措施，并有权要求赔偿损失。

《中华人民共和国物权法》

第八十条　建筑物及其附属设施的费用分摊、收益分配等事项，有约定的，按照约定；没有约定或者约定不明确的，按照业主专有部分占建筑物总面积的比例确定。

《最高人民法院关于审理建筑物区分所有权纠纷案件具体应用法律若干问题的解释》

第七条　改变共有部分的用途、利用共有部分从事经营性活动、处分共有部分，以及业主大会依法决定或者管理规约依法确定应由业主共同决定的事项，应当认定为《物权法》第七十六条第一款第（七）项规定的有关共有和共同管理权利的"其他重大事项"。

《中华人民共和国合同法》

第三百九十八条　委托人应当预付处理委托事务的费用。受托人为处理委托事务垫付的必要费用，委托人应当偿还该费用及其利息。

第三百九十九条　受托人应当按照委托人的指示处理委托事务。需要变更委托人指示的，应当经委托人同意；因情况紧急，难以和委托人取得联系的，受托人应当妥善处理委托事务，但事后应当将该情况及时报告委托人。

第四百零二条　受托人以自己的名义，在委托人的授权范围内与第三人订立的合同，第三人在订立合同时知道受托人与委托人之间的代理关系的，该合同直接约束委托人和第三人，但有确切证据证明该合同只约束受托人和第三人的除外。

第四百零四条　受托人处理委托事务取得的财产，应当转交给委托人。

第四百零五条　受托人完成委托事务的，委托人应当向其支付报酬。因不可归责于受托人的事由，委托合同解除或者委托事务不能完成的，委托人应当向受托人支付相应的报酬。当事人另有约定的，按照其约定。

《中华人民共和国侵权责任法》

第三条　被侵权人有权请求侵权人承担侵权责任。

第六条　行为人因过错侵害他人民事权益，应当承担侵权责任。

第十五条　承担侵权责任的方式主要有：

（一）停止侵害；

（二）排除妨碍；

（三）消除危险；

（四）返还财产；

（五）恢复原状；

（六）赔偿损失；

（七）赔礼道歉；

（八）消除影响、恢复名誉。

《物业管理条例》

第六条　房屋的所有权人为业主。

业主在物业管理活动中，享有下列权利：

……

（七）监督物业管理企业履行物业服务合同；

（八）对物业共用部位、共用设施设备和相关场地使用情况享有知情权和监督权；

……

第十五条　业主委员会是业主大会的执行机构，履行下列职责：

（一）召集业主大会会议，报告物业管理的实施情况；

（二）代表业主与业主大会选聘的物业服务企业签订物业服务合同；

（三）及时了解业主、物业使用人的意见和建议，监督和协助物业管理企业履行物业服务合同；

（四）监督业主公约的实施；

（五）业主大会赋予的其他职责。

第五十五条　利用物业共用部位、共用设施设备进行经营的，应当在征得相关业主、业主大会、物业服务企业的同意后，按照规定办理有关手续。所得收益应当主要用于补充专项维修资金，也可以按照业主大会的决定使用。

《物业服务收费管理办法》

第十八条　利用物业共用部位、共用设施设备进行经营的，应当在征得相关业主、业主大会、物业管理企业的同意后，按照规定办理有关手续。所得收益应当主要用于补充专项维修资金，也可以按照业主大会的决定使用。

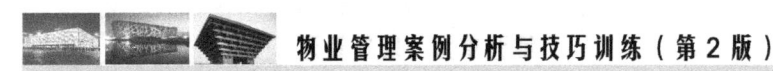

第二十条　物业管理企业根据业主的委托提供物业服务合同约定以外的服务，服务收费由双方约定。

解决方法

物业服务企业无权擅自代理业主签订利用共有部分进行经营的合同，将利用电梯等共有部分取得的广告等经营收益占为己有的行为肯定是对全体业主的侵权。在物业管理服务实践中，物业服务企业欲利用物业共用部位、共用设施进行经营的，应当在征得相关业主、业主大会的同意后，应按照物业管理条例的规定，首先要拿出经营管理方案，并取得业主或业主委员会的同意，双方签订委托合同，得到业主或业主委员会授权后实施。在委托合同中，由于物业服务企业完成经营委托是需要付出一定的劳务和管理成本的，因此，除去全体业主应得的收益外，应考虑物业服务企业的付出，约定好劳务和管理报酬。

对于电梯内的广告，物业服务企业在实际经营中要注意，根据国家工商行政管理局《店堂广告管理暂行办法》的规定，在电梯间内张贴广告应到工商局备案，如果广告内容涉及烟、药品的，还要到相关部门进行审批。当然这些可以责成广告公司负责，但不可忽略，否则会影响到广告发布合同的合法性。物业服务企业洽谈电梯广告业务时，应该和广告公司签订详细合同，比如明确广告播放频次、时间、音量，切实维护业主权益。同时，还要与业主、业主委员会协商，制定共有部分收益的监督管理制度，要按照双方约定，定期或不定期地公布经营收益状况，增加收入及支出的透明度，减少业主的疑虑。

至于业主或业主委员会所取得的共有部分经营收益的具体用途，既可直接用于小区的维护建设或用来交纳电梯损耗的电费，也可满足很多业主所提出的冲抵物业管理费的实用想法，但是必须按照中华人民共和国物权法、物业管理条例的相关规定执行。

本案例中的物业管理公司，对电梯广告的经营活动，如果确实没有得到业主或业主委员会的委托授权，那么，在高女士提出质疑后，就应积极纠正，求得理解。如果已经得到业主委员会的授权委托，就应主动与业主委员会沟通，由业主委员会出面做好协调性工作，化解不必要的矛盾。另外，在具体操作上，要及时提醒业主委员会按照约定按时公示经营收益状况，避免出现纠纷。但无论哪种情况，都不必提出高女士欠交物业管理费的情况，因为这与高女士所提出的侵权主张无关，这种做法只能激化矛盾，于事无补。至于高女士的诉讼，物业管理公司没有得到授权，就主动停止侵权，返回收益；如果得到授权，就积极搜集、提供证据，维护自身的合法权益。

案例二

业主已购车位还要缴停车费是否合理

李先生在小区购买了共用道路旁划线的地上固定车位，起初车进车出，从来无需再交其他费用。可是，2008年3月，李先生所在小区的物业管理公司通知他，称车辆停放小区共有道路上的业主必须按月缴纳80元停车费，交费后方可为他办理停车卡。第二天，该物业公司公司和业主委员会张贴了共同联署的通告，内容为：未办理停车卡者，禁止驾车驶入小区。

李先生认为这每月80元的停车费收得不合理，况且他已交纳了物业管理费，因此不同意支付，也未办理停车卡。物业管理公司以未办理停车卡为由，不允许李先生驾车进入小区。2008年3月16日至2008年5月13日，李先生只好将车辆停放于其他停车场，由此缴纳了停车费435元。

李先生认为小区的物业管理公司和业主委员会侵犯了他对固定车位的使用权。因此，将物业管理公司和业主委员会告上法庭，确认二被告侵犯他对固定车位的使用权；要求两被告共同赔偿他的停车费435元，并向他赔礼道歉。

案例分析

　　被告物业管理公司认为，业主每月要交纳80元停车费、要求业主办理停车卡、不允许李先生驾车进入小区这些行为是根据另一被告业主委员会的决定而实施的，没有侵犯原告的权利。根据业主委员会的决定，在小区共有道路上停放车辆的业主应缴纳停车费，交费后办理停车卡，没有停车卡不得进入小区。而原告车辆没有按业主委员会的规定缴费、办理停车卡，所以，物业管理公司才不允许原告驾车进入小区停放车辆。被告的行为并没有侵犯原告的利益，要求驳回原告的诉讼请求。

　　被告业主委员会认为，业主委员会是依法选举产生的，根据《中华人民共和国物权法》、《物业管理条例》的相关规定，业主委员会可以决定利用共有部分进行经营并收取相应费用；业主委员会的决定对全体业主有约束力。物业管理公司收取的停车费除少量作为管理费外，其他归全体业主所有。因此，业主委员会的行为未侵犯原告的权利，要求驳回原告的诉讼请求。

　　经法院查明，2008年1月1日，被告物业管理公司与被告业主委员会签订了物业服务合同，被告业主委员会委托被告物业管理公司管理小区，委托期限从2008年1月1日到2008年12月30日。同日，小区业主委员会决定，地上固定车位因使用小区共有道路，每月应缴纳80元的停车费，业主委员会每月按25元标准向物业管理公司支付管理费用。

　　本案例主要涉及以下两个问题。

　　1．业主委员会决定是否有效

　　小区道路属于建筑区划内的道路，其所有权归业主共有。根据《中华人民共和国物权法》、《物业管理条例》的规定，对共有部分的经营须得到业主或业主委员会的同意。李先生购买的固定停车位，是利用小区道路划线形成的，因此，业主委员会有权决定是否收费经营。也就是说业主委员会的决定是合法的。既然业主委员会的决定是合法的，其自然有效，且按照物业管理条例、业主大会和业主委员会指导规则的相关规定，全体业主必须执行。

　　2．李先生是否应缴纳停车费

　　小区道路停车位，一般分地上停车位和地下车库两种，二者概念不同。一般来说，如果地下车库的权属归开发商所有，那么停车费必须要交；如果权属归业主所有，停车费也要交，但收益归全体业主所有。地上停车位，也分两种情况：权属归开发商的，当然要交停车费；归业主所有的公共用地的，其交费则由业主委员会决定。也就是说，地上停车位和地下车库都要交纳停车费。李先生购买的固定停车位，其实质只是享有了停车位的使用权，但停车和管理是有成本的，所以收取适当的停车费是应该的，而且收费也是取得了物价部门的允许，按照相关标准执行。

　　另外，需要区分物业管理费和停车费的不同性质与用途，交了物业管理费并不等于交了停车费。因为物业管理费是物业服务合同中约定的物业管理公司提供服务的费用，如绿化、日常管理、秩序维护等，停车费如果没有约定包含在物业管理费中，就要另行收取了。从物业服务合同示范文本到物业管理惯例看，停车费一般是不会包含在物业管理费中的。在本案中，收取停车费是业主委员会的决定，说明在物业服务合同中并没有约定其包含在物业管理费中，因此，李先生应该缴纳停车费。

　　李先生没有按照业主委员会的决定缴纳停车费，办理停车卡，虽然其享有固定停车位的使用权，但也应服从全体业主的共有权，服从业主委员会的决定。

法院经审理认为，李先生是小区的业主，也是固定车位的使用权人。该小区业主委员会的决定，对其有约束力，故李先生应当缴纳停车费，并办理停车卡；李先生未办理停车卡，物业管理公司有权依业主委员会的授权不允许原告驾车进入小区。因此，李先生要求确认两被告侵犯原告对小区的共有道路的使用权的诉讼请求，法院不予以支持。同时，李先生要求两被告共同赔偿停车费损失及赔礼道歉的诉讼请求，缺乏事实和法律依据，不予支持。

相关法规政策

《中华人民共和国物权法》

第七十三条　建筑区划内的道路，属于业主共有，但属于城镇公共道路的除外。建筑区划内的绿地，属于业主共有，但属于城镇公共绿地或者明示属于个人的除外。建筑区划内的其他公共场所、公用设施和物业服务用房，属于业主共有。

第七十四条　建筑区划内，规划用于停放汽车的车位、车库应当首先满足业主的需要。

建筑区划内，规划用于停放汽车的车位、车库的归属，由当事人通过出售、附赠或者出租等方式约定。

占用业主共有的道路或者其他场地用于停放汽车的车位，属于业主共有。

第七十六条　下列事项由业主共同决定：

（一）制定和修改业主大会议事规则；

（二）制定和修改建筑物及其附属设施的管理规约；

（三）选举业主委员会或者更换业主委员会成员；

（四）选聘和解聘物业服务企业或者其他管理人；

（五）筹集和使用建筑物及其附属设施的维修资金；

（六）改建、重建建筑物及其附属设施；

（七）有关共有和共同管理权利的其他重大事项。

决定前款第五项和第六项规定的事项，应当经专有部分占建筑物总面积三分之二以上的业主且占总人数三分之二以上的业主同意。决定前款其他事项，应当经专有部分占建筑物总面积过半数的业主且占总人数过半数的业主同意。

第八十条　建筑物及其附属设施的费用分摊、收益分配等事项，有约定的，按照约定；没有约定或者约定不明确的，按照业主专有部分占建筑物总面积的比例确定。

《最高人民法院关于审理建筑物区分所有权纠纷案件具体应用法律若干问题的解释》

第七条　改变共有部分的用途、利用共有部分从事经营性活动、处分共有部分，以及业主大会依法决定或者管理规约依法确定应由业主共同决定的事项，应当认定为物权法第七十六条第一款第（七）项规定的有关共有和共同管理权利的"其他重大事项"。

《物业管理条例》

第十二条　……

业主大会或者业主委员会的决定，对业主具有约束力。

第三十五条　业主委员会应当与业主大会选聘的物业服务企业订立书面的物业服务合同。

物业服务合同应当对物业管理事项、服务质量、服务费用、双方的权利义务、专项维修资金的管理与使用、物业管理用房、合同期限、违约责任等内容进行约定。

第五十五条　利用物业共用部位、共用设施设备进行经营的，应当在征得相关业主、业主大

会、物业服务企业的同意后，按照规定办理有关手续。业主所得收益应当，

《业主大会和业主委员会指导规则》

第四条 业主大会或者业主委员会的决定，对业主具有约束力。

业主大会和业主委员会应当依法履行职责，不得作出与物业管理无关的决定，不得从事与物业管理无关的活动。

第十七条 业主大会决定以下事项：

（一）制定和修改业主大会议事规则；

（二）制定和修改管理规约；

（三）选举业委员会或者更换业主委员会委员；

（四）制定物业服务内容、标准以及物业服务收费方案；

（五）选聘和解聘物业服务企业；

（六）筹集和使用专项维修资金；

（七）改建、重建建筑物及其附属设施；

（八）改变共有部分的用途；

（九）利用共有部分进行经营以及所得收益的分配与使用；

（十）法律法规或者管理规约确定应由业主共同决定的事项。

第三十五条 业主委员会履行以下职责：

（一）执行业主大会的决定和决议；

（二）召集业主大会会议，报告物业管理实施情况；

（三）与业主大会选聘的物业服务企业签订物业服务合同；

（四）及时了解业主、物业使用人的意见和建议，监督和协助物业服务企业履行物业服务合同；

（五）监督管理规约的实施；

（六）督促业主交纳物业服务费及其他相关费用；

（七）组织和监督专项维修资金的筹集和使用；

（八）调解业主之间因物业使用、维护和管理产生的纠纷；

（九）业主大会赋予的其他职责。

第三十六条 业主委员会应当向业主公布下列情况和资料：

（一）管理规约、业主大会议事规则；

（二）业主大会和业主委员会的决定；

（三）物业服务合同；

（四）专项维修资金的筹集、使用情况；

（五）物业共有部分的使用和收益情况；

（六）占用业主共有的道路或者其他场地用于停放汽车车位的处分情况；

（七）业主大会和业主委员会工作经费的收支情况；

（八）其他应当向业主公开的情况和资料。

解决方法

目前，小区内利用共有道路画线停车的情况非常普遍，这也是解决小区停车难的途径之一。作为物业服务企业，在物业管理服务实践中，一定要注意把握，是否利用小区共有道路画线停车

收费，其决定权在业主或业主委员会，而不应擅自做主，一定要在拿出停车位经营管理方案的基础上，得到业主或业主委员会的授权同意后才可实施。而且要清楚，其收益归全体业主所有。对于停车位收益的使用，由业主大会决定，物业服务企业无权干涉。对停车位的经营管理，物业服务企业所得为劳务和管理报酬，其标准是通过与业主或业主委员会协商确定的。

物业服务企业依照与业主或业主委员会的约定，在小区物业管理范围内提供停车服务，其内容和职责包括建立健全各项管理制度和安全防范措施；对车辆进出进行登记；维护车辆通行和停放秩序，对停放的车辆进行巡查；负责公共停车场地的卫生及其维修；定期清点场内车辆等，在实践中要认真履行停车管理委托合同，避免车损车盗，减少与业主的纠纷。

利用小区共有道路划线停车收费的主体是业主或业主委员会，作为最直接的监督者，业主委员会应认真履行自己的职责，核实物业服务企业是否因停车收费标准偏低而导致经营亏损，并视情况决定划拨部分或全部停车费来弥补物业服务企业经营亏损，以保持和提高其服务水平。业主委员会如果对停车费使用情况有异议，可以聘请审计单位进行审计。对业主的质疑，业主委员会应主动负责答疑，并按有关规定及时公布停车费收益、使用状况，以减少不必要的纠纷。

案例三

物业服务不到位　业主只缴纳七成物业费

2003年8月1日，同顺房地产开发有限公司委托同顺物业管理有限公司（以下简称"同顺物业公司"）对文澜小区实行物业管理，负责向业主及使用人收取物业管理费、停车费、代收代交水电费；委托管理期限自2003年8月1日至2005年8月1日。2003年10月16日，文澜小区的业主林女士在收房后，和其他业主一样，与同顺物业签订了业主公约、前期物业管理服务协议。其中规定林女士每月向同顺物业公司交纳物业管理费，收费标准是0.5元/平方米。但是，从2004年3月1日起，林女士就拒绝交纳物业管理费。2005年11月，同顺物业公司将其诉告至法院，请求判令被告缴纳自2004年3月至2005年10月30日止的物业管理费1120元，并按日万分之二点一支付滞纳金73.7元。

业主林女士表示，自己从2004年3月1日起未交物业管理费是事实。但这是有原因的，而且也得到了其他业主的支持。首先，同顺房地产开发有限公司与同顺物业公司签订的前期物业管理服务协议已于2005年8月1日到期，所以原告无权要求自己交纳2005年8月至10月的物业管理费；同时，原告未按合同约定为其提供服务，也无权向自己收取物业管理费。她说，原告物业服务不到位的主要表现有：未按合同约定每半年公布一次财务状况；小区内老人活动室及公共停车场均被擅自出租，并私吞租金；小区内下水道堵塞，公共场地用于养鸡，绿化地用于种菜，地下车库用于堆放废品，景观池没有开放，消防存在安全隐患，垃圾未清理。此外，其已按规定向原告交纳水费，但是却被自来水公司告知该小区已欠水费60余万元。因此，她请求法院驳回原告的诉讼请求。

林女士的观点在该小区得到了多数业主的支持。不少业主说，原告作为楼盘开发商指定的物业管理公司，服务长期不到位，物业主管走马灯似的更换，许多承诺都无法兑现，所以，业主都很不满意。林女士不交物业管理费的抗争方式，随后也被许多业主效仿。

案例分析

"物业服务不到位，我要不要继续交物业费？"如今不少业主都有这样的疑问。像本案例林女士因物业管理公司未按合同约定提供服务或其提供的服务质量与合同约定不符而导致业主拒交物业管理费或要求降低物业管理费的案件,是目前物业管理中较为普遍的现象,能否妥善地处理解决好此类案件,将会对今后物业管理行业的发展产生较大的影响。

本案例的本质属性,属于履行合同是否存在违约行为,并怎样承担责任。从本案例的实际情况看,同顺物业公司与林女士签订的业主公约、前期物业管理服务协议系双方真实意思表示,且内容不违反法律规定,故双方均应履行协议。同顺物业公司与同顺房地产开发有限公司签订的物业管理委托合同虽于2005年8月1日到期,但此日期后同顺物业公司仍然为小区提供物业管理服务,且业主也未提出终止要求,同顺物业公司与林女士之间的物业管理服务关系依然存在,所以,林女士等提出的同顺物业公司无权要求自己缴纳2005年8月至10月的物业管理费的要求不能成立,按照物业管理服务"谁享用,谁付费"原则,林女士仍然负有支付相应物业管理费的义务。

从同顺物业公司履行前期物业管理服务协议的实际状况看,其所提供的物业管理服务中存在垃圾未做到日产日清;小区内的绿化服务未到位;消防系统设施设备不齐全;从未公布小区物业管理费收支项目等服务瑕疵,属于未按合同约定提供服务或其提供的服务质量与合同约定不符的违约行为。依照物业服务收费应当遵循费用与服务水平相适应的原则,同顺物业公司提供服务的质量状况应按质定价,适当减少业主的应交物业管理费用。另外,由于同顺物业公司在履行合同过程中有一定的违约行为,其所要求林女士缴纳物业管理费滞纳金部分的请求不能成立。

本案经法院审理,林女士只缴纳原物业管理费的70%,即应于判决生效后十日内一次性支付原告同顺物业公司自2004年3月1日起至2005年10月31日止的物业管理费784元,并驳回同顺物业公司的其他诉讼请求。

相关法规政策

《中华人民共和国民法通则》
第三条 双方当事人在民事活动中的地位平等。
第四条 民事活动应当遵循自愿、公平、等价有偿、诚实信用的原则。
第五条 公民、法人的合法的民事权益受法律保护,任何组织和个人不得侵犯。
第八十五条 合同是当事人之间设立、变更、终止民事关系的协议。依法成立的合同,受法律保护。
第八十八条 合同的双方当事人应当按照合同的约定,全部履行自己的义务。
第一百零六条 公民、法人违反合同或者不履行其义务的,应当承担民事责任。
公民、法人由于过错侵害国家、集体财产安全,他人财产、人身安全的,应当承担民事责任。没有过错,但法律规定应当承担民事责任的,应当承担民事责任。
第一百一十一条 当事人一方不履行合同义务或者履行合同义务不符合约定条件的,另一方有权要求履行或者采取补救措施,并有权要求赔偿损失。

《中华人民共和国合同法》
第五条 双方当事人应当遵循公平原则确定各方的权利和义务。
第六条 双方当事人行使权利、履行义务应当遵循诚实信用原则。
第八条 依法成立的合同,对双方当事人具有法律约束力。双方当事人应当按照约定履行自己的义务,不得擅自变更或者解除合同。
依法成立的合同,受法律保护。

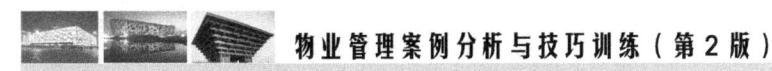

第六十条 当事人应当按照约定全面履行自己的义务。

当事人应当遵循诚实信用原则，根据合同的性质、目的和交易习惯履行通知、协助、保密等义务。

第一百零七条 当事人一方不履行合同义务或者履行合同义务不符合约定的，应当承担继续履行、采取补救措施或者赔偿损失等违约责任。

第一百一十一条 质量不符合约定的，应当按照双方当事人的约定承担违约责任。对违约责任没有约定或者约定不明确，依照本法第六十一条的规定仍不能确定的，受损害方根据标的的性质以及损失的大小，可以合理选择要求对方承担修理、更换、重作、退货、减少价款或者报酬等违约责任。

《中华人民共和国物权法》

第八十三条 业主应当遵守相关法律、法规以及管理规约。

业主大会和业主委员会，对任意弃置垃圾、排放污染物或者噪声、违反规定饲养动物、违章搭建、侵占通道、拒付物业费等损害他人合法权益的行为，有权依照相关法律、法规以及管理规约，要求行为人停止侵害、消除危险、排除妨害、赔偿损失。业主对侵害自己合法权益的行为，可以依法向人民法院提起诉讼。

《最高人民法院关于审理建筑物区分所有权纠纷案件具体应用法律若干问题的解释》

第十三条 业主请求公布、查阅下列应当向业主公开的情况和资料的，人民法院应予支持：

（一）建筑物及其附属设施的维修资金的筹集、使用情况；

（二）管理规约、业主大会议事规则，以及业主大会或者业主委员会的决定及会议记录；

（三）物业服务合同、共有部分的使用和收益情况；

（四）建筑区划内规划用于停放汽车的车位、车库的处分情况；

（五）其他应当向业主公开的情况和资料。

第十四条 建设单位或者其他行为人擅自占用、处分业主共有部分、改变其使用功能或者进行经营性活动，权利人请求排除妨害、恢复原状、确认处分行为无效或者赔偿损失的，人民法院应予支持。

属于前款所称擅自进行经营性活动的情形，权利人请求行为人将扣除合理成本之后的收益用于补充专项维修资金或者业主共同决定的其他用途的，人民法院应予支持。行为人对成本的支出及其合理性承担举证责任。

《最高人民法院关于审理物业服务纠纷案件具体应用法律若干问题的解释》

第六条 经书面催交，业主无正当理由拒绝交纳或者在催告的合理期限内仍未交纳物业费，物业服务企业请求业主支付物业费的，人民法院应予支持。物业服务企业已经按照合同约定以及相关规定提供服务，业主仅以未享受或者无需接受相关物业服务为抗辩理由的，人民法院不予支持。

第九条 物业服务合同的权利义务终止后，业主请求物业服务企业退还已经预收，但尚未提供物业服务期间的物业费的，人民法院应予支持。

物业服务企业请求业主支付拖欠的物业费的，按照本解释第六条规定处理。

《物业管理条例》

第六条 业主在物业管理活动中，享有下列权利：

（一）按照物业服务合同的约定，接受物业管理企业提供的服务；

……

（十）法律、法规规定的其他权利。

第七条　业主在物业管理活动中，履行下列义务：

……

（五）按时交纳物业服务费用；

（六）法律、法规规定的其他义务。

第十七条　管理规约应当对有关物业的使用、维护、管理，业主的共同利益，业主应当履行的义务，违反管理规约应当承担的责任等事项依法作出约定。

管理规约应当尊重社会公德，不得违反法律、法规或者损害社会公共利益。

管理规约对全体业主具有约束力。

第二十二条　建设单位应当在销售物业之前，制定临时管理规约，对有关物业的使用、维护、管理，业主的共同利益，业主应当履行的义务，违反临时管理规约应当承担的责任等事项依法作出约定。

建设单位制定的临时管理规约，不得侵害物业买受人的合法权益。

第二十三条　建设单位应当在物业销售前将临时管理规约向物业买受人明示，并予以说明。

物业买受人在与建设单位签订物业买卖合同时，应当对遵守临时管理规约予以书面承诺。物业买受人在与建设单位签订物业买卖合同时，应当对遵守业主临时公约予以书面承诺。

第三十六条　物业服务企业应当按照物业服务合同的约定，提供相应的服务。

物业服务企业未能履行物业服务合同的约定，导致业主人身、财产安全受到损害的，应当依法承担相应的法律责任。

第四十一条　物业服务收费应当遵循合理、公开以及费用与服务水平相适应的原则，区别不同物业的性质和特点，由业主和物业服务企业按照国务院价格主管部门会同国务院建设行政主管部门制定的物业服务收费办法，在物业服务合同中约定。

第四十二条　业主应当根据物业服务合同的约定交纳物业服务费用。业主与物业使用人约定由物业使用人交纳物业服务费用的，从其约定，业主负连带交纳责任。

已竣工但尚未出售或者尚未交给物业买受人的物业，物业服务费用由建设单位交纳。

《业主大会和业主委员会指导规则》

第四条　业主大会或者业主委员会的决定，对业主具有约束力。

业主大会和业主委员会应当依法履行职责，不得作出与物业管理无关的决定，不得从事与物业管理无关的活动。

第十八条　管理规约应当对下列主要事项作出规定：

（一）物业的使用、维护、管理；

（二）专项维修资金的筹集、管理和使用；

（三）物业共用部分的经营与收益分配；

（四）业主共同利益的维护；

（五）业主共同管理权的行使；

（六）业主应尽的义务；

（七）违反管理规约应当承担的责任。

第二十条　业主拒付物业服务费，不缴存专项维修资金以及实施其他损害业主共同权益行为的，业主大会可以在管理规约和业主大会议事规则中对其共同管理权的行使予以限制。

第三十五条　业主委员会履行以下职责：

（一）执行业主大会的决定和决议；

（二）召集业主大会会议，报告物业管理实施情况；

（三）与业主大会选聘的物业服务企业签订物业服务合同；

（四）及时了解业主、物业使用人的意见和建议，监督和协助物业服务企业履行物业服务合同；

（五）监督管理规约的实施；

（六）督促业主交纳物业服务费及其他相关费用；

（七）组织和监督专项维修资金的筹集和使用；

（八）调解业主之间因物业使用、维护和管理产生的纠纷；

（九）业主大会赋予的其他职责。

《物业服务收费管理办法》

第十四条　物业管理企业在物业服务中应当遵守国家的相关法律法规，严格履行物业服务合同，为业主提供质价相符的服务。

第十五条　业主应当按照物业服务合同的约定按时足额交纳物业服务费用或者物业服务资金。业主违反物业服务合同约定逾期不交纳服务费用或者物业服务资金的，业主委员会应当督促其限期交纳；逾期仍不交纳的，物业管理企业可以依法追缴。

业主与物业使用人约定由物业使用人交纳物业服务费用或者物业服务资金的，业主负连带交纳责任。

物业发生产权转移时，业主或者物业使用人应当结清物业服务费用或者物业服务资金。

《物业服务收费明码标价规定》

第二条　物业管理企业向业主提供服务（包括按照物业服务合同约定提供物业服务以及根据业主委托提供物业服务合同约定以外的服务），应当按照本规定实行明码标价，标明服务项目、收费标准等有关情况。

第三条　物业管理企业实行明码标价，应当遵循公开、公平和诚实信用的原则，遵守国家价格法律、法规、规章和政策。

第五条　物业管理企业实行明码标价应当做到价目齐全，内容真实，标示醒目，字迹清晰。

第六条　物业服务收费明码标价的内容包括：物业管理企业名称、收费对象、服务内容、服务标准、计费方式、计费起始时间、收费项目、收费标准、价格管理形式、收费依据、价格举报电话12358等。

实行政府指导价的物业服务收费应当同时标明基准收费标准、浮动幅度，以及实际收费标准。

第七条　物业管理企业在其服务区域内的显著位置或收费地点，可采取公示栏、公示牌、收费表、收费清单、收费手册、多媒体终端查询等方式实行明码标价。

解决方法

物业管理的法律基础是物业服务合同。以物业服务合同为依据开展物业管理服务活动，应成为物业服务企业最根本的出发点。物业服务企业在物业管理服务实践中，求得业主或使用人支持和理解的最好方式就是认真、完全地履行物业服务合同，认真履行物业服务合同中物业服务企业的应尽义务。

催缴物业管理费是物业管理服务中的重点工作，在具体操作中，应坚持区别性对待的原则，以争取拖欠物业管理费的业主或使用人的支持和理解为最高目标，在收缴的方式上应灵活掌握，如可采用适当减免滞纳金、分期付款等有利于促成缴清拖欠物业管理费的优惠条件。尤其是在自身履行物业服务合同不到位的情况下，切忌盲目地采取法律诉讼的方式。如果已经看到自己在履行物业服务合同方面的不足，那最好的方法就是向业主或使用人说清自己的难处，求得理解，主动按照合同法的要求，给业主或使用人以适当的减免，并积极地改进服务质量，与业主或使用人保持良好的沟通，以使问题在改进中逐渐得到解决。

还有要充分地发挥业主委员会"督促业主交纳物业服务费及其他相关费用"的职责，发挥管理规约的作用，求得业主委员会的理解与支持，由业主委员会出面协助催缴工作，就会取得更好的效果。另外，还要加强宣传，通过园区宣传栏发布所在地和其他地区物业管理费诉讼案例，让业主和使用人了解，欠交物业管理费是对其他已缴费业主和使用人权利的侵犯，补交是法院审理的必然结果，潜移默化地提高业主和使用人的认识，减轻催缴难度。

案例四

租户欠缴物业管理费怎么办

某业主与王小姐签订了一份房屋租赁合同，把自己的一套房子出租给她居住，租期为两年。合同除了对租金及支付期限作了约定外，还约定物业管理费由王小姐承担。前几天，该业主收到物业管理公司的催款函，说王小姐已欠付近一年的物业管理费。为此业主投诉，称租赁合同中已约定由房客交付物业管理费，物业管理公司不应再向业主催缴物业管理费。

案例分析

根据物业管理条例的规定，物业服务企业按照其与业主签订的物业服务合同提供物业管理服务后，有权按照合同约定向业主收取物业管理费。对于业主来说，在接受了物业服务企业提供的物业管理服务后，有义务按照合同约定支付相应的物业管理费。

当业主将房屋出租后，一般应将房屋租赁合同的复印件交物业服务企业备案，以便于物业服务企业开展工作，同时，物业服务企业也能帮助业主了解、掌握承租人对所租赁物业的使用情况，以防止业主蒙受损失。在房屋出租期间，物业管理费的交纳义务，由业主（出租人）与承租人约定，在房屋租赁合同中明示，并在备案时告知物业服务企业。物业服务企业可根据出租人和承租人对物业管理费缴付的具体约定向有关义务人收取物业管理费。也就是说，若房屋租赁合同约定由承租人支付物业管理费，物业管理公司可直接向承租人收取；若房屋租赁合同约定由出租人支付物业管理费，物业服务企业则直接向出租人收取。但物业管理条例中规定，若承租人违反约定，出租人要承担连带责任。也就是说承租人如果没有支付物业管理费，就应由出租人承担。当然，如果房屋租赁合同没有约定物业管理费由谁支付，一般物业服务企业可以认定为由业主承担。业主缴纳后，在与承租人进行协商解决，而不应以没有约定为由，拒绝物业服务企业收取或催要物业管理费的要求。

根据以上分析，若王小姐不按约定缴物业费，该物业管理公司向业主收取物业费是有法律依据的。当然，业主在缴纳欠付的物业管理费后，可向王小姐追偿，并可追究她相应的违约责任。

相关法规政策

《中华人民共和国物权法》

第四十条 所有权人有权在自己的不动产或者动产上设立用益物权和担保物权。用益物权人、担保物权人行使权利，不得损害所有权人的权益。

第八十三条　业主应当遵守法律、法规以及管理规约。

业主大会和业主委员会，对任意弃置垃圾、排放污染物或者噪声、违反规定饲养动物、违章搭建、侵占通道、拒付物业费等损害他人合法权益的行为，有权依照法律、法规以及管理规约，要求行为人停止侵害、消除危险、排除妨害、赔偿损失。业主对侵害自己合法权益的行为，可以依法向人民法院提起诉讼。

《最高人民法院关于审理物业服务纠纷案件具体应用法律若干问题的解释》

第七条　业主与物业的承租人、借用人或者其他物业使用人约定由物业使用人交纳物业费，物业服务企业请求业主承担连带责任的，人民法院应予支持。

《中华人民共和国合同法》

第五条　当事人应当遵循公平原则确定各方的权利和义务。

第六条　当事人行使权利、履行义务应当遵循诚实信用原则。

第一百零七条　当事人一方不履行合同义务或者履行合同义务不符合约定的，应当承担继续履行、采取补救措施或者赔偿损失等违约责任。

第二百一十二条　租赁合同是出租人将租赁物交付承租人使用、收益，承租人支付租金的合同。

第二百一十三条　租赁合同的内容包括租赁物的名称、数量、用途、租赁期限、租金及其支付期限和方式、租赁物维修等条款。

第二百二十八条　因第三人主张权利，致使承租人不能对租赁物使用、收益的，承租人可以要求减少租金或者不支付租金。

第三人主张权利的，承租人应当及时通知出租人。

《物业管理条例》

第四十二条　业主应当根据物业服务合同的约定交纳物业服务费用。业主与物业使用人约定由物业使用人交纳物业服务费用的，从其约定，业主负连带交纳责任。

已竣工但尚未出售或者尚未交给物业买受人的物业，物业服务费用由建设单位交纳。

第六十七条　违反物业服务合同约定，业主逾期不交纳物业服务费用的，业主委员会应当督促其限期交纳；逾期仍不交纳的，物业服务企业可以向人民法院起诉。

《商品房屋租赁管理办法》

第七条　房屋租赁当事人应当依法订立租赁合同。房屋租赁合同的内容由当事人双方约定，一般应当包括以下内容：

（一）房屋租赁双方当事人的姓名（名称）和住所；

（二）房屋的坐落、面积、结构、附属设施，家具和家电等室内设施状况；

（三）租金和押金数额、支付方式；

（四）租赁用途和房屋使用要求；

（五）房屋和室内设施的安全性能；

（六）租赁期限；

（七）房屋维修责任；

（八）物业服务、水、电、燃气等相关费用的缴纳；

（九）争议解决办法和违约责任；

（十）其他约定。

房屋租赁当事人应当在房屋租赁合同中约定房屋被征收或者拆迁时的处理办法。

建设（房地产）管理部门可以会同工商行政管理部门制定房屋租赁合同示范文本，供当事人选用。

《物业服务收费管理办法》

第十五条　业主应当按照物业服务合同的约定按时足额交纳物业服务费用或者物业服务资金。业主违反物业服务合同约定逾期不交纳服务费用或者物业服务资金的，业主委员会应当督促其限期交纳；逾期仍不交纳的，物业管理企业可以依法追缴。

业主与物业使用人约定由物业使用人交纳物业服务费用或者物业服务资金的，从其约定，业主负连带交纳责任。

物业发生产权转移时，业主或者物业使用人应当结清物业服务费用或者物业服务资金。

解决方法

物业管理公司接到业主投诉后，应与业主沟通，说明上述观点，以求得业主的理解。同时，还应提请业主了解在房屋对外租赁时，应到物业管理公司履行必要的手续，以便物业管理公司了解掌握业主对外租赁情况，配合业主做好房屋租赁的管理工作，以避免其他问题的出现。

在物业管理服务中，对业主对外租赁，物业管理公司要做好指导、监督和调解等方面的工作，重点放在租赁关系即租赁合同关系的管理上，这样才能配合业主保证租赁关系的建立和正常进行。具体做好以下事项：

（1）按规定的条件和程序指导签订租赁合同，建立租赁关系。
（2）监督落实租赁合同中出租人享有的权利和履行的义务。
（3）监督检查承租人行使租赁合同中规定的权利和履行应尽的义务。
（4）处理协调租赁双方在租赁合同履行过程中出现的矛盾纠纷以及其他意外情况。
（5）监督租赁关系的变更与终止。
（6）租赁合同终止时，指导办理停、退租手续。

案例五

住宅专项维修资金应该怎样用

"我家的窗户封闭不严，去年冬天室内温度比标准室内温度最少低两度，春天风大，晚上一进家地板上有一层灰。"王女士找物业管理处要用住宅专项维修资金修窗户，由于多数业主不同意，一直没能维修。

"我家住顶楼，夏天外面下大雨，屋里下小雨，冬天顶棚长满黑毛。"张女士为了房屋维修，三天两头找物业管理处。"物业管理处说，动用维修基金要经过2/3以上业主的同意，而小区入住3年多了，至今也没成立业主大会，没人召集业主开会，住宅专项维修资金就不能动用。"

案例分析

案例所述现象不仅仅存在于这几个小区，而是几乎每个小区都面临的共同问题。住宅专项维修资金的使用，通常是物业服务企业接到业主的报修后，确认报修项目为保修期满的公有部位的中修以上的维修项目后，提出维修方案和动用住宅专项维修资金申请，报业给主委员会，由业主委员会召开业主大会或发放调查表，组织业主讨论并投票通过后，然后各区小区办将到现场进行核实，最后由正规有资质的公司做出工程预算，方可启用。这是《住宅专项维修资金管理办法》所规定的严格使用程序，首先需要经专有部分占建筑物总面积三分之二以上的业主且占总人数三分之二以上的业主同意，然后还要得到直辖市、市、县人民政府建设（房地产）主管部门或者负责管理公有住房住宅专项维修资金的部门审核同意。但在物业管理服务实践中，业主同意所需要的表决基数却是难以实现的，即很难达到经专有部分占建筑物总面积三分之二以上的业主且占总人数三分之二以上的业主同意，这就造成了案例所述的住宅专项维修资金无法启用的现实。其中的原因是多方面的，分析起来主要有：

一是部分业主把住宅专项维修资金与物业管理费混为一谈，认为自己既然已交了物业管理费，维修费自然应从物业管理费中支出，为什么还要另外收费。其实，物业服务企业的物业管理费支出只包括简单维修的小修项目，较大的维修则须从住宅专项维修资金中列支，或由业主据实分摊。

二是住宅专项维修资金管理有待规范。住宅专项维修资金的管理一般有三种情况：第一种是由当地房地产行政主管部门代管；第二种是由业主委员会代管；第三种是由物业服务企业代管。实际上这三种管理方式都有一定的弊端。政府主管部门代管虽防止了维修基金的挪用或乱用，但因对具体物业情况了解不全面，易产生审批慢、误事及难以达到经济、合理的使用目的；业主委员会或物业非企业自行代管，两者会因各自出发点不同和目的不同引发一些事端，而影响到住宅专项维修资金的正常审批和使用。这往往延误了住宅专项维修资金的使用，造成了业主的不满，挫伤了业主的感情，影响到他们对住宅专项维修资金使用的正确认识。

三是个别物业服务企业乱用住宅专项维修资金，不按规定公布住宅专项维修资金使用情况，甚至没有做到住宅专项维修资金专款专用，有扩大使用范围的现象。如有的物业服务企业把住宅专项维修资金挪作投资、炒股或进行其他项目维修；一些物业服务企业借机使用住宅专项维修资金修缮本应从物业管理费中支出的维修项目。这些违规操作，造成了业主对住宅专项维修资金管理者、使用者和监管者的不信任，其结果是拒绝使用住宅专项维修资金。

正如案例所述，住宅专项维修资金使用难，已严重影响了物业管理的正常开展。一方面由于住宅专项维修资金不能及时到位，影响了有些共用设施设备的维修和更新，给业主带来不便，引发了投诉；另一方面对那些足额缴纳了住宅专项维修资金却面临房屋维修无法实施的业主也是不公平的，侵害了他们的权益。因此，解决住宅专项维修资金使用难，已成为当前物业管理行业急需解决的问题。

相关法规政策

《中华人民共和国物权法》

第七十六条　下列事项由业主共同决定：

（一）制定和修改业主大会议事规则；

（二）制定和修改建筑物及其附属设施的管理规约；

（三）选举业主委员会或者更换业主委员会成员；

（四）选聘和解聘物业服务企业或者其他管理人；

（五）筹集和使用建筑物及其附属设施的维修资金；

（六）改建、重建建筑物及其附属设施；

（七）有关共有和共同管理权利的其他重大事项。

决定前款第五项和第六项规定的事项，应当经专有部分占建筑物总面积三分之二以上的业主且占总人数三分之二以上的业主同意。决定前款其他事项，应当经专有部分占建筑物总面积过半数的业主且占总人数过半数的业主同意。

第七十九条　建筑物及其附属设施的维修资金，属于业主共有。经业主共同决定，可以用于电梯、水箱等共有部分的维修。维修资金的筹集、使用情况应当公布。

第八十三条　业主应当遵守法律、法规以及管理规约。

业主大会和业主委员会，对任意弃置垃圾、排放污染物或者噪声、违反规定饲养动物、违章搭建、侵占通道、拒付物业费等损害他人合法权益的行为，有权依照法律、法规以及管理规约，要求行为人停止侵害、消除危险、排除妨害、赔偿损失。业主对侵害自己合法权益的行为，可以依法向人民法院提起诉讼。

《物业管理条例》

第六条　房屋的所有权人为业主。

业主在物业管理活动中，享有下列权利：

（一）按照物业服务合同的约定，接受物业服务企业提供的服务；

（二）提议召开业主大会会议，并就物业管理的有关事项提出建议；

（三）提出制定和修改管理规约、业主大会议事规则的建议；

（四）参加业主大会会议，行使投票权；

（五）选举业主委员会成员，并享有被选举权；

（六）监督业主委员会的工作；

（七）监督物业服务企业履行物业服务合同；

（八）对物业共用部位、共用设施设备和相关场地使用情况享有知情权和监督权；

（九）监督物业共用部位、共用设施设备专项维修资金（以下简称专项维修资金）的管理和使用；

（十）法律、法规规定的其他权利。

第七条　业主在物业管理活动中，履行下列义务：

（一）遵守管理规约、业主大会议事规则；

（二）遵守物业管理区域内物业共用部位和共用设施设备的使用、公共秩序和环境卫生的维护等方面的规章制度；

（三）执行业主大会的决定和业主大会授权业主委员会作出的决定；

（四）按照国家有关规定交纳专项维修资金；

（五）按时交纳物业服务费用；

（六）法律、法规规定的其他义务。

第十一条　下列事项由业主共同决定：

（一）制定和修改业主大会议事规则；

（二）制定和修改管理规约；

（三）选举业主委员会或者更换业主委员会成员；

（四）选聘和解聘物业服务企业；

（五）筹集和使用专项维修资金；

（六）改建、重建建筑物及其附属设施；

（七）有关共有和共同管理权利的其他重大事项。

第十二条　业主大会会议可以采用集体讨论的形式，也可以采用书面征求意见的形式；但是，

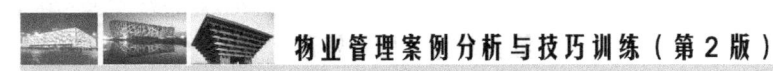

应当有物业管理区域内专有部分占建筑物总面积过半数的业主且占总人数过半数的业主参加。

业主可以委托代理人参加业主大会会议。

业主大会决定本条例第十一条第（五）项和第（六）项规定的事项，应当经专有部分占建筑物总面积2/3以上的业主且占总人数2/3以上的业主同意；决定本条例第十一条规定的其他事项，应当经专有部分占建筑物总面积过半数的业主且占总人数过半数的业主同意。

业主大会或者业主委员会的决定，对业主具有约束力。

业主大会或者业主委员会作出的决定侵害业主合法权益的，受侵害的业主可以请求人民法院予以撤销。

第五十四条　住宅物业、住宅小区内的非住宅物业或者与单幢住宅楼结构相连的非住宅物业的业主，应当按照国家有关规定交纳专项维修资金。

专项维修资金属业主所有，专项用于物业保修期满后物业共用部位、共用设施设备的维修和更新、改造，不得挪作他用。

专项维修资金收取、使用、管理的办法由国务院建设行政主管部门会同国务院财政部门制定。

第五十五条　利用物业共用部位、共用设施设备进行经营的，应当在征得相关业主、业主大会、物业管理企业的同意后，按照规定办理有关手续。所得收益应当主要用于补充专项维修资金，也可以按照业主大会的决定使用。

第六十三条　违反本条例的规定，挪用专项维修资金的，由县级以上地方人民政府房地产行政主管部门追回挪用的专项维修资金，给予警告，没收违法所得，可以并处挪用数额2倍以下的罚款；物业服务企业挪用专项维修资金，情节严重的，并由颁发资质证书的部门吊销资质证书；构成犯罪的，依法追究直接负责的主管人员和其他直接责任人员的刑事责任。

《住宅专项维修资金管理办法》

第二条　商品住宅、售后公有住房住宅专项维修资金的交存、使用、管理和监督，适用本办法。

本办法所称住宅专项维修资金，是指专项用于住宅共用部位、共用设施设备保修期满后的维修和更新、改造的资金。

第三条　本办法所称住宅共用部位，是指根据法律、法规和房屋买卖合同，由单幢住宅内业主或者单幢住宅内业主及与之结构相连的非住宅业主共有的部位，一般包括：住宅的基础、承重墙体、柱、梁、楼板、屋顶以及户外的墙面、门厅、楼梯间、走廊通道等。

本办法所称共用设施设备，是指根据法律、法规和房屋买卖合同，由住宅业主或者住宅业主及有关非住宅业主共有的附属设施设备，一般包括电梯、天线、照明、消防设施、绿地、道路、路灯、沟渠、池、井、非经营性车场车库、公益性文体设施和共用设施设备使用的房屋等。

第四条　住宅专项维修资金管理实行专户存储、专款专用、所有权人决策、政府监督的原则。

第十八条　住宅专项维修资金应当专项用于住宅共用部位、共用设施设备保修期满后的维修和更新、改造，不得挪作他用。

第十九条　住宅专项维修资金的使用，应当遵循方便快捷、公开透明、受益人和负担人相一致的原则。

第二十二条　住宅专项维修资金划转到业主大会管理前，需要使用住宅专项维修资金的，按照以下程序办理：

（一）物业服务企业根据维修和更新、改造项目提出使用建议；没有物业服务企业的，由相关业主提出使用建议；

（二）住宅专项维修资金列支范围内专有部分占建筑物总面积三分之二以上的业主且占总人数三分之二以上的业主讨论通过使用建议；

（三）物业服务企业或者相关业主组织实施使用方案；

（四）物业服务企业或者相关业主持有关材料，向所在地直辖市、市、县人民政府建设（房地产）主管部门申请列支；其中，动用公有住房住宅专项维修资金的，向负责管理公有住房住宅专项维修资金的部门申请列支；

（五）直辖市、市、县人民政府建设（房地产）主管部门或者负责管理公有住房住宅专项维修资金的部门审核同意后，向专户管理银行发出划转住宅专项维修资金的通知；

（六）专户管理银行将所需住宅专项维修资金划转至维修单位。

第二十三条　住宅专项维修资金划到转业主大会管理后，需要使用住宅专项维修资金的，按照以下程序办理：

（一）物业服务企业提出使用方案，使用方案应当包括拟维修和更新、改造的项目、费用预算、列支范围、发生危及房屋安全等紧急情况，以及其他须临时使用住宅专项维修资金的情况的处置办法等；

（二）业主大会依法通过使用方案；

（三）物业服务企业组织实施使用方案；

（四）物业服务企业持有关材料向业主委员会提出列支住宅专项维修资金，其中，动用公有住房住宅专项维修资金的，向负责管理公有住房住宅专项维修资金的部门申请列支；

（五）业主委员会依据使用方案审核同意，并报直辖市、市、县人民政府建设（房地产）主管部门备案；动用公有住房住宅专项维修资金的，经负责管理公有住房住宅专项维修资金的部门审核同意；直辖市、市、县人民政府建设（房地产）主管部门或者负责管理公有住房住宅专项维修资金的部门发现不符合有关法律、法规、规章和使用方案的，应当责令改正；

（六）业主委员会、负责管理公有住房住宅专项维修资金的部门向专户管理银行发出划转住宅专项维修资金的通知；

（七）专户管理银行将所需住宅专项维修资金划转至维修单位。

第二十四条　发生危及房屋安全等紧急情况，需要立即对住宅共用部位、共用设施设备进行维修和更新、改造的，按照以下规定列支住宅专项维修资金：

（一）住宅专项维修资金划转到业主大会管理前，按照本办法第二十二条第四项、第五项、第六项的规定办理；

（二）住宅专项维修资金划转到业主大会管理后，按照本办法第二十三条第四项、第五项、第六项和第七项的规定办理。

发生前款情况后，未按规定实施维修和更新、改造的，直辖市、市、县人民政府建设（房地产）主管部门可以组织代修，维修费用从相关业主住宅专项维修资金分户账中列支；其中，涉及已售公有住房的，还应当从公有住房住宅专项维修资金中列支。

第二十五条　下列费用不得从住宅专项维修资金中列支：

（一）依法应当由建设单位或者施工单位承担的住宅共用部位、共用设施设备维修、更新和改造费用；

（二）依法应当由相关单位承担的供水、供电、供气、供热、通信、有线电视等管线和设施

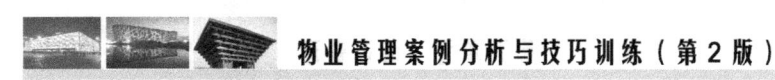

设备的维修、养护费用；

（三）应当由当事人承担的因人为损坏住宅共用部位、共用设施设备所需的修复费用；

（四）根据物业服务合同约定，应当由物业服务企业承担的住宅共用部位、共用设施设备的维修和养护费用。

《物业服务收费管理办法》

第二条 本办法所称物业服务收费，是指物业管理企业按照物业服务合同的约定，对房屋及配套的设施设备和相关场地进行维修、养护、管理，维护相关区域内的环境卫生和秩序，向业主所收取的费用。

第十一条 实行物业服务费用包干制的，物业服务费用的构成包括物业服务成本、法定税费和物业管理企业的利润。

实行物业服务费用酬金制的，预收的物业服务资金包括物业服务支出和物业管理企业的酬金。

物业服务成本或者物业服务支出构成一般包括以下部分：

1. 管理服务人员的工资、社会保险和按规定提取的福利费等；
2. 物业共用部位、共用设施设备的日常运行、维护费用；
3. 物业管理区域清洁卫生费用；
4. 物业管理区域绿化养护费用；
5. 物业管理区域秩序维护费用；
6. 办公费用；
7. 物业管理企业固定资产折旧；
8. 物业共用部位、共用设施设备及公众责任保险费用；
9. 经业主同意的其他费用。

物业共用部位、共用设施设备的大修、中修和更新、改造费用，应当通过专项维修资金予以列支，不得计入物业服务支出或者物业服务成本。

解决方法

物业服务企业在日常工作中，要加大住宅专项维修资金相关法律法规的宣传，让业主清楚住宅专项维修资金是专项用于住宅共用部位、共用设施设备保修期满后的维修和更新、改造的资金。设立专项维修资金的目的，是为保障物业管理区域内公共设施、共用部位完好使用，有利于提高和保持房屋完好率，延长房屋的使用寿命，为广大业主提供舒适的生活环境，进而达到物业保值增值。因此，对于符合《住宅专项维修资金管理办法》规定的必须使用住宅专项维修资金的，业主应予以支持，而不能仅从个人角度出发，片面理解住宅专项维修资金管理实行专户存储原则，对凡是与自己专有部分无直接关联的住宅专项维修资金的使用，采取一概拒绝的态度与措施。这样做的结果，就是一叶障目，没有看到房屋建筑的整体性特征，加速整栋楼折旧，降低房屋使用年限，造成楼宇建筑贬值。

专有部分占建筑物总面积 2/3 以上的业主且占总人数 2/3 以上的业主是否同意，是住宅专项维修资金最终能否动用的关键。如果专有部分占建筑物总面积 2/3 以上的业主且占总人数 2/3 以上的业主不同意，住宅专项维修资金就不能用。现实情况是，一些小区尚未成立业主大会，或许多小区很难召集所有业主参加业主大会。诸如屋顶漏雨等只涉及顶层住户的维修项目，很难达到这一动用住宅专项维修资金的门槛，还有些小区入住率尚未达到1/2，就更无从谈起了。针对"不是没钱修房子，多数情况是有钱动不了"的状况，为及时解决居民房屋漏雨、墙体渗漏、管线爆裂等紧急难题，我们应争取在紧急情况下不必经过业主表决同意可以直接启动维修基金的合法化，这在上海、沈阳等一些城市已经做了有益的探索。但关键是，紧急情况下使用维修基金，也要经过有关部门的严格审批，这样才能避免业主利益受损。审批程序应该方便快捷，这样才能及时解决业主难题。才能得到业主的信任，才能有利于住宅专项维修资金的使用。

第六单元　客户服务

案例一

开发商未按约安装双层玻璃　业主5年维权终获支持

2000年7月，周先生与开发商上海某房地产实业有限公司签订商品房预售合同，购买了本市长宁区天山地区建筑面积130多平方米的一套三房二厅，总价62万余元。因为该房南面正好朝马路，故在"合同附件二"中特别约定该物业南面窗户须为双层玻璃，以达到较好的隔音效果。

2001年3月，在收到开发商发出的入住通知书后，周先生在开发商指定的物业管理公司陪同下验房，发现除主卧八字形的窗户全部为双层玻璃外，客厅及次卧的南面窗户的直线部分为双层玻璃，而向西延伸的弧形部分安装的却都是单层玻璃。周先生当即要求物业管理公司予以解决。至2004年年底，周先生每年均致函物业管理公司要求解决问题，但一直没有结果。该小区更换物业管理公司后，新任物业管理公司明确告知周先生该问题不属于物业管理服务范畴，并函告开发商，要求其尽快解决，但是开发商始终未予以处理。无奈之下，终于找到"正主"的周先生于今年9月，将开发商该房地产实业有限公司告上了法庭。周先生认为开发商违背了合同的约定，窗户未全部安装双层玻璃，极大地影响了隔音效果。开发商则坚持认为其已在南面窗户上安装了双层玻璃，并未构成违约；并称原告周先生的请求已超过两年的诉讼时效，不同意其提出的要求。

法院经审理后认为，本案中的房屋窗户为南面朝西延伸的一个整体，安装双层玻璃的目的是为了起到隔音效果，现被告仅在窗户的直线部分安装双层玻璃，而将弧线部分排除在安装范围之外，显然是僵化地理解合同条文，不符合双方签订合同的本意。故被告的行为实属违约，周先生提出被告按约安装双层玻璃的要求应予支持。上海市长宁区人民法院依法判决开发商该房地产实业有限公司在判决生效后十五日内为业主周先生房屋的南面窗户的弧线部分安装双层玻璃。

案例分析

首先，我们应肯定新物业管理公司明确的态度和积极的行动，对困扰周先生5年的双层玻璃问题的积极作用。这使得周先生弄清了问题的性质，找到了解决的途径，通过法律诉讼程序保护了自己的合法权利。

本案例中周先生在办理入住手续阶段，由原物业管理公司陪同验房时，即已发现开发商没有按照商品房预售合同中"合同附件二"的要求，为其南面窗户安装双层玻璃，当即要求物业管理公司予以解决，而原物业管理公司一拖再拖，直至2005年更换新物业管理公司时，周先生的问题仍没得到解决。可见，原物业管理公司对待业主是怎样的一种态度。

作为物业服务企业，为业主提供优质的物业管理服务，协调、帮助业主解决实际困难，本是应尽的义务，只有如此，才能为业主创造舒适、整洁的工作、生活环境，实现物业管理服务的基本宗旨，为和谐社会的营造贡献力量。对于业主的投诉，物业服务企业应按照企业内部的投诉处理作业规程要求，在规定期限内给予业主有效答复。当然，物业服务企业并不是手眼通天的神仙，能够包揽解决一切问题。因此，对于业主的投诉和要求，物业服务企业在尽其所能尽量满足的前提下，还是应抱着实事求是的态度，认真确定这些投诉和要求的性质，有所区别地进行解决。实在解决不了，就要以实相告，明确责任和义务，让业主清楚问题解决的途径，而不应像本案例中的原物业管理公司那样采取拖延战术，希望业主失去解决问题的信心，使问题得到所谓的"解决"。

从本案例来看，原物业管理公司在处理问题时，是站在开发商立场，置业主利益于不顾，不去向业主讲明真相，心甘情愿地做开发商的挡箭牌，与新物业管理公司向业主动阐明问题性质，明确责任义务，并主动与开发商协商解决的积极态度相比，可以说是天壤之别。原物业管理公司以这种偏袒、被动的态度，对待业主的合理要求，被解除物业服务合同，也是咎由自取的结果。

另外，值得注意的是，原物业管理公司为周先生办理入住手续、陪同周先生验房的行为，是受开发商委托的一种代理行为。对此，周先生可以诉告原物业管理告诉承担连带责任。

本案中关于诉讼时效是否逾期的问题值得注意。民事诉讼时效的有效期为两年，逾期则无效。本案的原告周先生于2001年至2004年12月的三年内，每年都向原物业管理公司发函要求解决双层玻璃问题，故两年的诉讼时效应从2004年发函之日算起；而且前期验房、管理服务事务均由被告指定的原物业管理公司代理操办，可以认为原告是在向被告主张权利。原告出具的给原物业管理公司的信函原件可以证明这一点。所以，被告认为原告周先生的诉讼请求已过时效是没有道理的。

相关法规政策

《中华人民共和国民法通则》

第五条 公民、法人的合法的民事权益受法律保护，任何组织和个人不得侵犯。

第六十三条 公民、法人可以通过代理人实施民事法律行为。

代理人在代理权限内，以被代理人的名义实施民事法律行为。被代理人对代理人的代理行为，承担民事责任。

第六十六条 代理人不履行职责而给被代理人造成损害的，应当承担民事责任。

第八十八条 合同的当事人应当按照合同的约定，全部履行自己的义务。

第一百零六条 公民、法人违反合同或者不履行其义务的，应当承担民事责任。

第一百一十一条 当事人一方不履行合同义务或者履行合同义务不符合约定条件的，另一方有权要求履行或者采取补救措施，并有权要求赔偿损失。

第一百三十五条 向人民法院请求保护民事权利的诉讼时效期间为二年，法律另有规定的除外。

第一百三十七条 诉讼时效期间从知道或者应当知道权利被侵害时起计算。但是，从权利被侵害之日起超过二十年的，人民法院不予保护。有特殊情况的，人民法院可以延长诉讼时效期间。

第一百四十条 诉讼时效因提起诉讼、当事人一方提出要求或者同意履行义务而中断。从中断时起，诉讼时效期间重新计算。

《中华人民共和国物权法》

第三十二条 物权受到侵害的，权利人可以通过和解、调解、仲裁、诉讼等途径解决。

第三十三条 因物权的归属、内容发生争议的，利害关系人可以请求确认权利。

第三十七条 侵害物权，造成权利人损害的，权利人可以请求损害赔偿，也可以请求承担其他民事责任。

《中华人民共和国合同法》

第八条　依法成立的合同，对当事人具有法律约束力。当事人应当按照约定履行自己的义务，不得擅自变更或者解除合同。

依法成立的合同，受法律保护。

第三十九条　采用格式条款订立合同的，提供格式条款的一方应当遵循公平原则确定当事人之间的权利和义务，并采取合理的方式提请对方注意免除或者限制其责任的条款，按照对方的要求，对该条款予以说明。

格式条款是当事人为了重复使用而预先拟定，并在订立合同时未与对方协商的条款。

第四十一条　对格式条款的理解发生争议的，应当按照通常理解予以解释。对格式条款有两种以上解释的，应当作出不利于提供格式条款一方的解释。格式条款和非格式条款不一致的，应当采用非格式条款。

第六十条　当事人应当按照约定全面履行自己的义务。

第一百一十一条　质量不符合约定的，应当按照当事人的约定承担违约责任。对违约责任没有约定或者约定不明确、依照本法第六十一条的规定仍不能确定的，受损害方根据标的的性质以及损失的大小，可以合理选择要求对方承担修理、更换、重做、退货、减少价款或者报酬等违约责任。

第一百一十二条　当事人一方不履行合同义务或者履行合同义务不符合约定的，在履行义务或者采取补救措施后，对方还有其他损失的，应当赔偿损失。

第一百二十五条　当事人对合同条款的理解有争议的，应当按照合同所使用的词句、合同的有关条款、合同的目的、交易习惯以及诚实信用原则，确定该条款的真实意思。

第一百五十三条　出卖人应当按照约定的质量要求交付标的物。出卖人提供有关标的物质量说明的，交付的标的物应当符合该说明的质量要求。

《中华人民共和国侵权责任法》

第四十一条　因产品存在缺陷造成他人损害的，生产者应当承担侵权责任。

第四十二条　因销售者的过错使产品存在缺陷，造成他人损害的，销售者应当承担侵权责任。

销售者不能指明缺陷产品的生产者也不能指明缺陷产品的供货者的，销售者应当承担侵权责任。

第四十三条　因产品存在缺陷造成损害的，被侵权人可以向产品的生产者请求赔偿，也可以向产品的销售者请求赔偿。

产品缺陷由生产者造成的，销售者赔偿后，有权向生产者追偿。

因销售者的过错使产品存在缺陷的，生产者赔偿后，有权向销售者追偿。

《物业住户投诉处理作业规程》

……

4.3　投诉界定。

1.1.1　重大投诉。下列投诉属重大投诉：

a. 公司承诺或合同规定提供的服务没有实施或实施效果有明显差错，经住户多次提出而得不到解决的投诉；

b. 由于公司责任给住户造成重大经济损失或人身伤害的投诉；

c. 有效投诉在一个月内得不到合理解决的。

……

1.4 投诉处理内部工作程序。

1.4.1 被投诉部门负责人在时效要求内将内容处理完毕，并按《住户投诉意见表》对投诉处理过程作好记录。在投诉处理完毕的当天将《住户投诉意见表》交到住户服务中心。接待员收到处理完毕的《住户投诉意见表》后，应在《投诉处置记录表》记录。

1.4.2 公司总经理、主管经理在接到重大投诉和重要投诉后应按公司《不合格纠正与预防标准作业规程》文件的规定处理。

1.5 住户服务中心接待员收到被投诉部门投诉处理的反馈信息后，将情况上报公共事务部主管，并在当天将处理结果通报给投诉的住户。通报方式可采用电话通知或由巡楼组管理员上门告之。

1.6 公共事务部主管在投诉处理完毕后通知公共事务部巡楼组安排回访。在每月30日前对投诉事件进行统计、分析，将统计、分析结果上呈主管经理，并将《住户投诉意见表》汇总上交品质部，由品质部长期保存。

1.7 其他形式的投诉（如信函），公共事务部参照本程序办理。

……

1.10 投诉的处理时效。

1.10.1 轻微投诉一般在2日内或按住户要求的期限内处理完毕，超时须经主管经理批准。

1.10.2 重要投诉一般在3日内处置完。

1.10.3 重大投诉应当在2日给投诉的住户明确答复，解决时间不宜超过10日。

解决方法

物业服务企业在接到业主关于开发商违约的有效投诉后，应采取换位思考的态度，站在公平、公正的角度上，主动与开发商沟通协调，寻求积极的解决方案，争取给业主满意的答复（这要让业主知道）。如果遇到开发商对此置之不理的情况，就应该明确地告知业主该问题不属于物业管理服务范畴，建议业主与开发商直接对话解决，物业服务企业愿意为业主提供道义上的支持，并提醒业主注意文字资料的保存，为今后一旦选择诉讼途径留存各类证据，并适当地提供一定的建议或法律咨询。

如果所在物业服务企业与开发商是"父子"依附关系，首先要热情地接待业主，表示同情，同时，要讲清其中的责任和义务，表明愿意帮助业主妥善解决问题的态度，也希望业主最好直接与开发商对话解决。在与开发商沟通前，注意搜集一些法院审理的相关案例及相关的法规政策（这要让业主知道），善意地提醒开发商要履行合同，不要因小失大，给开发企业带来不利的社会影响，影响企业的今后发展。

案例二

楼上漏水殃及楼下，物业管理企业可以破门抢险吗

2006年秋季某日早6时许，某小区三楼的王女士突然发现家里屋顶漏水，地面积水已有2厘米深，天花板上水珠滴落连成了线。王女士慌忙跑到楼下报信，发现楼下邻居家也已被淹。她和邻居一起来到楼上，发现漏水问题出在四楼邻居家，但是无论两人怎样敲门，屋内也无人应答。情急之下，王女士急忙打电话向小区物业管理公司求助，物业管理公司马上联系四楼业主，可对方电话停机。王女士要求马上停水，物业管理公司提出应等到过了早晨用水高峰期才能停水，否

则小区内的业主会感到不满。王女士眼看着家里的电器、家具、被褥等遭到水淹，为减少损失，她提出请社区、派出所出面，自己雇用"锁王"打开漏水屋的房门止水。但物业管理公司表示，如果不经业主同意进入其家里，容易引起纠纷，还是应该尽量寻找业主。经过王女士反复催促，泵房于9时左右为该楼停水。此时，物业管理公司也通过多方努力，经他人找到了四楼业主。但是，业主却说已经将房屋租出，自己也没有钥匙，最后又经过一番寻找，租房人终于在中午赶回小区。

租房人打开房门后，大家看到，原来是四楼的自来水管破裂导致漏水，又恰逢租房人近几天在外居住，没能及时发现。事后，业主和租房人向王女士和二楼邻居道歉并愿意给予赔偿。但是，过后几天看着还在不断往外渗水的屋顶，王女士对物业管理公司谨小慎微的行为提出了质疑，难道大家一起作证，先进屋止水就肯定不行吗？

案例分析

本案例实质是物业服务企业在物业管理服务实践中紧急避险的典型的案例。

紧急避险就是为了使第三人或本人的人身或财产或者公共利益免遭正在发生的、实际存在的危险而不得已采取的一种加害于他人人身或财产的损害行为。紧急避险行为的前提条件是其所保护的利益应大于其所造成的损害，其具有正义合理性，因而我国的《中华人民共和国民法通则》对此予以认可，可以此主张具有正当性和合法性的侵权行为不承担民事责任。

从本案例来看，四楼水管破裂，漏水不止，对住在三楼的王小姐和二楼邻居的财产造成损害。在四楼业主家中无人的情况下，为了减少住在三楼的王小姐和二楼邻居的财产损失，只有破门而入修复四楼破裂的水管，才能避免住在三楼的王小姐和二楼邻居的财产损失扩大。可这样做，客观上又会对四楼业主的门等财产造成损害，但我们可以确定的是如果这样做，避免住在三楼的王小姐和二楼邻居的财产损失显然要大于四楼门等财产所受的损害，那么，这种行为就是紧急避险行为。

针对本案例的具体情况，物业管理公司在三楼王小姐的要求下，可以作为第三人与王小姐共同实施紧急避险行为，只要采取的紧急避险行为没有超过必要的限度，这里可以理解为只要四楼水管破裂业主的损失没有大于三楼王小姐和二楼邻居的财产损失，则不应承担赔偿责任。对于物业管理公司来说，类似本案例中漏水侵害他人财产乃至生命的事情，是难以避免的，如果没有合法采取紧急避险行为免除承担赔偿责任的相关法律规定，物业管理公司也就难以开展管理服务工作。因此，在物业管理实践中，合法地运用紧急避险行为是物业管理公司的权利之一。

另外，我们还应认识到在险情出现时，合法有效地运用紧急避险行为，对漏水业主和受损害人都是有利的行为。因为如果受损害人损失扩大的话，漏水业主的赔偿也会增多。

为保证物业服务企业能够合法、有效地实施紧急避险行为，应在物业服务合同中提出免责条款的约定，这些相关的免责条款应尽可能考虑详尽，以维护物业服务企业合法利益。这些约定为物业服务企业进行如下物业管理活动时，对业主造成的财产损失可不承担民事赔偿责任：

1. 为救助生命而造成的必要财产损失（如救助在房间中自杀者生命，不得不破门、破窗而入）；

2. 为避免业主或用户财产受损或可能受损而造成的必要财产损失（如房间内漏水、起火又无人在内，为不使其造成巨大损失，物业服务企业可破门而入救治）；

3. 为抓捕违法犯罪分子、制止不法侵害行为而造成的必要财产损失；

4. 其他类似上述情况的情形。

本案例中王女士对该小区物业管理公司的质疑是有道理的，甚至可以对物业管理公司对本案例的处理不得当（或者可以称为不作为）提出一定的赔偿请求。

相关法规政策

《中华人民共和国民法通则》

第一百零九条　因防止、制止国家的、集体的财产或者他人的财产、人身遭受侵害而使自己受到损害的，由侵害人承担赔偿责任，受益人也可以给予适当的补偿。

第一百二十九条　因紧急避险造成损害的，由引起险情发生的人承担民事责任。如果危险是由自然原因引起的，紧急避险人不承担民事责任或者承担适当的民事责任。因紧急避险采取措施不当或者超过必要的限度，造成不应有的损害的，紧急避险人应当承担适当的民事责任。

最高人民法院《关于贯彻执行〈中华人民共和国民法通则〉若干问题的意见》（试行）

第一百五十六条　因紧急避险造成他人损失的，如果险情是由自然原因引起，行为人采取的措施又无不当，则行为人不承担民事责任。受害人要求补偿的，可以责令受益人适当补偿。

《中华人民共和国物权法》

第三十二条　物权受到侵害的，权利人可以通过和解、调解、仲裁、诉讼等途径解决。

第三十六条　造成不动产或者动产毁损的，权利人可以请求修理、重作、更换或者恢复原状。

《中华人民共和国合同法》

第二百二十一条　承租人在租赁物需要维修时可以要求出租人在合理期限内维修。出租人未履行维修义务的，承租人可以自行维修，维修费用由出租人负担。因维修租赁物影响承租人使用的，应当相应减少租金或者延长租期。

《中华人民共和国侵权责任法》

第三十一条　因紧急避险造成损害的，由引起险情发生的人承担责任。如果危险是由自然原因引起的，紧急避险人不承担责任或者给予适当补偿。紧急避险采取措施不当或者超过必要的限度，造成不应有的损害的，紧急避险人应当承担适当的责任。

《物业管理条例》

第四十七条　物业服务企业应当协助做好物业管理区域内的安全防范工作。发生安全事故时，物业服务企业在采取应急措施的同时，应当及时向有关行政管理部门报告，协助做好救助工作。

物业服务企业雇请保安人员的，应当遵守国家有关规定。保安人员在维护物业管理区域内的公共秩序时，应当履行职责，不得侵害公民的合法权益。

《城市异产毗连房屋管理规定》

第十二条　异产毗连房屋的一方所有人或使用人有造成房屋危险行为的，应当及时排除危险；他方有权采取必要措施，防止危险发生；造成损失的，责任方应当负责赔偿。

解决方法

从以上案例分析和法律法规的规定我们可以得出这样的结论，当出现损害他人财产和生命的严重情形时，无论是物业管理公司还是受损害人都可以采取紧急避险行为，而这种行为在措施得体的情况下，是不应承担民事责任的。

这是否意味着上述严重情形一旦出现，物业管理公司就有权破门而入解除险情呢？公民住宅受法律保护不能非法进入,但发生紧急险情时,为了受损害人的合法利益,采取紧急避险行为是可取的。但关键是一定要弄清发生的险情是否属于正在发生的会危及他人人身和财产安全且需紧急排除的危险,这是物业管理公司首先要采取的第一步骤。如果是,物业管理公司就可采取紧急避险行为排除危险。如果不是,如只是类似卫生间小面积渗水之类的现象,物业管理公司就必须在经业主或使用人许可后才能进入维修。如果业主或使用人坚决不让维修人员进入,物业管理公司可提醒受损害人出面协调,或选择向人民法院起诉要求排除妨碍和赔偿损失。考虑到诉讼周期较长,在严重影响受损害人日常居住生活的情况下,受损害人可向人民法院申请先予执行,待排除妨碍后再通过诉讼方式请求损害赔偿。

物业管理公司采取紧急避险行为时,切忌单独行动,一定要通知所在地社区委员会、派出所和受损害人在场作证,监督整个紧急避险过程,如有条件应利用摄影、摄像设备将整个紧急避险过程,包括与社区委员会、派出所和受损害人几方的商讨过程完全记录下来。排除险情时,一定要注意文明行动,避免入户时对财产造成损失的扩大。情况许可时,最好采取技术开锁方式入户排除险情,将损失降到最低。险情排除后,物业管理公司应请求社区委员会、派出所和受损害人几方将紧急避险行为形成书面情况说明并签字,或由物业管理公司撰写情况说明,由社区委员会、派出所和受损害人几方签字。待业主返回时,物业管理公司要立刻通知社区委员会、派出所和受损害人几方,共同向业主说明情况经过,并出示情况说明材料和影像资料,做好善后工作,避免纠纷出现。

如险情为火灾、追捕犯罪嫌疑人等,因物业管理公司不具备所需专业技能。所以,应立即向110 或 119 报警,请求公安机关、消防部门及时处理。同时要立即联系业主,在无法联系或业主因故无法及时返回时,可协助公安、消防人员入户处理。

出现漏水险情时,应及时联系漏水业房主,尽快消除"水灾"、减少损失是当务之急。但是,在物业管理实践中,往往很多漏水业主一时无法联系到,因为发生漏水的房屋往往是出租房,或长时间不住人的空房。而很多业主和承租人都不注意在物业管理公司或社区登记,就是登记了联系方式,往往忽略电话号码的更新变动,这都容易造成险情出现后找人难的情况出现。再有就是业主或使用人往往因为不注意贴出的停水或试水通知,忽视对自家水管阀门的关闭,也容易导致漏水。 因此,物业管理公司在管理服务中,要注意与出租房业主和承租人、长期空房业主的联系沟通,随时掌握他们新的联系方式或多种联系方式;遇有停水或试水通知时,要采取多种方式通知业主或使用人,如通过公共广播系统播放通知或要求门位口头通知进出人员等。

案例三

开业典礼影响办公环境怎么办

一家很有商业声望的制药公司进驻某高档写字大厦办公,为了加强对外宣传,该公司计划择吉日在大厦举行规模宏大的开业典礼仪式。届时,公司董事长及有关方面的领导将应邀参加。筹办开业典礼的策划部门负责人准备举办一场富有中华民族特色的舞狮表演,还准备放一些气球。业主已经同意,但大厦管理处考虑舞狮表演锣鼓喧天,势必影响大厦的办公环境,未予批准。策划部门负责人非常生气,称开业典礼议程安排已确定下来,现改影响不好,再说业主已经同意,管理处凭什么不批准。为此,策划部门负责人向管理处正式来函投诉。

案例分析

配合业主或使用人做好开业典礼的各方面工作,是物业服务企业与新进驻的用户建立良好关系的有利契机,物业服务企业一般对此都极为重视,倾全力相助。但本案例中的用户安排的舞狮表演,的确对大厦的办公环境产生不利影响,因此管理处的不予批准的做法是对的,理应坚持。但问题的关键在于既要坚持原则,又不能损伤与用户的合作感情,如何找出两全其美的策略。

管理处首先应该表明要尽所能配合用户做好开业典礼的积极态度,让用户清楚管理处不是有意为难,而是为了绝大多数用户和维护大厦形象的整体利益,不得已而为之,求得用户的理解与支持。另外,还要向用户讲解物业管理的有关规定,说明不予批准是有所依据的。当然,如果能在用户入住时,就询问用户的要求,讲明大厦的有关规定,如开业典礼怎样申请、管理处有哪些要求,管理处能够提供的服务等,效果会更好。

相关法规政策

《中华人民共和国物权法》

第八十三条　业主应当遵守法律、法规以及管理规约。

业主大会和业主委员会,对任意弃置垃圾、排放污染物或者噪声、违反规定饲养动物、违章搭建、侵占通道、拒付物业费等损害他人合法权益的行为,有权依照法律、法规以及管理规约,要求行为人停止侵害、消除危险、排除妨害、赔偿损失。业主对侵害自己合法权益的行为,可以依法向人民法院提起诉讼。

第八十四条　不动产的相邻权利人应当按照有利生产、方便生活、团结互助、公平合理的原则,正确处理相邻关系。

第八十五条　法律、法规对处理相邻关系有规定的,依照其规定;法律、法规没有规定的,可以按照当地习惯。

《中华人民共和国环境噪声污染防治法》

第四十四条　禁止在商业经营活动中使用高音广播喇叭或者采用其他发出高噪声的方法招揽顾客。在商业经营活动中使用空调器、冷却塔等可能产生环境噪声污染的设备、设施的,其经营管理者应当采取措施,使其边界噪声不超过国家规定的环境噪声排放标准。

第四十五条　禁止任何单位、个人在城市市区噪声敏感建筑物集中区域内使用高音广播喇叭。在城市市区街道、广场、公园等公共场所组织娱乐、集会等活动,使用音响器材可能产生干扰周围生活环境的过大音量的,必须遵守当地公安机关的规定。

第六十一条　受到环境噪声污染危害的单位和个人,有权要求加害人排除危害;造成损失的,依法赔偿损失。赔偿责任和赔偿金额的纠纷,可以根据当事人的请求,由环境保护行政主管部门或者其他环境噪声污染防治工作的监督管理部门、机构调解处理;调解不成的,当事人可以向人民法院起诉。当事人也可以直接向人民法院起诉。

《中华人民共和国治安管理处罚法》

第五十八条　违反关于社会生活噪声污染防治的法律规定,制造噪声干扰他人正常生活的,处警告;警告后不改正的,处二百元以上五百元以下罚款。

《物业管理条例》

第四十六条　对物业管理区域内违反有关治安、环保、物业装饰装修和使用等方面法律、法规规定的行为,物业服务企业应当制止,并及时向有关行政管理部门报告。

有关行政管理部门在接到物业服务企业的报告后，应当依法对违法行为予以制止或者依法处理。

第四十八条　物业使用人在物业管理活动中的权利义务由业主和物业使用人约定，但不得违反法律、法规和管理规约的有关规定。

物业使用人违反本条例和管理规约的规定，有关业主应当承担连带责任。

《××大厦用户手册》　（节选）

前　言

本手册特为阁下作为××大厦业主佣户而编制，内容包括有关××大厦使用须知和管理守则及规定，望各业主用户遵行。

请妥善保存本业主手册，以便阁下雇员能够随时取阅，手册的索引已经细心的安排，以便能够很快翻查所需要的资料。

因为管理规定会因时而变更，内容亦将及时修改。本公司将会按时通知你们有关条例的改变及提供新修订的部分给你们更换。

如阁下对本手册的内容有任何疑问，或有任何增减的建议，请随时与本公司联系。

借此机会，××物业管理有限公司全体员工欢迎阁下加入××大厦行列，并预祝阁下生意兴隆，万事如意。

××物业管理有限公司

年　月　日

一、常用资料

1．××物业管理有限公司简介

……

六、业主用户守则及责任

……

4．招牌　除原已获批准的招牌外，不得摆放、陈列其他宣传物品于墙体或公共地方、铺门及橱窗或外墙上。　除此之外，业主用户须遵守下列规定：

（1）所有临时招牌须为专业印制。例如，手写、萤光笔或油剂水笔所画的概不批准（经油印而加上色彩的招牌不会视为专业制作）；

（2）宣传横幅不得悬挂于距橱窗内面2尺内的地方，同时，横幅不得妨碍铺内的视线；

（3）自立式招牌应放置于店铺/房间营业范围内；

（4）不得张贴任何招牌于店铺/房间的门上或橱窗上；

（5）信用卡标记及其他宣传招贴纸不得贴于店铺/房间的门或橱窗上；

（6）所安装的招牌不能妨碍店铺的出入及妨碍视线；

（7）所有招牌均须获得××物业管理有限公司的批准，方可安装。

……

8．宣传推广

××物业管理有限公司设有推广宣传部，于各大节日期间统一为××大厦策划及安排宣传推广的活动，以吸引更多的顾客前来购物。如个别业主用户自我安排推广宣传活动，请与管理公司联系（电话：）。

9．宣传单、消费调查等

未经××物业管理有限公司批准，在任何情况下，不得在大厦内外派发宣传单及进行调查、招聘员工等事项。

10. 音乐、气味等事项 所有业主用户须遵守下列各项：
（1）店铺内所播放的音乐的音量须调低，达到店铺/房间外不会听到的水平（包括电视、音响系统及其他器材播放的音乐）；
（2）店内间灯不可于店铺外看到；
（3）不得于店铺内或附近地方放置散发刺激性气味的物品。
11. 清点盘存 所有业主用户于非开放时间清点存货。
12. 假冒伪劣产品 业主用户必须搞清商品的产地及供应渠道，杜绝假冒伪劣产品的出售，否则，市工商局将会采取适当行动。
13. 饲养宠物 任何时间在店铺/房间内不得饲养宠物。
14. 竖立天线 未经管理公司的书面许可前，不得在大厦内外竖立天线。
15. 睡觉 业主用及其雇员不得于店铺内过夜或作住宅之用。
16. 煮食 业主用户不得于店铺内煮饭或制作食品。

解决方法

接到用户函件投诉后，物业管理处的上级公司非常重视，由公司主管出面，与用户进行沟通。在沟通中，公司主管首先表明公司及管理处愿意积极配合用户办好开业典礼，管理处将在大堂设立欢迎标志和引导标志，安排保安人员、保洁人员协助维持现场秩序和清洁，还同意用户使用大堂做开业讲话。但由于典礼安排在办公时间，而且是在大厦的公共场所，必定会严重影响大厦其他用户的正常办公，因此，尽管业主同意舞狮，考虑其他业主可能会出现的不愉快反映，舞狮计划仍不能批准。再者，如果开此先河，其他用户纷纷效仿，大厦今后的办公环境将无法保证，用户本身以后也将身受其害。同时，在恰当的时机，公司主管还委婉地提示用户，管理处不予批准的依据就是《大厦用户手册》，用户应该遵守执行，而不应明知故犯。

在公司主管有理、有据、有节的沟通说服下，策划部门负责人心悦诚服地接受了公司主管的劝说，放弃了舞狮计划。

案例四

维修申请函能让物业管理公司免责吗

杨先生几年前在京城某高档小区购买了一套商品房，因为考虑到将来可能会接家中老人来共同居住，他选择了小区靠里面比较清静的一栋楼中的一层。杨先生在收房时收到了物业管理公司提供的《房屋装修管理规定》，其中规定，严禁以任何形式封闭阳台、露台，严禁在房间、窗台外侧安装任何物件。看到小区里每两栋楼就有一名秩序维护员巡逻，其他业主在窗户上也没有安装防护栏，小区内的监控镜头也比较多，杨先生在装修时就没有在窗户上安装防护栏。在这个小区住了三年，物业公司服务很好，杨先生觉得这房子买对了。

然而，让杨先生意想不到的事情发生了。前不久他晚上回家后发现屋里已被翻得一塌糊涂。卫生间的窗户打开着，看样子小偷是撬开窗户进来的。杨先生马上报了警，警察来后，杨先生清点物品，发现丢失了总价值三万余元的现金及金首饰。公安机关作为刑事案件立案。警察向物业管理公司调来监控录像，然而，让杨先生更加意外的是，对着他家的监控录像镜头是坏的，没有录下任何资料。小偷什么时候来的，长什么样，监控录像没有留下任何资料，这让公安人员失去了查获犯罪分子的重要线索。

杨先生自入住便足额缴纳了物业费，他认为物业管理公司应当提供的安全保障没有实现，所以才出现被盗的现象。既然小偷一时半会儿可能抓不到，杨先生便向法院起诉要求物业管理公司赔偿他被盗的损失。但在法庭上，物业管理公司拿出了在杨先生家中被盗前不久，向小区业主委员会发出的《关于更换中控室监控显示器的函》作为证据，请求法院驳回杨先生的诉讼请求。

案例分析

本案例业主委员会与物业管理公司之间签订的物业服务合同，未违反法律规定，应属有效。杨先生作为该小区的一名业主，该合同有关双方权利义务的约定，适用于杨先生。小区《房屋装修管理规定》规定严禁在房间、窗户外侧安装任何物件，该规定未违反相关法律、法规的规定，应属有效。物业管理公司为业主提供的秩序维护服务内容为小区范围内公共区域的安全保障，并不包括业主住房内的财物保管服务，不能苛求物业管理公司防止一切盗窃案件的发生。且杨先生未安装防护措施与导致财产被盗不存在直接因果关系，因此，被盗不应由物业管理公司承担责任。

双方在物业服务合同中约定物业服务内容包括公共设施的日常维修、养护和管理。物业管理公司对监控设备具有维修、养护、管理的义务，但案例中监控录像镜头不能使用是因监控器老化所致，其维修需要更新设备，不属于日常维修、养护的范围，须动用住宅专项维系资金。而动用住宅专项维系资金根据《住宅专项维修资金管理办法》的规定，要经过业主委员会并通过业主大会的表决同意，物业管理公司的职责只是提出维修方案。本案物业管理公司曾向业主委员会反映监控器老化，无法有效监控的情况，并提出维修申请。业主委员会回函称此事未得到三分之二以上业主同意，暂缓解决，故物业管理公司没有对监控设备进行维修、养护，但实质是物业管理公司已尽到提示义务，不应承担设备维护责任。

另外，监控录像虽然可以在案发后协助公安机关抓获犯罪嫌疑人，但作为潜入业主家中进行盗窃的侵权人并不必然知晓小区监控设备出现故障。监控录像内容是否存在，与第三人即小偷盗窃杨先生家中财物行为并不具有直接的因果关系，监控设备不能正常发挥作用的后果不应由物业管理公司承担。

本案例在法庭审理期间，物业管理公司提供了小区业主委员会与物业公司签订的《物业服务合同》，其中物业服务内容包括：维护公共秩序，包括门岗服务、物业区域内巡查、安全监控等工作。物业服务费用约定：共用部位共同设施设备的大、中修和更新改造费用从专项维修资金支出。小区安全保障约定：小区安防监控系统对小区各出入口及重点部门进行24小时不间断监控录像，确保系统正常运行，有运行记录；如发生故障，小故障4小时内解决，大故障24小时内解决，如属使用维修资金范围，事先告知业主委员会。

物业管理公司还提供了在杨先生家中被盗前不久，向小区业主委员会发出的《关于更换中控室监控显示器的函》。该函称，小区中部分楼宇外的监控显示器出现黑屏、抖动等显像管老化现象，图像显示模糊不清，已无法达到有效监控的目的。请业主委员会尽快回复，予以更换，以保障小区居民的安全。小区业主委员会接到该函后，向物业管理公司发出《关于设施设备急待维修的回函》，称业主委员会已就是否动用公共维修资金更换显示器问题在相关业主中进行了书面征求意见，但未达到2/3以上业主通过，因此该事宜不得不暂缓。物业管理公司要求维修的显示器中就包括杨先生家附近的监控器的显示器。

据此，法庭驳回了杨先生要求物业管理公司赔偿的请求。

相关法规政策

《中华人民共和国民法通则》

第八十八条 合同的当事人应当按照合同的约定，全部履行自己的义务。

……

第一百一十一条 当事人一方不履行合同义务或者履行合同义务不符合约定条件的，另一方有权要求履行或者采取补救措施，并有权要求赔偿损失。

第一百一十二条 当事人一方违反合同的赔偿责任，应当相当于另一方因此所受到的损失。

当事人可以在合同中约定，一方违反合同时，向另一方支付一定数额的违约金；也可以在合同中约定对于违反合同而产生的损失赔偿额的计算方法。

《中华人民共和国物权法》

第七十六条 下列事项由业主共同决定：

（一）制定和修改业主大会议事规则；

（二）制定和修改建筑物及其附属设施的管理规约；

（三）选举业主委员会或者更换业主委员会成员；

（四）选聘和解聘物业服务企业或者其他管理人；

（五）筹集和使用建筑物及其附属设施的维修资金；

（六）改建、重建建筑物及其附属设施；

（七）有关共有和共同管理权利的其他重大事项。

决定前款第五项和第六项规定的事项，应当经专有部分占建筑物总面积三分之二以上的业主且占总人数三分之二以上的业主同意。决定前款其他事项，应当经专有部分占建筑物总面积过半数的业主且占总人数过半数的业主同意。

第七十九条 建筑物及其附属设施的维修资金，属于业主共有。经业主共同决定，可以用于电梯、水箱等共有部分的维修。维修资金的筹集、使用情况应当公布。

《最高人民法院关于审理物业服务纠纷案件具体应用法律若干问题的解释》

第三条 物业服务企业不履行或者不完全履行物业服务合同约定的或者法律、法规规定以及相关行业规范确定的维修、养护、管理和维护义务，业主请求物业服务企业承担继续履行、采取补救措施或者赔偿损失等违约责任的，人民法院应予支持。

物业服务企业公开作出的服务承诺及制定的服务细则，应当认定为物业服务合同的组成部分。

《中华人民共和国合同法》

第八条 依法成立的合同，对当事人具有法律约束力。当事人应当按照约定履行自己的义务，不得擅自变更或者解除合同。

依法成立的合同，受法律保护。

第六十条 当事人应当按照约定全面履行自己的义务。

当事人应当遵循诚实信用原则，根据合同的性质、目的和交易习惯履行通知、协助、保密等义务。

第一百一十二条 当事人一方不履行合同义务或者履行合同义务不符合约定的，在履行义务或者采取补救措施后，对方还有其他损失的，应当赔偿损失。

第一百一十三条 当事人一方不履行合同义务或者履行合同义务不符合约定，给对方造成损失的，损失赔偿额应当相当于因违约所造成的损失，包括合同履行后可以获得的利益，但不得超过违反合同一方订立合同时预见到或者应当预见到的因违反合同可能造成的损失。

经营者对消费者提供商品或者服务有欺诈行为的，依照《中华人民共和国消费者权益保护法》的规定承担损害赔偿责任。

《物业管理条例》

第十一条　下列事项由业主共同决定：

（一）制定和修改业主大会议事规则；

（二）制定和修改管理规约；

（三）选举业主委员会或者更换业主委员会成员；

（四）选聘和解聘物业服务企业；

（五）筹集和使用专项维修资金；

（六）改建、重建建筑物及其附属设施；

（七）有关共有和共同管理权利的其他重大事项。

第十二条　业主大会会议可以采用集体讨论的形式，也可以采用书面征求意见的形式；但是，应当有物业管理区域内专有部分占建筑物总面积过半数的业主且占总人数过半数的业主参加。

业主可以委托代理人参加业主大会会议。

业主大会决定本条例第十一条第（五）项和第（六）项规定的事项，应当经专有部分占建筑物总面积 2/3 以上的业主且占总人数 2/3 以上的业主同意；决定本条例第十一条规定的其他事项，应当经专有部分占建筑物总面积过半数的业主且占总人数过半数的业主同意。

业主大会或者业主委员会的决定，对业主具有约束力。

业主大会或者业主委员会作出的决定侵害业主合法权益的，受侵害的业主可以请求人民法院予以撤销。

第三十五条　业主委员会应当与业主大会选聘的物业服务企业订立书面的物业服务合同。

物业服务合同应当对物业管理事项、服务质量、服务费用、双方的权利义务、专项维修资金的管理与使用、物业管理用房、合同期限、违约责任等内容进行约定。

第三十六条　物业服务企业应当按照物业服务合同的约定，提供相应的服务。

物业服务企业未能履行物业服务合同的约定，导致业主人身、财产安全受到损害的，应当依法承担相应的法律责任。

第四十七条　物业服务企业应当协助做好物业管理区域内的安全防范工作。发生安全事故时，物业服务企业在采取应急措施的同时，应当及时向有关行政管理部门报告，协助做好救助工作。

物业服务企业雇请保安人员的，应当遵守国家有关规定。保安人员在维护物业管理区域内的公共秩序时，应当履行职责，不得侵害公民的合法权益。

第五十四条　住宅物业、住宅小区内的非住宅物业或者与单幢住宅楼结构相连的非住宅物业的业主，应当按照国家有关规定交纳专项维修资金。

专项维修资金属于业主所有，专项用于物业保修期满后物业共用部位、共用设施设备的维修和更新、改造，不得挪作他用。

专项维修资金收取、使用、管理的办法由国务院建设行政主管部门会同国务院财政部门制定。

《业主大会和业主委员会指导规则》

第十七条　业主大会决定以下事项：

（一）制定和修改业主大会议事规则；

（二）制定和修改管理规约；

（三）选举业主委员会或者更换业主委员会委员；

（四）制定物业服务内容、标准以及物业服务收费方案；

（五）选聘和解聘物业服务企业；

（六）筹集和使用专项维修资金；

（七）改建、重建建筑物及其附属设施；

（八）改变共有部分的用途；

（九）利用共有部分进行经营以及所得收益的分配与使用；

（十）法律法规或者管理规约确定应由业主共同决定的事项。

第三十五条　业主委员会履行以下职责：

（一）执行业主大会的决定和决议；

（二）召集业主大会会议，报告物业管理实施情况；

（三）与业主大会选聘的物业服务企业签订物业服务合同；

（四）及时了解业主、物业使用人的意见和建议，监督和协助物业服务企业履行物业服务合同；

（五）监督管理规约的实施；

（六）督促业主交纳物业服务费及其他相关费用；

（七）组织和监督专项维修资金的筹集和使用；

（八）调解业主之间因物业使用、维护和管理产生的纠纷；

（九）业主大会赋予的其他职责。

第三十六条　业主委员会应当向业主公布下列情况和资料：

（一）管理规约、业主大会议事规则；

（二）业主大会和业主委员会的决定；

（三）物业服务合同；

（四）专项维修资金的筹集、使用情况；

（五）物业共有部分的使用和收益情况；

（六）占用业主共有的道路或者其他场地用于停放汽车车位的处分情况；

（七）业主大会和业主委员会工作经费的收支情况；

（八）其他应当向业主公开的情况和资料。

《住宅专项维修资金管理办法》

第二十三条　住宅专项维修资金划转业主大会管理后，需要使用住宅专项维修资金的，按照以下程序办理：

（一）物业服务企业提出使用方案，使用方案应当包括拟维修和更新、改造的项目、费用预算、列支范围、发生危及房屋安全等紧急情况以及其他需临时使用住宅专项维修资金的情况的处置办法等；

（二）业主大会依法通过使用方案；

（三）物业服务企业组织实施使用方案；

（四）物业服务企业持有关材料向业主委员会提出列支住宅专项维修资金；其中，动用公有住房住宅专项维修资金的，向负责管理公有住房住宅专项维修资金的部门申请列支；

（五）业主委员会依据使用方案审核同意，并报直辖市、市、县人民政府建设（房地产）主管部门备案；动用公有住房住宅专项维修资金的，经负责管理公有住房住宅专项维修资金的部门审核同意；直辖市、市、县人民政府建设（房地产）主管部门或者负责管理公有住房住宅专项维修资金的部门发现不符合有关法律、法规、规章和使用方案的，应当责令改正；

（六）业主委员会、负责管理公有住房住宅专项维修资金的部门向专户管理银行发出划转住宅专项维修资金的通知；

（七）专户管理银行将所需住宅专项维修资金划转至维修单位。

解决方法

物业服务企业在物业管理服务实践中，应坚持依法行事的原则，树立合同意识，一切管理服务工作的开展都应以物业服务合同的约定为依据，严格履行物业服务合同中的义务与职责。

对于共有设施设备的维修养护，要遵守物业管理条例、住宅专项维修资金管理办法的规定，尤其是在需要动用住宅专项维修资金进行维修、更新时，更要按照相关法律法规的规定执行，否则就会出现对业主的侵权。

对于共有设施设备的维修养护、更新改造，要严格履行相关手续，日常养护要认真做好养护记录，维修工作要认真填写工作单，更新改造要做好书面的维修方案、申请函，并注意保存好相关方的回执，做好上述维修资料立档、保管工作。一旦发生纠纷时，这些维修资料机会成为有力的证据，收到保护物业服务企业合法利益的良好效果。

案例五

这把钥匙该不该借

一天下午，一位业主来到其小区物业管理处，一番寒暄之后，便提出要借用自家新房子的钥匙。物业管理处服务人员一查，这位业主还未办妥入住手续。这位业主解释道："由于开发商交房的时间拖延了，预先买好的建材无处堆放，日晒雨淋已经变形，若不妥善存放恐怕不能用了。"这位业主再三向物业管理处承诺："东西放进去后马上还钥匙。"看到业主十分焦急的样子，该物业管理人员动了恻隐之心，决定对他网开一面，同时千叮咛万嘱咐，用完马上把钥匙还回。这位业主信誓旦旦，保证用马上交还。

一天过去了，钥匙还未还；第二天又过去了，钥匙还未还。物业管理处好几次电话催问，可这位业主每次都说"马上还"。左等右等没等到业主来还钥匙，物业管理处觉得事有蹊跷，经理派人去查看。不一会儿，查看的员工来汇报，说这位业主正在装修。经理立即带人赶到现场，只见业主正在大张旗鼓地装修卫生间，并擅自将浴缸排水管移位，打穿地板，新开了一个碗口大的洞。

案例分析

本案例提出了两个问题：一是对业主提出的违背有关规章制度，但表面上又有一定合理性的要求，要不要予以满足？二是业主提出了这样的要求，物业管理人员该怎么做？

在物业管理和服务过程中，业主常常会提出这样或那样的要求，希望物业管理人员予以满足。对于明显会损害公共利益或其他业主利益的要求，物业管理人员一般能够坚持原则。有时候业主的要求看起来有一定的合理性，如上文提到的这位业主，要借的是自己已经买下的新房的钥匙，目的是把那些建材堆放进去，似乎并不为过。该物业管理处的物业管理人员也正是因此产生了恻隐之心，破例将钥匙借给他。根据物业管理行业现行的"业户入住流程"，业户在办理了购房手续后，领取钥匙还要凭售房合同和开发商出具的《入住通知书》，方可办理一系列手续，交纳相关费用，才能领取钥匙，因此，本案例业主还无权获得钥匙。在这种情况下，无论出于什么样的理由，把钥匙交给他或借给他都是错误的。

在业主提出不合理要求的时候，物业管理人员该怎样做？以本案例为例，如果该业主借用钥匙的理由是真实的，物业管理人员是否一个"不能借"就完事了呢？显然不可以。因为业主最大的愿望就是尽快拿到钥匙，而他又没有办妥相关的手续。作为物业管理人员应该急业主之所急，具体了解他还有哪些必办的手续尚未办妥，没有办妥的具体原因是什么，这中间有什么困难，物业管理人员能帮助做什么，可以代办什么。所有这些，作为一个物业管理人员，是可以做也不难做到的。如果能这样做，相信那位业主会配合物业管理处按规定手续领取钥匙，按《装修协议》进行装修的。

相关法规政策

《钥匙管理规定》

1.0 目的

对钥匙进行有效的规范管理

2.0 适用范围

适用于本公司内部的钥匙管理

3.0 相关说明

4.0 职责

4.1 工程主任/主管：负责与施工单位钥匙移交的确认，并与住户中心做好移交手续。

4.2 住户中心主任/主管：负责与工程部钥匙移交的确认，并对钥匙的保管进行定期检查。

4.3 工程人员：负责对钥匙的单位、数量、编号及适用性进行逐一确认。

4.4 物业助理：负责对移交的钥匙单位、数量、编号及适用性进行逐一确认，并做好钥匙的标识与借用登记。

5.0 内容

5.1 移交钥匙

5.1.1 分包单位施工完工后与工程部人员进行钥匙移交手续，工程人员需对分包单位移交的钥匙进行逐一核对，对移交钥匙的单位编号、数量及适用性进行确认。

5.1.2 工程部"验收小组"组长/工程员在门锁验收工作完毕后，按《钥匙验收记录表》要求记录合格的单位编号和数量，并要求施工队交匙人签名确认，然后将钥匙联同对应表格移交给住户中心。

5.1.3 物业助理根据《钥匙验收记录表》核对工程部"验收小组"交来的钥匙，当实际接收钥匙数目与《钥匙验收记录表》"数量"项相符时，应在"签收确认"项标"√"。否则，应将实际情况在"备注"栏注明。核对完毕，应在《钥匙验收记录表》签名确认。

5.2 钥匙整理与保管

5.2.1 物业助理应标清钥匙单位编码并整齐有序地放置在钥匙柜中，并在钥匙柜贴上示签，加以注明。

5.2.2 业主/住户委托保管钥匙时，物业助理应在《业主托存/移交钥匙登记表》和上作相应记录，并将钥匙按单位编号整齐有序地放置在钥匙柜中，业主/住户前来领取钥匙时，物业助理凭

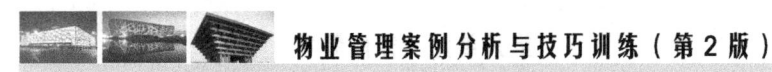

"住户证"和"业主身份证"移交钥匙给业主。同时,应在《业主托存/移交钥匙登记表》中标注移交日期,请业主签名确认。并在《托存钥匙日期登记表》中取消该单位钥匙托存日期。在无任何证件证明索匙者为钥匙所属单位的业主或合法住户时,物业助理不得将钥匙转交。

5.2.3　住户中心主任/主管应安排专人定期对钥匙柜内的标签和钥匙单位编号进行检查,如发现标签、编号脱落或模糊不清时,应及时更新改进。

5.3　钥匙借用与归还

当公司员工或其他施工单位因公事要求外借钥匙时,物业助理应检查借匙人的工作证,并由借匙人签名确认。

5.3.1　花园管理区、工程部、绿化部、经营部、售楼部借匙情况分别按《_____部门借钥匙登记表》要求填写日期、钥匙编号、数量、借匙人;

5.3.2　对于其他施工单位借钥匙情况应由工程人员代借,并在《其他部门长期借钥匙登记表》中签字确认。

5.3.3　对于未入住单位的业主的借匙情况应由售楼人员代借,并在《业主借匙登记表》中签字确认。

5.3.4　办理钥匙退还手续时,物业助理应在核对钥匙楼量后,在对应的登记表中标注钥匙退还日期,并在"接收人"一栏签名确认,然后,按钥匙单位编码整齐有序地放置在钥匙柜内。

5.3.5　住户中心主任/主管应安排物业助理根据各类登记表的记录检查钥匙的借还情况,发现借期超过一星期不还钥匙者,应填写《钥匙催还单》发送到借钥匙部门催还。

5.4　钥匙的损坏或丢失

5.4.1　当接到丢失或损坏钥匙报告时,物业助理应按《钥匙管理备忘录》要求记录事件经过,并报告住户中心主任/主管。住户中心主任/主管与业主联系,征得业主同意后,采取补配钥匙或换锁措施,确保遗失钥匙单位的安全,住户服务中心将处理结果记录在《钥匙管理备忘录》。

5.5 所有与钥匙管理有关的记录就归档保存两年。

6.0　相关文件

文件编号	文件名称

7.0　质量记录

记录编号	记录表格
	《钥匙验收记录表》
	《业主托存/移交钥匙登记表》
	《托存钥匙日期登记表》
	《_____部门借钥匙登记表》
	《其他部门长期借钥匙登记表》
	《业主借钥匙登记表》
	《钥匙催还单》
	《钥匙管理备忘录》

8.0 修改记录

日期	版本	修改人	修改原因

《紧急备份钥匙管理规定》

1．目的

为保障大厦及各公司安全和一旦发生紧急突发事件时，把损失减少到最低程度。

2．范围

适用于本项目管理辖区所有人员。

3．职责

3.1 保安部中控室值班人员收取备份钥匙，并在《钥匙接收单》、《紧急备份钥匙使用记录》上做好记录。

3.2 保安部经理负责备份钥匙使用的批准。

4．程序

4.1 保安部备存各公司办公区大门钥匙，由保安部中控室值班人员收取，双方签字盖章封存，以备发生紧急情况时使用。

4.2 备份钥匙只在发生紧急情况时使用（如火灾、火情、火警、跑水、漏电或有异味等可能造成灾害事故的征兆）。

4.3 白天须经保安部经理批准后方可使用；夜间及非正常办公时间（指节假日等）须经值班经理批准后方可使用。

4.4 使用紧急备份钥匙时，由批准使用人及时通知该公司负责人到场。

4.5 各公司备份钥匙存放在保安部中控室的钥匙储存柜内。

4.6 设立专用登记本，每使用一次须严格登记，使用后的封存执行4.1。

4.7 各公司如更换门锁或加锁，须及时到保安部办理封存手续，否则，当发生紧急情况时，现场处置人员有权依据法律采取紧急避险措施，由此造成的损失由该公司自行承担。

4.8 特殊情况可由总经理文字批示。

5．监督执行

保安部经理。

解决办法

钥匙在物业管理中不是一个普通的物件，它所代表的是物业的所有权，因此，在物业管理服务实践中，必须要高度重视对钥匙的管理，否则，就会带来财产的损失或管理的混乱。

针对本案例，业主所提出的借用钥匙的理由，物业管理人员不能一个"不能借"就简单处理。而是应该在了解业主真实想法的基础上，向业主详细地介绍业主入住流程及相关规定，介绍公司的钥匙管理规定，向业主说明不能随便借出钥匙，正是为了维护业主权利和保护业主财产的需要，请求业主的理解。同时要请示主管并告之业主的实际困难，在取得主管同意的前提下，仔细查验业主购房的相关资料，证实其业主身份，请业主填写文字说明材料并签字后，陪同业主前往开门，待业主搬运完建材后，当业主面将门锁好，将钥匙带回物业管理处收好。

本案例中，由于物业管理人员没能按照管理要求妥善处理，而是草率地将钥匙借给了这位不讲信用的业主，给该物业管理处带来了很多不必要的麻烦，最后，物业管理处通过努力，妥善解决了问题，违章出借钥匙的员工受到了严肃处罚。

实训思考篇

案例一

员工违规操作造成的法律责任由谁负责

今年 3 月份，某物业管理公司的一名保洁员在该公司实施物业管理的一栋高层住宅楼清扫楼道时，发现了一块小木板，便顺手将木板抛到窗外，正好将楼下路过的小区业主王某砸伤，王某为此要求该公司赔偿他的医疗费用和相关经济损失，否则，将向人民法院起诉该公司。该公司认为：他们曾经多次教育员工在工作期间严格遵守操作规程，严禁高空抛物，且事发后，该公司已将该保洁员辞退，王某的医疗费用应当王某自己向该名保洁员索赔，与该公司无关。

提示

首先要确定的是该保洁员清扫楼道的行为是否在正常作业时间，还是公司安排加班作业，或是个人主动加班或受业主要求。

处理思路

案例二

访客崴伤脚物业管理公司是否承担责任

周小姐在某日晚上去一小区探望朋友，恰逢该小区因供电局检修线路而停电。周小姐走在小区的道路上，被道路上一块不知何来的石头崴伤脚。于是，周小姐认为物业管理公司没有保障小区道路的明亮并清理障碍等，应承担责任，要求给予经济赔偿。

提示

该物业管理公司尽管停电之事提前通知了所有业主，但对于不知此事、偶然进入小区的市民，仍负有通报其安全防范的责任，因此，本案例的关键是物业管理公司是否在大门处安排秩序维护员或其他工作人员提醒访客注意安全。

处理思路

案例三

业主拆暖气放弃集中供暖怎么办

2001年8月，孙先生购买了宣武区的一处房屋后，与小区物业管理公司签订了供暖协议书，约定由物业管理公司为他家供暖，供暖费为每建筑平方米每采暖季30元。孙先生说，入住几年来，由于小区在供暖季供暖温度始终偏低，他每年都需要用空调取暖。去年9月，他干脆将家里的暖气全部拆除。孙先生说，当时他通知了物业管理公司，对方没有要求他恢复暖气安装，并答应可以免除他部分供暖费。

最近，孙先生被物业管理公司推上了被告席，理由是他拆除暖气后拖欠供暖费，物业管理公司要求他支付上一供暖季的供暖费1930.5元。同时，物业管理公司否认曾答应过孙先生可以免除他部分供暖费。

提示

该案例的关键是，孙先生所在小区或楼宇是否实行了分户分阀供暖的方式。

处理思路

案例四

物业管理公司能擅自处理寄存的书柜吗

钱先生原来家住某小区,因故将一只价值几千元的书柜寄放在物业管理公司指定的临时寄存家具处,并付了相关费用。谁知日前他要将该书柜搬出时,发现书柜不见了。经多方打听,才得知被物业管理公司处理掉了。钱先生十分气愤,但和物业管理公司交涉了半个多月,对方却未拿出一个解决的方案。

物业管理公司解释说,前年年初,钱先生租用物业管理公司那间专门存放家具的房子,为期两个月。之后又有几名业主租用过那间房子。前不久,物业管理公司在整理房间时,发现那个书柜一时找不到物主,就叫清洁工处理了。

提示

该案例的关键是,双方终究是租赁房屋合同关系,还是保管合同关系。如果是保管合同关系,双方是否有明确的寄存保管期限约定,物业管理公司所称的两个月期限到达后,钱先生是否继续支付了相关费用。

处理思路

案例五

小区自家楼门口丢失自行车，业主要求赔偿怎么办

某日，付女士所在的小区一夜之间同时丢了4辆自行车，但是物业管理处只赔偿车棚内丢失的自行车，她放在自家楼门口的自行车却得不到赔偿。

记者在该小区看到，一个绿色自行车车棚建在塔楼中间，车棚外有近200辆自行车围在塔楼周围。车棚看守人告诉记者，去年年底车棚里的206个车位就已经满了。付女士说，她也想把车子存到车棚，可车棚车位不够，而且她向物业管理处交了保安费，物业就应对业主的人身、财产安全负责，物业应当对此承担责任。

提示

该案例的关键是，双方签订的物业服务合同中所规定的物业管理企业的义务是否包括自行车的看管，或换言之，物业管理费中是否包括了自行车的看管费用。

处理思路

案例六

业主养公鸡扰民怎么办

一天上午刚刚上班，开元国际管理的某小区 5 栋的一位业主，便怒气冲冲地来到物业管理处投诉。反映他家楼上有人养鸡，鸡每天天不亮就打鸣，严重影响了他家的正常休息，使他的老年冠心病近日加剧，要求物业管理处马上出面处理。接待人员首先给予安抚，并且承诺立即进行调查和解决。

提示

该案例的关键是，要通过调查，了解业主养鸡的动机，以便对症下药，千万要注意避免盲目地引用法规制度对业主进行处罚，那样容易激化矛盾。因为业主或使用人饲养动物的目的是多样化的，我们就应该有多种具有针对性的解决方案。

处理思路

案例七

屋顶维修费由谁来承担

某小区多层住宅的顶楼业主张先生，最近发现下雨时他家屋顶有很多地方渗水，于是到物业管理公司的客服中心报修，客服中心当天就通知工程部安排维修，工程部安排维修人员立即赶赴现场了解情况。维修人员在现场观察后认为，只要在屋顶渗漏部位重新烫沥青就可以解决，但提出该楼宇已经超过开发商保修期限，因此，维修费用应由张先生承担。张先生来到客服中心对此提出质疑。

提示

该案例的关键是，因为屋顶属于楼宇的共用部位，费用是否应由张先生承担，要通过现场观察，弄清屋顶渗漏的直接原因是什么，由原因而决定责任。

处理思路

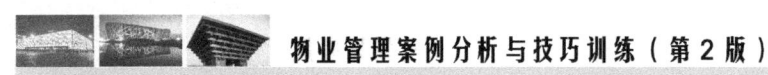

案例八

业主楼道滑倒摔伤责任谁来承担

麦某 2004 年 2 月 11 日上午 10 时许从家中外出,当行至其住所二楼到一楼的楼梯时,麦某突然脚下一滑,一头栽下楼梯,原来楼道内有一摊积水,造成路面湿滑。其家属迅速将其送至中山大学附属第三医院急诊室检查,同月 13 日经确诊为闭合性左股骨颈骨折,遂住院进行手术。在住院期间,因病情需要麦某家人为其雇请了一名护工,同年 3 月 10 日麦某方才病愈出院。

为治病花去了大把费用的麦某和家人愤懑不已,他们认为是小区的物业管理公司没有按照《物业服务合同》的约定搞好楼梯的清洁工作,致使小区内设施隐藏不安全因素。后经过调查,麦某及其家人了解到小区的物业管理公司已将清洁工作承包给某清洁服务有限公司。因此麦某要求物业管理公司和清洁公司对其遭受的身体及精神损失承担全部责任。赔偿包括精神损失费 8000 元在内,共 48358 元。

提示

该案例的关键是物业管理公司已将清洁工作承包给某清洁服务有限公司,那么,造成麦某摔伤的积水是怎样形成的,物业管理公司对某清洁服务有限公司是否有效地履行了监督、管理的义务。

处理思路

案例九

车辆破损进入车场后车主推卸责任怎么办

某年7月15日23时40分，某花园B栋一业主将私家车驶进小区，停放在地面私家车位后上楼休息。随后赶到的巡逻护卫员发现车的后窗玻璃已经破碎，当即向护卫班班长汇报，并做了详细记录。考虑到车主可能已经就寝，且现场情况可以认定车窗是在车场以外损坏的，就没有打扰他予以核对确认。

早晨6时20分，护卫员向车主通报其车辆后窗破碎。不料车主竟一口咬定是停进私家车位后被高空抛物所致，反倒要求物业管理处予以赔偿。护卫员拿出查车记录加以说明，并让其仔细查看一直保护着的现场情况。车主否认记录和现场具有真实性……一方据理评说，一方拒不认账，一时难以扯清。

提示

遇到一些可能产生争议的问题时，聪明人从一开始就注意搜集和留存相关证据。有了证据，一旦出现纠纷，处理起来就可以省去许多麻烦。因为，事实胜于雄辩。若对方硬要拿不是当理说，有据为证的事实就是最有说服力的回答。

处理思路

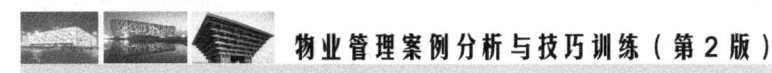

案例十

入住时，物业管理公司能否扣押业主家钥匙

张先生接到开发商与物业管理公司办理入住手续的通知，兴高采烈地来办理入住手续。但是在办理过程中，物业管理公司要求张先生一次性交齐一年的物业管理费，张先生对此表示不理解，拒绝交付。于是，物业管理公司拿出张先生刚刚签订的前期物业服务合同，向张先生解释这是前期物业服务合同中的约定，请张先生按约办事。于是，张先生就认真地阅读起前期物业服务合同（此前张先生认为和前期物业服务合同都是格式合同，没有认真阅读就签字了）。阅读完前期物业服务合同，张先生更是气不打一处来，原来这合同中还有许多条款含有不公平、不合理的内容。在这种情况下，张先生明确表示，物业管理费不能按物业管理公司的要求交纳，对前期物业服务合同中的不公平、不合理的内容也要到政府有关部门进行投诉。对此，物业管理公司宣布，停止张先生入住程序的办理，不交付张先生所购房屋的钥匙。这种做法对吗？

提示

这里的核心问题是入住的法律关系主体，即入住是履行房屋买卖合同还是履行物业服务合同。

处理思路

案例十一

员工违规操作是工伤吗

某日上午 9:00，某物业管理处维修技术员李某、于某对小区配电中心低压配电柜进行带电除尘作业，在施工作业中，李某、于某觉得使用手动吸尘器的除尘效果不好，便改用毛刷（刷毛宽 5cm，长 12cm；手柄长 17cm）进行除尘作业，但未对毛刷的铁皮进行绝缘处理（刷毛与木柄连接处的铁皮长 12cm，宽 1.5cm）。下午 14:30 时，于某在对一个配电柜除尘时，刷子横向摆动导致毛刷的铁皮将 C 相母排与零排短接，造成相对的短路，联络断路器总闸保护跳闸。瞬间短路产生的电弧将于某的手部、头发和面部有不同程度的烧伤，李某也受了轻微伤（头发和眼眶）。管理处即刻安排专人将于某送至医院医治，同时组织人员对配电系统进行检查，15:30 设备恢复正常运行。物业管理公司事后认定于某情况属于个人违规操作所致，故仅给予 300 元补助，未按照工伤处理。于某不服申请了仲裁。

提示

这里的核心问题是关于工伤的认定，其依据是国家《工伤管理条例》（2004 年 1 月 1 日实施）。

处理思路

案例十二

业主的装修损失物业管理公司承担吗

某物业管理公司在前期物业管理工作中，由于疏忽大意未将"业主、使用人在装修住宅中，应预留共用设备的检修孔，方便共用设备的维修"的该项小区内住宅装修规定告知业主。多名业主在不知的情况下，装修时封闭了共用管道检修孔。此后的物业使用中，共用管道发生堵塞，在疏通修理的过程中，给业主的装修造成了一定程度的损坏。业主向物业管理公司提出赔偿要求。

提示

这里的核心问题是将住宅装修规定告知业主是否是物业管理公司应尽的义务或职责。

处理思路

案例十三

污水倒灌给业主带来损失谁承担

某住宅的公共排水管道出现排水不畅的现象。接业主报修电话后,物业管理公司进行了现场勘查,发现堵塞物位于 5 楼业主阳台的排水管中。该业主考虑到自己的房子新装修好,借故阻挠物业管理公司进来维修。数天后,因排水管道严重堵塞,污水从 2 楼业主的房间中倒灌出来,给其造成严重损失。2 楼业主就自己的损失向物业管理公司索赔。

提示

2 楼业主就自己的损失向物业管理公司索赔能否成立的核心问题是造成 2 楼污水倒灌的原因是什么?造成这一原因的直接责任人是否物业管理公司。

处理思路

案例十四

新购住房发生的维修责任由谁承担

陈先生年初购得一套商品房,因黄梅季节连日阴雨,该商品房部分墙面开始渗水,损坏了陈先生室内的部分装修。陈先生为此多次向物业管理公司反映,物业管理公司也两次派人前来维修。虽经维修,该房墙面仍有渗水问题存在。物业管理公司表示,其已尽了维修义务,陈先生应向房地产开发商进行交涉。陈先生对此甚为不解。

提示

对于房屋出现墙面渗水应视其具体原因采取不同的处理方案。就本案例而言,首先要弄清的是墙面渗水是建筑质量问题,还是因装修违规或使用不慎造成的。

处理思路

案例十五

赠送阁楼是否该交物业管理费

李先生购买了一套住房,开发商承诺赠送阁楼。李先生屋顶的阁楼,顶部与地面高差约4米左右,而四壁是倾斜屋顶坡面,只有约半米为垂直墙面。李先生说,当初与开发商签约时开发商没把阁楼部分计入销售面积,仅按复式两层楼的建筑面积写进合同,合同中标明的建筑面积为150余平方米。而物业管理公司要求在此基础上再加上阁楼面积约30平方米进行收费。

提示

这里的核心问题是收取物业管理费的依据是什么?物业管理公司有无权利按实际面积收取物业管理费?

处理思路

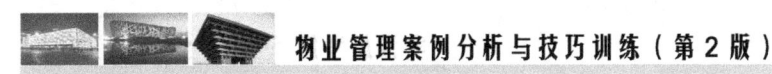

案例十六

小区道路上管井多怎么办

某小区在施工过程中,物业管理公司就曾多次向开发商提出,小区的道路上管井过多、过密,希望能够调整位置或者加以妥善处理。然而由于是"子"公司,人微言轻,再加上销售火暴,没有市场压力,这一意见和建议并未引起开发商足够的重视。

业主一住进小区,矛盾马上就暴露出来了。没有实行人车分流的小区道路上人来车往,那些与井箍密贴不严的井盖被压得咣当乱响,尤其到了夜间,扰得旁边的住户心神不安。于是,许多业主纷纷就此问题投诉到物业管理公司。

提示

业主的投诉是有效的,但此时要实现人车分流或管线改线,显然都已经是不可能的了。只有开动脑筋,因地制宜地解决问题才是出路。

处理思路

案例十七

垃圾桶位置之争

某小区自装修开始，102室就投诉垃圾桶位置离他家窗户太近，不卫生且有煞风景，要求将垃圾桶移走。可现场除101、102室前勉强有放垃圾桶的位置外，附近没有其他合适的位置。物业管理处在承诺物业将安排专人对垃圾桶进行定期清洗、垃圾实行袋装、及时清运等多项建议仍不能奏效的情况下，安排人员将垃圾桶移至该楼侧边自行车棚处。可第二天，该栋楼上有业主向保洁员投诉，说垃圾桶距离太远，倒垃圾不方便，有的甚至将垃圾直接倒在单元门侧边地面上，以示抗议。不得已，该栋楼的保洁员在不知情的情况下，又将垃圾桶移回了原位置。102室对此意见很大，认为物业管理处是在蒙骗他。万般无奈，物业管理处抱着应该不会被101业主投诉的侥幸心态，安排人员将垃圾桶移至101室侧边位置。

然而好景不长，101室业主来到了物业管理处强烈抗议，要求物业管理处立即恢复垃圾桶的位置，并在当天晚上私自将该栋垃圾桶搬回原来的位置。这使得102室对物业管理处极为不满，要求问题必须立刻解决。

提示

垃圾桶无论放在101室窗前，还是放在102室窗前，或是自行车棚旁边，都不是解决问题的根本出路，只有打破这些常规的思维，又要方便业主生活，才是解决问题的有效思路。

处理思路

_____
_____
_____
_____
_____

案例十八

业主有了成见怎么办

某小区一位业主装修时，擅自在阳台顶棚焊接铁架，与楼宇其他阳台极不协调。物业管理处发现后，立即发出停工整改通知书。业主对此怨声载道，说物业管理处限制她的自由，铁架非搞不可。你发火我不发火，物业管理处有关人员三番五次地耐心给她讲解装修管理法规，说明保持楼宇外观统一的必要性，任硬顶也好、软抗也罢，在原则问题上绝不退让。

业主看到物业管理处的态度这么坚决，只好按照要求进行整改。虽说违章装修的问题解决了，但这位业主的心中也留下了对物业管理处的成见，每次与物业管理人员见面都板着个脸，主动搭话也爱理不理的。这样就会影响以后与业主的沟通，对此物业管理处应该怎么办？

提示

物业管理处每天都在与业主打交道，磕磕碰碰总是难免的，有了矛盾不要紧，关键是要主动用自己的真诚重新换取理解和信任。

处理思路

案例十九

小区围墙倒塌砸坏汽车，物业管理公司是否赔偿

2005年6月24日凌晨，吴先生住的小区一段围墙突然倒塌，将他的汽车砸坏。因多次与物业管理公司协商无果，该车一直未能修理。后来吴先生单独委托价格鉴定机构对汽车修理价格进行了评估，并根据评估报告自行修理。随后，他请求法院让物业管理公司支付汽车修理费、拖车费和评估费共计31026元。

物业管理公司辩称：事故发生后，吴先生向某保险公司提出赔偿申请，吴先生的实际损失为22626元，保险公司实际赔偿了吴先生27923.40元，即吴先生的损失已全部获得赔偿，而保险公司赔偿超过评估价值的部分属于保险公司的自愿行为，其也无权向物业管理公司追索。

此外，物业管理公司曾对小区的围墙进行过维修保养。事故发生当日因降雨量很大，致使建造多年的围墙倒塌，并损坏了吴先生的车辆，因此，吴先生的损失属于因意外原因导致的损失，不应由物业管理公司承担。

提示

本案例的关键问题，一是围墙倒塌是否属于意外原因导致，物业管理公司应否对车辆受损承担责任；二是吴先生在起诉前收取了保险公司支付的保险赔偿金27923.40元，是否还有向物业管理公司主张赔偿的权利？

处理思路

案例二十

擅自安装隔断门,侵害相邻权和共有权

某小区业主郭先生所居住的单元楼每层都是一梯一户的大户型,共有7层。某天,家住6楼的郭先生下班回家,发觉家门口和以往不一样,通往7楼的楼梯口多加了一道防盗隔断门,而且沿着楼梯扶手还立起了夹心板,将6楼以上的空间封闭起来,并挡住了缓步台的窗户。他找到7楼的沈先生要求拆除这"木墙铁门"。但沈先生就是不同意:"咱们单元是一梯一户,我在顶层,这楼梯你也不走,我围起来碍你什么事了?"

从此,楼道内的"木墙铁门"使楼道里光线明显变暗了,通风也受到影响,让郭先生感觉自己的生活环境遭到破坏。郭先生不停地寻找各种渠道试图解决,虽经物业管理公司、社区委员会、执法部门等多方调解,7楼住户沈先生就是置之不理!

提示

解决本案例的关键是要确认沈先生在楼道内竖立的"木墙铁门",是否构成对郭先生的侵权。

处理思路

案例二十一

市政水压低业主屡屡投诉怎么办

某花园一层至三层采用一次供水,其他部分实行二次供水。由于市政供水的水压偏低,导致三层以下用户的热水器经常无法使用,停水断流现象也频频发生。物业管理处多次向供水企业口头和书面反映,但反响都不大,供水情况也一直没有得到改善。弄得业主经常就此问题进行投诉,有的还骂骂咧咧、出言不逊。

提示

物业管理作为服务产品,使得人们很难将物业管理服务的职责界定十分清晰。对于一个负责任的物业管理公司来说,发生在小区内的所有事情,没有该不该管的划分,只有怎样去管的区别。所以,即使遇到那些明显只与我们"沾边"的问题时,也要尽自己所能,极力去促成问题的解决,而不应当躲、推、拖。

处理思路

案例二十二

业主投诉噪声扰民怎么办

某山庄入住后不久的一天凌晨，维修班员工在睡梦中被急促的敲门声叫醒。原来是凌云102室的业主来投诉，反映地下室水泵发出的低频噪声和水锤的撞击声，严重干扰他们的睡眠。

维修班长马上到业主家中及水泵房实地勘察，发现投诉属实。于是当即采取了临时性补救措施：停小泵，用大泵，先消除水锤的撞击声，保证业主当晚能有一个较好的睡眠环境。同时向业主承诺，等天亮以后再想办法给予彻底解决。

提示

为业主和使用人办事情，不仅要办好，而且要办快，拖拖拉拉而没有满足业主和使用人的时间要求，办得再好也讨不到好，所以在物业管理人员中要特别强调"马上办"的精神，因为时效是服务质量的关键性构成要素。

处理思路

案例二十三

租住户搬出部分家私而没有业主书面许可怎么办

某年9月18日,某花园B栋5楼F座的一租住户想要搬出一部分家私。他千方百计联系此时正在国外的业主,但就是联系不上。按照管理规定,租住户搬出家私,必须有业主的书面许可,而没有业主的书面许可,物业管理处不予放行(这一规定有必要,现实中确实发生过个别租住户拖欠业主房租、搬走业主家私而偷偷溜之大吉的事情)。急于搬出家私的住户万般无奈,找到物业管理处领导,恳请给以特殊照顾。

物业管理处的领导考虑,若简单放行,恐怕损害业主的利益;若拒不放行,又会使住户感到不便。你认为物业管理公司应该怎么办?

提示

规章制度是规范人们在各种生活中的行为,使企业保持正常运转的必要管理手段,作为企业的所有员工都应该遵守。但是在工作实践中我们经常会遇到一些特殊的情况,靠教条地执行规章制度难以解决,这时候我们就应该注意在把握住规章制度的基本精神、不损害各方利益、不违反原则的前提下,灵活地运用处理。

处理思路

案例二十四

夜间电梯停运延误抢救，物业管理公司是否承担责任

某夜2时许，家住某小区高层楼宇的孙姓老人心脏病突发，老人家属拨打急救电话后，立即背着老人冲向电梯口，但此时电梯已停运，由于老人是心脏病不方便多动，所以不能由家属背着从楼梯下楼，等家属辗转联系到电梯值班人员，已经与老人发病时间隔了将近一个小时，老人因抢救无效死亡。其家属认为物业管理公司应按照约定提供电梯服务，其未按约履行义务，致使老人在病情危急的情况下无法使用电梯而导致死亡，应赔偿丧葬费、死亡赔偿金及精神抚慰金共计25万元。

提示

本案例的关键是物业服务合同中关于电梯的运行时间是怎样规定的；在电梯停运期间，是否张贴公布电梯工值班室及值班电话。

处理思路

_____
_____
_____
_____
_____
_____

案例二十五

外墙挂广告住户内墙长毛责任谁承担

张先生是某小区的业主,他与负责小区物业管理的物业管理公司签订一份协议。协议约定,物业管理公司在张先生家西外墙处做墙体广告,并在广告期间给张先生一定的补偿。协议签订后,某传播策划广告有限公司开始在张先生家西外墙体上安装广告牌。此后,张先生发现自家室内角部墙壁发霉。去年4月下旬,他将物业管理公司和广告公司告上法庭称:物业管理公司和广告公司在我家西外墙上安装广告牌,致使我家屋内墙体长毛,要求赔偿经济损失一万元,并将墙面恢复原状。

提示

本案例的关键是物业管理公司能否与张先生签订外墙使用协议;张先生家墙体长毛的责任应该由谁承担。

处理思路

案例二十六

这样的物业管理招标合不合法

某物业管理公司接到了成都某开发商发出的招标邀请,参加了由该开发商举办的大型住宅区物业管理招投标活动。上个月该开发商向该物业管理公司发出"中标通知书",通知该物业管理公司中标。该物业管理公司依照约定前往成都与该开发商签订"前期物业服务合同"。到达成都以后,该物业管理公司发现该开发商同时向三家物业管理公司发出了"中标通知书",该物业管理公司要求依照投书收的内容签订"前期物业服务合同",但开发商表示,需要就前期物业服务合同的主要条款与三家物业管理公司再进行协商,并根据协商的结果确定与哪家物业管理公司签订正式合同。

提示

本案例的关键是该开发商的做法是否符合《前期物业管理招标投标管理暂行办法》的规定。

处理思路

案例二十七

业主委员会贴失实"公告"怎么办

思南新苑位于思南路 88 号，由陆家嘴物业管理公司进行前期物业管理。思南新苑业主委员会成立后，于当年 9 月 23 日在小区的公告栏内张贴《致业主书——情况汇报》，说陆家嘴物业公司做假账，侵吞属于思南新苑小区全体业主的停车费，并且将小区的设备运行维修费挪作发工资及其他用途，侵占了业主的利益。

提示

既然业主委员会不顾事实，贴出失实公告，侵犯物业管理公司的名誉权，那么物业管理公司理应通过法律手段，澄清事实，以保护自己的合法权益。

处理思路

案例二十八

乱停车的访客蛮不讲理怎么办

某双休日，一辆外来的挂着武警牌照的白色宝马车停在某大厦地下车库进出通道的挡车器前，要求存车去见楼上的一位业主。车库管理员礼貌地上前告知，这里都是私家车位，不能停放外来车辆。车主转而又要求打开车挡，说到车库掉头后就走。谁知他进了车库，并没有要走的意思。车库管理员再次前去，委婉地劝其另寻就近的停车场，车主竟勃然变色，破口大骂。

物业管理处的秩序维护主管从办公室的监视器中发现了这一情况，急忙赶到现场。那么，他应该怎样处理这件事呢？

提示

物业管理公司要求车库管理员文明执法，绝非是为了一味地迁就业主和使用人，而是要以情动人，以理服人，更好地与业主和使用人沟通，做好管理和服务工作。对那些不服从物业管理规章制度的无理取闹者，就要按照物业服务合同、管理规约，大胆地履行自己的管理职能，以维护大多数业主和使用人的利益。

处理思路

案例二十九

业主遛宠物污染环境怎么办

在北京欧陆经典——万兴苑小区，许多业主家里都养了猫、狗等宠物。养宠物的人大多有个习惯，就是每天清晨和傍晚，带上宠物到小区内遛圈。此时也恰逢宠物便溺的时候，结果弄得小区的道路、广场、绿地等都脏兮兮的。

提示

饲养宠物带来环境污染已成为社会问题，物业管理公司无权进行制止，对此只能宣传、引导，依靠饲养者的自我约束，减少环境污染。思路决定出路，在物业管理实践中按照常规办法很难解决的问题，换个思路，解决它竟会如此简单。

处理思路

案例三十

不帮业主抢险，物业管理公司是否承担责任

张先生在江北某小区内经营着一家餐饮店。2006年7月7日早上6时许，天降暴雨。小区人行道下的排洪沟突然爆裂，大量污水迅速涌入地势较低的餐饮店内。店内人员来不及抢救店内财物，造成店内存放的食品、原材料及部分设施设备被污水浸泡、毁损。事发时，小区的物业管理处也遭受了污水的袭击。物业管理处工作人员忙着抢救自己的财物，没有派员工帮忙该店抢救财物。据悉，从2002年到2005年，该排洪沟已发生四次爆裂。事后经清点，物业管理处认可张先生遭受的财物损失为1.5万余元。由于赔偿问题没有得到解决，张先生将物业管理处告上法庭，要求赔偿财物损失（1.5万余元）和停业损失共计3.2万余元。

提示

本案例的关键是物业管理公司在管理辖区内是否拥有安全防范、紧急抢险救助的义务。

处理思路

参考处理方法

案例一

如果该保洁员清扫楼道的行为发生在正常作业时间或是公司安排加班作业时。按照我国《民法通则》第四十三条的规定"企业法人对它的法定代表人和其他工作人员的经营活动，承担民事责任。"法律条款的这一规定，即指法人行为的民事法律责任由法人承担。确定该公司是否需要承担王某的医疗费用，首先要确定该公司的保洁所实施的行为是否属法人行为。我们日常所说的法人行为，其实都是通过法人的法定代表和其他具体工作人员来实施的。法人的工作人员为了履行工作职责而实施的行为，我们认为都是法人行为。通常有人认为，员工只有在法人许可范围之内的行为才能认定为法人行为，超出法人许可范围之外，员工实施的行为只能是员工的个人行为。但是从严格的法律意义讲，员工在工作时间之内，从事工作职责范围内的一切活动，无论该活动是否已经超出了法人规定的行为规范之外，都是法人行为，法人均对此承担民事法律责任。必须明确，法人对工作人员的超出许可范围以外的行为只承担民事法律责任，若工作人员的行为触犯刑法，其刑事法律责任将由行为人自负。根据上述分析，王某向该公司提出的索赔要求是完全合法的，当然，该公司在赔偿王某的经济损失后，还可以依据公司的管理制度和相关法律规定，就该项赔偿向该名保洁员予以追偿。

如果该保洁员清扫楼道的行为发生在个人主动加班或受业主要求的条件下，那么该行为属于个人行为，理应由保洁员赔偿王某经济损失。

案例二

首先，周小姐对其受伤的地点负有举证责任，在周小姐确能证明她是在该小区内受伤的前提下，她才可以向管理该小区的物业管理公司提出索赔。

此外，周小姐是成年人，她在晚上进入一个她所不熟悉的环境，她自身负有谨慎和安全的注意义务，当时又是和以往不一样的黑天，路灯也反常地没亮，尽管她不知其原因，也应尽可能缓行，避免受伤，如她能证明自己注意了，可以免责；反之要承担一定的责任。

同样，物业管理公司如果能证明自己尽到了足够提醒和防范的义务，如在大门口安排人员，提醒在停电时段进入的每位业主、访客注意安全，提供备用手电筒等，则可以免责；反之应对周小姐受伤承担一定的责任。

另外，如果该物业管理公司维护秩序员能证明其在小区内有不断巡逻的行为，并注意清除道路障碍，石头是在周小姐碰伤前刚刚出现在路面上的，则这种情况属于物业管理公司不可预见的行为，它可以免责。反之，小区物业管理公司不能证明他们不间断地巡逻并及时清理障碍了，应对周小姐受伤承担一定的赔偿责任。

案例三

如果孙先生所在小区或楼宇实行的是分户分阀供暖的方式，那么孙先生就有权利自己选择供

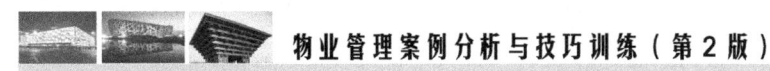

暖方式。因为孙先生在这种条件下拆除家里暖气并不对他人构成影响。

如果孙先生所在小区或楼宇没有实行分户分阀供暖的方式，那么，由于供热义务不仅基于合同的约定而且基于有关行政规章和政策，同时供热在技术上是整体供热，供热单位必须履行供热合同，以保证整体供暖。孙先生拆除暖气的行为有可能对整体供暖造成影响，这种行为不妥。

但物业管理公司在知道孙先生拆除暖气后没有及时进行制止，对此，物业管理公司在物业管理上存在过错。

本案例的审理结果是：法院从没有实行分户分阀供暖方式考虑出发，认为物业管理公司要求孙先生全额给付供暖费，理由不足。据此，法院判决孙先生酌情给付物业管理公司供暖费1351元。

案例四

从本案例的实际情况来看，首先需要弄清双方终究是租赁房屋合同关系，还是保管合同关系。如果是租赁房屋合同关系，那么，物业管理公司未经承租人钱先生许可将租赁的房屋又租用给其他几位业主，并擅自进入租用房屋，处置承租人的书柜，显然是侵权行为，物业管理公司理应承担赔偿责任。

如果是保管合同关系，双方是否有明确的寄存保管期限约定，物业管理公司所称的两个月期限到达后，钱先生是否继续支付了相关费用就成了问题的关键。假设双方有明确的保管期限约定，钱先生没有继续支付保管费用，那么，物业管理公司在处理该保管物——书柜时，也应在催告钱先生后根据法律要求进行合法处理。如果双方没有期限约定，那么，物业管理公司就应该尽到保管人的义务，为钱先生妥善保管保管物——书柜。更何况，物业管理公司处理书柜的前提条件竟是一时找不到物主，连寄存人的有关资料或保管合同都保存不好，该公司的管理可窥见一斑了，发生这种处理不当的事情是在情理之中了。

根据《中华人民共和国合同法》第三百七十四条规定"保管期间，因保管人保管不善造成保管物毁损、灭失的，保管人应当承担损害赔偿责任，但保管是无偿的，保管人证明自己没有重大过失的，不承担损害赔偿责任"。物业管理公司应承担一定的责任，只是根据上述情况的不同，责任大小有所区别而已。

案例五

从本案例案情来看，小区设有自行车存车棚，存车入棚的车主每月要向物业管理处交纳存车费，可见，在物业服务合同没有规定物业管理公司有看管自行车的义务。另外，物业管理费中的公共秩序维护费用不是付女士所理解的保安费，否则物业管理处等于重复收费，业主是不会同意交纳存车费的。只有物业管理公司和业主签订了除物业管理费以外的专项书面保管合同约定，物业管理公司才承担财产保管责任。而在这种情况下，小区秩序维护员的主要职责是维持公共区域秩序，看管车辆有专门的工作人员。因此，物业管理处不应承担付女士的自行车丢失的赔偿责任，物业管理处所做的只能是协助警方调查被盗自行车的工作。而车棚内丢失的自行车因物业管理处收取了自行车存车费，所以物业管理处有为之看管车辆的义务，物业管理处应给予适当赔偿。

至于付女士所提到的该小区的存车棚容量不够这个客观因素，不是物业管理公司有权解决的问题，因为，对公共部位的使用应通过业主大会的表决，因此，它构不成付女士因自行车丢失要求物业管理处赔偿的理由。但付女士有权建议业主委员会与物业管理处讨论扩建车棚或者约定专项保管车辆的协议，并应由业主大会表决通过。

案例六

该物业管理处经过调查很快发现，确实5栋6楼有位业主家养了一只大公鸡。进一步了解还得知，6楼的这位业主新婚不久，因为其家乡有在新婚期间养鸡报喜的风俗习惯，所以才跑了好几个农贸市场，千挑万选，买来一只漂亮的公鸡在家养着，按照家乡的惯例，这只公鸡至少要喂养一个月。

负责处理这件事情的工作人员顿时觉得此事解决起来有难度，便和同事一起商量如何去说服这位新婚的业主。大家轮番扮演不同角色，你问我答、你争我辩，先在办公室里"舌战"演练。设想好了"情节"和"台词"，觉得有了把握，"说客"才登门去做工作。

工作人员进门首先表示自己是为向业主夫妇道喜而来，然后和他们聊起了各地的婚俗。等他们不经意地说起家乡养鸡报喜的习俗时，则不失时机地说："我正想找机会和你们讲，邻居投诉你们违反城市管理规定和业主公约在家养鸡呢！"他们辩白自己清楚养鸡不妥，但又觉得习俗难违。工作人员的话马上跟了过去："都说入乡随俗，不养鸡也是按照咱们这里的习俗办呀！"他们表示既然养了只好养下去，担心处理掉了不吉利。工作人员把早就想好的建议端了出来："你们养在家里只是给自己报喜，不如送到郊外放了，让它把喜报给千家万户！"这样一说，夫妇俩都很高兴，答应过两天就这么办。

做通了养鸡业主的工作，物业管理处又向投诉的业主反馈了处理情况。主动对未能及时发现和制止业主养鸡而造成他休息不好一事表示歉意，同时希望他能够理解新婚业主的心情，再担待两天。投诉的业主也很通情达理，对物业管理处的工作效率和处理方式非常满意。两天后，那只公鸡真的到郊外"报喜"去了。

"顺情说好话"。即顺着对方的情感脉络和思维轨迹说话、因势利导去说服对方，是这个案例的成功之处。

案例七

如果经过现场观察，确认屋顶渗漏是因张先生或他人房屋使用不当，如私自安装太阳能热水器或棚顶装修造成的，责任应由张先生或肇事人承担。反之，则应该由整幢住宅的业主共同承担。

根据目前物业维修的有关规定，住宅自用部位和自用设备的维修、更新费用，由业主承担；住宅共用部位和共用设备的维修、更新费用，由整幢住宅的业主共同承担；小区公共设施的维修、更新费用，由小区内的全体业主按比例共同承担。

屋顶是房屋承重结构的一部分，属于整幢住宅的共用部位。因此，物业管理公司应立即采取保护措施，并按照物业服务合同的约定对屋顶进行维修；维修费用则应当由所在整幢住宅的业主，按照各自拥有的住宅建筑面积比例共同承担。当然，如果所在的小区设立了住宅专项维修资金，可以直接从该幢住宅的住宅专项维修资金列支。

另外，在具体维修时，可以要求相邻业主、使用人予以配合，但不得造成相邻业主、使用人的自用部位、自用设备损坏或者其他财产损失，否则要负责修复或者赔偿。

案例八

假设积水形成是由某清洁服务公司造成的，该公司理应是本案的直接责任人。如物业管理公司很好地履行了监督、管理的义务，则责任应完全由某清洁服务公司承担；如物业管理公司没有很好地履行了监督、管理的义务，则责任应由某清洁服务公司与物业管理公司共同承担；

假设积水形成是由某清洁服务公司与物业管理公司之外的第三者造成的，那么，该第三者应承担主要责任,某清洁服务公司与物业管理公司因发现或清除不及时,应承担连带责任。

无论是以上哪种情况,物业管理公司都应积极准备证据,保护自己的合法权利。

本案例受理法院通过调查了解到,作为诉讼第三人的清洁公司其职责为拖地等,不含冲水。而据当时情况判断,积水的形成超出清洁公司的责任范围;物业管理公司提出的麦某作为自身患有脑膜炎后遗症等疾病的残疾人,腿还没有恢复正常,在本案中自身存在过错这一辩词,经司法鉴定并不影响正常行走,故麦某本身没有过错。最终,法院认定,麦某的损害应由小区物业管理公司全部负责,判处赔偿护理费等共计 24 130.2 元。麦某的精神赔偿请求未得到支持。

案例九

尽量不打扰业主,并不是就不能打扰。发现这么大一件事,还是打扰一下为好。当时打扰一下,可能就少了后面的麻烦。

遇有问题纠缠不清,及时请权威机关来处理,是最好的办法。在双方争执不下的情况下,物业管理处马上请所属派出所派员进行调查和调解。派出所的工作人员认真查阅记录和勘察现场,询问有关人员和周边住户,然后签署意见,断定车窗是在车场之外破碎的,由车主自行负责,并且对车主嫁祸于人的行为提出了严厉批评。车主哑口无言,只得认账。

案例十

业主购买房屋,与房屋的开发商之间形成了一种房屋买卖关系,即房屋买卖法律关系,房屋买卖合同就是他们之间这种法律关系的反映。在这一法律关系中,构成直接关系的是业主和开发商。尽管在房屋买卖合同中按照物业管理条例的规定,包含了物业管理服务的内容,但这并不是房屋买卖合同的主体内容,也构不成业主与物业服务企业之间的法律关系。

从本案例来看,业主接到开发商与物业管理公司办理入住手续的通知,并在入住手续办理过程中,已进入缴纳物业管理费程序,那么,按照入住手续办理的正常程序,说明该业主已完全履行房屋买卖合同中的义务,具备入住资格。既然业主已经按照房屋买卖合同的约定,向开发商支付了全部的购房款,自然,开发商就应该履行其向业主交付房屋的义务。所谓入住手续的办理,就是业主领取钥匙,接房入住。也就是说,交付业主家的钥匙是入住的形式,其实质是交付房屋,使得业主能够占有、使用该房屋,这样才是履行了开发商的义务。本案例中物业管理公司停止张先生入住程序的办理,且不交付张先生所购房屋钥匙的做法显然是不合法的行为。

这种行为实质上构成的是开发商对业主的违约,对业主权益的侵害。

对于物业管理费,物业管理公司一次性究竟能够收取多少,国家尚无统一规定,各地却有不同规定。但归纳起来基本的原则是按月收取;经约定,可以预收,但预收期限不得超过 3 个月。因此,在本案例中,该物业管理公司预收一年物业管理费的做法也是不符合行业惯例要求的,张先生的拒绝是有道理的。

案例十一

根据《工伤管理条例》中第三章第十四条第一款"在工作时间和工作场所内,因工作原因受到事故伤害的"规定,李某与于某属于第一款规定的情形,虽然违反操作规程,但属于工伤范围,物业管理公司需要按《工伤管理条例》要求按工伤程序处理。

本案例的物业管理公司未按规定给李某及于某认定工伤,视公司是否为员工购买了工伤保险而出现了两种法律责任:

一是公司为员工购买了工伤保险:按《工伤管理条例》第十七条的规定,所在单位应当自事故伤害发生之日或者被诊断、鉴定为职业病之日起 30 日内，向统筹地区劳动保障行政部门提出工伤认定申请。公司未在规定的时限内提交工伤认定申请，在此期间发生符合本条例规定的工伤待遇等有关费用由该用人单位负担。这样本来应该由社会保险机构承担的工伤费用由于劳资人员判断失误而由公司承担。

二是公司未为员工购买工伤保险：按《工伤管理条例》第六十条的规定，未参加工伤保险期间用人单位职工发生工伤的，由该用人单位按照本条例规定的工伤保险待遇项目和标准支付费用。同时按《工伤管理条例》第五十八条的规定给予罚款。

由此，我们应认识到，在物业管理服务实践中，抓好安全生产的重要性。要切实做好建立、健全本单位安全生产责任制；制定本单位安全生产规章制度和操作规程；保证本单位安全生产投入的有效实施；督促、检查本单位的安全生产工作，及时消除生产安全事故隐患；组织制定并实施本单位的生产安全事故应急救援预案；及时、如实报告生产安全事故等工作。按照安全生产法的规定对从业人员进行安全生产教育和培训，保证从业人员具备必要的安全生产知识，熟悉有关的安全生产规章制度和安全操作规程，掌握本岗位的安全操作技能。未经安全生产教育和培训合格的从业人员，不得上岗作业。物业管理公司的特种作业人员必须按照国家有关规定经专门的安全作业培训，取得特种作业操作资格证书，方可上岗作业。业务外委的，如电梯等设备，应在合作单位开展工作过程中加强过程监控，确保安全生产。

在有较大危险因素的生产经营场所和有关设施、设备上，设置明显的安全警示标志，必须为从业人员提供符合国家标准或者行业标准的劳动防护用品，并监督、教育从业人员按照使用规则佩戴、使用。

案例十二

《物业管理条例》第五十三条规定："业主需要装饰装修房屋的，应当事先告知物业服务企业。""物业服务企业应当将房屋装饰装修中的禁止行为和注意事项告知业主。"也就是说物业管理公司有将装修规定告知业主的义务。本案中的物业管理公司没有承担告知义务，使业主的装修留下了隐患，并且给业主带来损失，理应承担赔偿责任。

那么，在装修管理中，物业管理公司一定要注意按照国家和地方有关装修的法规政策，履行好自己的告知、劝阻和报告义务，抓好装修审批、装修监督、装修验收这三关，在为业主提供装修管理服务、避免或减少业主损失、保护业主合法权利的同时，也使自身权利得到保护，避免管理中的不必要麻烦，避免物业管理公司承担那些本不该承担的赔偿责任。其实，物业管理公司与业主作为合同合作的双方，在很多情况下，保护业主的利益不收损伤，就是保护物业管理公司的利益不受损伤。

案例十三

从本案例案情看，该住宅公共排水管道出现排水不畅的原因是堵塞物位于 5 楼业主阳台的排水管中。但该业主考虑自己的房子刚刚装修好，就借故阻挠物业管理公司进行维修，导致了污水倒灌给 2 楼业主造成损失。因此，根据《物业管理条例》、《中华人民共和国城市异产毗连房屋管理规定》有关规定，所有人和使用人对共有、共用的门厅、阳台、屋面、楼道、厨房、厕所以及院落、上下水设施等，应共同合理使用并承担相应的义务；异产毗连房屋因使用不当造成损坏，由责任人负责。住宅的共用部位、共用设备维修时，相邻业主、使用人应当予以配合。因相邻业主、使用人阻挠维修造成其他业主、使用人财产损失的，责任人应当负责赔偿。造成 2 楼业主的

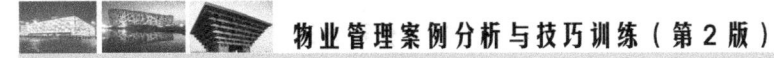

损失的责任人是5楼业主，而不是物业管理公司，因阻挠物业管理公司进场维修而直接给2楼业主造成损失的5楼业主，理应承担损失的赔偿责任。

但是，物业管理公司也应有所反思，毕竟按照物业服务合同的约定，物业管理公司对房屋及公用设施、设备应做到及时修缮。尽管在物业管理服务实践中，物业管理公司经常会在修缮公用设施、设备时遇到5楼业主这样的阻挠，也应该倾尽全力去说服业主，向业主宣传了有关法规政策，让业主了解到自己应承担的责任，在可能的后果中将要承担的责任。还要主动向2楼业主说明情况，动员其出面与5楼业主协调沟通，往往邻里之间比物业管理公司更方便沟通嘛。如果我们这样努力了，一般会得到大多数业主的理解和支持，类似本案例这样的结局就不会出现，我们减少甚至避免的就不是受损失业主的利益，自然也包括实施阻挠业主的利益，当然还包括我们物业管理公司的利益，也减少了物业管理公司的麻烦。

案例十四

首先应该肯定的是当陈先生向物业管理公司反映墙面渗水后，物业管理公司两次派人前往维修。在维修仍无法解决问题的情况，才明确表示其已尽了维修义务，建议陈先生与房地产开发商交涉解决。这种做法，求得了一定的主动。但是，如果物业管理公司能够向陈先生详细说明这样做的法规政策依据，打消陈先生不解，效果就更好了。由此可见，沟通在物业管理服务中的作用。

假设墙面渗水是由陈先生装修违规或使用不慎造成的，物业管理公司就应明确责任，并提出适当的建议或修缮方案，但应说明这是有偿维修，费用应有陈先生承担。如陈先生不承认，物业管理公司可向上级管理部门报告，由上级管理部门责成有关专业机构鉴定，并要求陈先生修缮。

从本案例案情来看，该墙面渗水应是建筑质量问题。根据《中华人民共和国建筑法》、《房屋建筑工程质量保修办法》有关规定，建筑工程竣工时，屋顶、墙面不得留有渗漏、开裂等质量缺陷；建设工程实行质量保修制度，在正常使用条件下，屋面防水工程、有防水要求的卫生间、房间和外墙面的防渗漏，最低保修期限为5年。因此，陈先生墙面渗水修缮责任应由开发商承担。物业管理公司建议陈先生与房地产开发商交涉解决的做法是对的。

案例十五

根据相关规定，物业管理费主要是根据买房人产权证上的面积来收取，如果开发商在为买房人办理产权证时没有将所送面积进行专门的说明，那么在收取物业管理费的时候将按照不包括赠送面积在内的面积计算，买房人不用交纳赠送部分的物业管理费。另外，在购房合同中未对阁楼面积、售价进行约定，那么，按照有关法律原则，合同应当以"不利于"提供合同一方当事人的意思理解。购房合同为开发商提供的格式合同，因此合同应当以购房者的理解处理，也就是说阁楼应视为开发商赠送，不应另外收取费用。

产权证没有办下来之前，物业管理公司的一般做法是先按全部面积收取。等到产权证办下来，如果注明是不把所赠送面积算做整个面积的话，物业管理公司将要退还向买房人多收的物业管理费。

按照物业服务合同的一般性规定，物业管理费的收取是根据买房人产权证上的面积计算的。因此，物业管理公司应遵照合同规定收取物业管理费，无权按照房屋的实际面积收取物业管理费。否则，就是合同违约行为。

案例十六

物业管理公司接到投诉后，立即想出了一个土办法，安排维修人员给井盖下面加上用废旧轮胎剪成的垫片。有了这个起缓冲、密封作用的垫片，还了业主一个安静。

噪声扰民的问题解决了，新的问题接踵而至。业主又纷纷反映道路上左一个、右一个黑乎乎的井盖，有碍观瞻，与高档小区的形象定位不相称。物业管理公司还是不敢怠慢，抓紧研究新的解决方案：结合入住后公用设施设备的全面整修，在重新油漆井盖的同时，给它的边缘涂上一道黄圈，既起警示作用又起美化作用。

刚刚刷完，大家都认为挺漂亮的。时间一长新鲜劲过去了，物业管理公司和业主逐渐觉得还是有点不舒服。密密麻麻的"黄眼圈"撒满路上，反倒给人千疮百孔的印象。于是物业管理公司又出新招，把井盖"藏"起来。他们先把管井口落到地平面以下，然后在原井盖上再用与路面砖同样的材料做个"遮羞"井盖。这样的井盖看起来与路表面一模一样，还不影响随时检查和清理管井。

井盖销声匿迹以后，一些来小区参观的细心人看不到管井，感到纳闷。等了解到其中的"猫腻"，都觉得这个办法挺好的。不少人表示，回去也要这么办。

案例十七

该物业管理处最初考虑借助物业管理相关规定中重大事情投票表决的规定，由该栋全体业主投票确定垃圾桶的位置，采取少数服从多数的复杂方式解决此"疑难杂症"。但通过换位思考想到，如果是自己刚买的新房子，入住后，每天早上开窗要看到的第一件东西是垃圾桶，真的有些让人心里不舒服。表决方式虽可能推卸掉物业管理处的责任，但并不能根本解决101室、102室业主的不满。而采取投票表决的办法，对于个性较强、自由度较高、自我意识较重的业主，在"合理要求"没有实现的情况下，未必能按投票表决的结果执行；既使被动执行了，也未必心服口服。这对物业管理公司来说，就会为日后收取物业管理费、征询意见等与之接触的工作留下隐患，这有悖于解决问题的初衷。

为寻求更合理的办法，该物业管理处请来了园林工程师，再次到现场，最后确定了"兴土木"的方法，即在101室与102室相隔等距离的绿篱区域，通过移植部分绿篱，底部垫置植草砖，从而腾出空间放置垃圾桶。有了新的方案，又安排人员及时与101室、102室业主沟通，征询意见，求得了他们的同意。这样终于解决了101室、102室业主所反感的窗户正前方放置垃圾桶的问题。

通过此案例，应该看到，如果在设计施工阶段，开发商就很好的考虑了垃圾桶的位置问题，或者是物业管理公司在前期介入阶段就发现此不足，向开发商建议并及时整改，相信也不会有业主为垃圾桶而投诉的事情。可见，垃圾桶问题其实暴露出当前物业管理公司和开发商还没有完全做到站在业主角度去思考问题。如果开发商设计产品或物业管理公司介入时，都能够力求想业主之所想，就会将一切问题消灭在萌芽状态，减少不必要问题的出现。

案例十八

坚持原则，造成与业主的感情隔阂后，可以持两种态度，一是不理不睬，你奈我何？一是以心换心，重归于好。前者显示的是霸气，后者显示的是大器。真正高水平的物业服务企业，当然应当选择后者。

为了消除她的误解，物业管理处不计较其态度，在日常工作中真诚地为她提供各方面的帮助，以换取她的理解和信任。装修完帮助她打扫卫生，入住时帮助她搬运家具……一次，物业管理员见她回来，吃力地拿着两大包东西，而当时电梯又临时停运，就主动迎上前去，帮她将东西搬到家中。看着曾经"为难"过自己而现在汗流浃背的物业管理员，想到入住前后与物业管理处相处的这段日子，她终于露出了久违的笑容，有些不好意思地连声道谢。

案例十九

本案例中物业管理公司采取的积极应对的思路是正确的。应该重点考虑的问题是"提示"中的两个关键问题，并应重点考虑应出示哪些具有说服力的证据。

关于围墙倒塌是否属于意外原因导致，物业管理公司应否对车辆受损承担责任问题。

法院审理认为物业管理公司对小区内的建筑及附属配套设施应承担维修、养护和管理的义务。物业管理公司提供维修情况表等证据虽可以证明其在实施物业管理期间对相应的设施进行了维修，但并不足以证明维修设施的质量符合安全性标准。物业管理公司辩称事故发生时处于多雨季节，对此作为物业管理公司不仅负有加强维修工作的义务，更负有在存在安全隐患的场所张贴明显的警示标识，以提醒业主注意防范事故发生的义务，但物业管理公司并未提供证据证明其履行了上述义务。因此，物业管理公司对本案事故的发生是存在过错的，其应依法对事故所造成的损失承担相应的民事赔偿责任。

关于吴先生在起诉前收取了保险公司支付的保险赔偿金 27923.40 元，是否还有向物业管理公司主张赔偿的权利问题。法院审理认为，该案中，吴先生在起诉前收取了保险公司支付的保险赔偿金 27923.40 元，因此保险公司在起诉前已取得了在其支付的保险赔偿金范围内代替吴先生要求物业管理公司损害赔偿的请求权。

保险公司取得保险代位求偿权的法定权利，吴先生作为被保险人，在债权转让后已无权就转让部分的债权再行向被告主张权利。鉴于此，吴先生就其已取得的保险赔偿金 27923.40 元无权要求物业管理公司予以赔偿。此外，吴先生因该案事故所遭受的损失为：车辆损失 22626 元、评估费用 600 元、拖车费 400 元，共计 23626 元，而吴先生实际获得的保险赔偿金为 27923.40 元，所以吴先生的损失已从保险公司处获得足额的保险赔偿，因此基于财产保险的补偿原则，吴先生不能因同一损失而获得双重的补偿。

可见，在物业管理服务实践中，物业管理公司完成较大维修项目后，一定要申请有关部门做好质量验收，并存留好相关鉴定资料，做好维修档案管理工作。特殊季节来临前，物业管理公司要加强物业巡查，及时发现隐患，及时做好维修养护，并按有关规定张贴警示标识，以提醒业主注意防范事故发生，履行好安全检查和提示的义务。

案例二十

郭先生与沈先生之间为不动产相邻关系，不动产的相邻各方在行使不动产权利时，应当注意防止、避免给予相邻人造成损害。沈先生住在 7 楼，虽然 6 楼以下住户极少通过此 7 楼的楼道，但依据中华人民共和国物权法"建筑区划内的其他公共场所、公用设施和物业服务用房，属于业主共有"之规定，该通道归全体住户共有。沈先生不应将通道堵塞，更不能擅自占为己有。沈先生将 7 楼处的楼道封堵行为，侵害了其他业主的相邻权和共有权，并且对原告郭先生的生活也造成了妨碍，构成了对郭先生的侵权。因此，郭先生要求沈先生停止侵权、排除障碍、恢复建筑物原的请求理应得到法律支持。本案例在诉至人民法院后，法院审理判决沈先生限期拆除安装在 7 楼楼梯间的防盗隔断门，并恢复楼道原状。

案例二十一

物业管理处对投诉的业主自然要笑脸相迎、好言相劝，一般管理人员处理不了的，就由主任出面。好话说了几箩筐，虽说暂时尚能平抑不满情绪，然而问题并未解决，业主还是三天两头再次上门。尽管他们多数也清楚问题不在物业管理处身上，但普遍认定家里没水就得找物业管理处算账，就该由物业管理处负责。这种认识固然有失偏颇，但是我们应当理解他们，物业管理公司与那些垄断企业打交道尚且困难，何况区区"散户"？业主在求助无门的情况下，只能反过来给物业管理公司施加压力。

为了摆脱这种被动应付的局面，物业管理处绞尽脑汁想办法，有针对性地采取了几项新的措施：主任出面找政府部门反映民意民情，借助行政力量促进供水问题的解决；未彻底解决前动员大家错开冲凉高峰期，以缓解水压状况；一旦发生停水，安排秩序维护员为上了年纪或行动不便的业主送水上门。同时利用公告形式，将之公布于众（"做"很重要，"说"同样重要，我们不仅要扎扎实实地为业主排忧解难，同时还要让业主了解我们的良苦用心）。

业主看到物业管理处确实是尽心竭力了，也就不再恶语相加。尽管供水不正常的状况还持续了较长一段时间，但绝大多数业主都能对物业管理处给予谅解。后来通过不懈努力，小区供水状况才逐步得到了明显改善。

案例二十二

第二天一早，物业管理处便给开发商发去了工作专函，并与公司相关部门联系请求协助。经过物业管理公司、开发商、建设单位三方面的技术人员共同分析讨论，并结合以往的经验，决定采取以下措施消除噪音问题：（1）将稳压泵的止回阀改为消音式；（2）将所有卡和管道与墙体连接处做隔音处理；（3）在水泵房做隔音层（技术问题必须通过技术措施来解决，没有强有力的技术支撑，就没有高水准的管理服务）。

物业管理处抓紧落实，很快整改完毕。测试结果是水锤撞击声基本消除，低频噪声虽然降低了很多，但依然不够理想。大家就继续琢磨新的办法（对业主提出的问题绝不能敷衍了事，你可以糊弄一时，但不能糊弄长久，一旦人家明白过来，我们失去的将是信任），认为如果再给水泵作一层隔离罩，隔音效果会更好，于是维修班自己动手，做了一个大木箱，将稳压泵罩住，使水泵运行所产生的噪声降到了最低限度。困扰了业主多日的噪声终于消失了，业主一家都露出了满意的微笑。

案例二十三

于是鉴于租住户只是搬出部分家私，物业管理处提出了一个变通办法：租住户列出所搬出家私清单，并暂交与家私价值相当的押金，物业管理处做好记录，并出据收取押金的收据，一旦租住户能够提供业主的书面许可，物业管理处立刻全额退回押金（这一办法可取，但前提是要让其正确理解，否则容易引起纷争）。这位租住户觉得物业管理处的建议合情合理，便欣然接受。

时隔不久，该住户拿到了搬出家私的业主书目许可。在到物业管理处换取押金时，还对物业管理处既对业主负责又为住户着想的做法赞许有加。

案例二十四

从死亡证明来看，孙姓老人是死于心脏病，没有任何证据能证明孙姓老人的死，与电梯延误之间存在直接关系。但孙姓老人从突然发病到死亡，期间的过程约一个半小时，而被电梯耽误的时间占了三分之二左右。该小区物业服务合同中约定,电梯运行时间是早 6 点钟至夜间 12 点钟,电梯在夜间 2 点钟停运物业管理公司并未违约。但物业服务合同中同时约定,夜间电梯停运期间,物业管理公司设有电梯工值班室,并在各楼层张贴公布夜间使用电梯联系电话,以防不测时所需。然而,事发时,楼层既没张贴公布夜间使用电梯联系电话,到电梯工值班室也找不到值班人员,因而造成了时间的延误。据此,我们可以确定因电梯工值班室无人值守、未张贴公布夜间使用电梯联系电话等违约行为,是造成电梯延误运行的主要原因;而电梯延误运行是导致孙姓老人未能及时下楼,耽搁抢救时机的主因。因此,物业管理公司的违约行为在抢救老人一事上存有过错,,应当承担其相应的赔偿责任。

物业管理服务无小事,她关联着千家万户的喜怒安危。在本案例中值班电梯工的擅离职守,是造成悲剧的主要原因之一。因此,在物业管理服务实践中,要加强值班人员的管理工作,严格执行值班管理制度,杜绝事故隐患。

案例二十五

首先,我们应该确定张先生家的外墙面不是张先生的私有部位,而是共有部位,不归其独有,而应归该楼宇全体业主所有。所以,物业管理公司与张先生所签协议属无效合同,侵犯了该楼宇全体业主的合法权益。物业管理公司如要联系广告公司使用外墙发布广告,应通过业主委员会,召开业主大会征得大多数业主同意,并经业主委员会授权,才能联系广告公司发布广告。

张先生内墙长毛,经市某房地产评估有限责任公司鉴定,是由于张先生家西外墙固定广告的三角架螺杆将房屋的苯板保温层破坏,使山墙形成一排冷桥,当室内砖体表面温度低时,就产生霉变现象,这与安装广告牌有直接的因果关系。故安装广告牌的广告公司应对此负全部赔偿责任。但由于广告公司利用外墙发布广告,是与物业管理公司建立合同关系而实施的,因此,物业管理公司应承担连带赔偿责任。而张先生家内墙长毛是因自己非法民事行为造成的,其房屋损坏应在取得广告公司赔偿后自行修复。

物业管理公司即使是受业主委员会授权,与广告公司签订广告发布协议,也应履行其监督、管理的义务。在广告公司安装广告牌匾时,应监督其安装行为,防止对物业造成损伤;督促广告公司做好日常安全巡查,及时发现安全隐患并积极整改,防止事故发生。

案例二十六

根据《中华人民共和国合同法》的规定,合同当事人意思表示一致,合同即成立,并对合同当事人发生法律效力。物业管理公司向招标人提交的招标文件对签订前期物业服务合同的主要合同条款作出了明确的意思表示,符合《中华人民共和国合同法》规定的要约构成,属于有效要约。招标人给物业管理公司发出的"中标通知书"可以视为有效承诺,《中华人民共和国合同法》第二十五条规定"承诺生效时合同成立。"因此,物业管理公司自收到"中标通知书"之时起,与该开发商之间的物业服务合同即已经成立。这份合同对物业管理公司和该开发商均产生法律约束力。同理,该开发商与其他两家物业管理公司就同一项目的前期物业服务合同均正式成立。但事实上,三份合同只能有一份能够得到履行。该开发商的行为必然会带来其他两家物业管理公司对其违反合同的违约索赔。

开发商要与 3 家物业管理公司协商前期物业服务合同主要条款的做法也违反了法律的规定。根据《中华人民共和国招标投标法》、《前期物业管理招标投标管理暂行办法》的规定,为了保证招标投标活动的公平、公正,招标人和中标人不得协商签订背离合同实质内容的条款。因此,该开发商在招标投标活动结束之后与中标人再协商合同的主要条款是违法的。当然，物业管理公司依照惯例与该开发商签订正式的"前期物业服务合同"时，就该合同细节条款在不违反投标书实质内容的情况下予以协商确定是完全可以的。

在此种情况下，该物业管理公司应将上述法律观点明确告知开发商，要求开发商与本公司签订前期物业服务合同，否则本公司将有权通过法律途径保护自己的合法权利。如果开发商拒绝这一要求，物业管理公司可放弃这一项目，并通过法律途径保护自己的合法权利。

案例二十七

陆家嘴物业公司一纸诉状把思南新苑业主委员会告上法庭。

根据物业管理条例，业主委员会享有监督和协助物业公司履行物业管理服务合同的权利，但上述权利应依法行使。思南新苑业主委员会在无事实依据的情况下，在小区的公告栏内张贴《致业主书——情况汇报》，向小区业主予以通报，散布物业管理公司做假账侵吞属于思南新苑小区全体业主的停车费等内容不实的消息，而这只是根据估算及推测所作出的结论，并非有关专业机构对相关账目审核后的专业评定。这足以导致思南新苑小区业主对物业管理公司商业信誉、经营道德等方面评价的降低，其行为已经构成对物业管理公司名誉权的侵害。法律规定，法人享有名誉权，禁止用侮辱、诽谤等方式损害法人的名誉。以书面、口头等形式诋毁、诽谤法人名誉，给法人造成损害的，应当认定为侵害法人名誉权的行为。

法院经审理认为：思南新苑业主委员会在小区内张贴《致业主书——情况汇报》，措辞激烈，且所涉事实依据欠充分，其申诉意见缺乏事实依据，其行为构成名誉侵权并无不当。判决思南新苑业委会向陆家嘴物业公司书面赔礼道歉，并在小区的公告栏内张贴三天，道歉书的内容和形式需经法院审查许可。

案例二十八

在了解了事情经过后，物业管理处秩序维护主管语气和缓但态度坚定地对车主说："如果我们车库管理员违反了优质服务的有关规定，我们一定严肃处理，现在看来是您无理取闹且出口伤人，您应当向受到伤害的我们车库管理员致歉。"要求其致歉并非为了分出个高低，它的意义在于既是对无理取闹者进行教育，使之下次不再胡作非为，也是对坚持原则车库管理员进行安抚，使之下次仍旧恪尽职守。车主见势不妙，用手机叫来楼上的业主。

秩序维护主管扼要地向业主介绍了情况，平素对物业管理处车库管理员礼貌周到的服务就有切身感受的业主，见车主还在骂骂咧咧，一切都明白了。她一边开导车主，一边说："你们别与他一般见识，我这里给你们赔礼了。"可见平时文明服务在关键时候的重要性。车主自知理亏，快快地把车开走了。随后，业主又和管理处秩序维护主管一起，安抚吃了委屈但始终彬彬有礼的车库管理员。

案例二十九

为了解决这个问题，物业管理公司最初采取的措施是加强这一时段的保洁力量和保洁密度（遇到问题首先想到增加人力、物力，这是我们习惯的思维定式，其实它未必就是最有效的解决办法）。每天清晨和傍晚都安排专门的保洁人员，在业主遛宠物的集中地段不停地巡回清扫。然而，前面刚刚清扫完后面又脏了，还有许多旮旯角落照顾不到，保洁效果还是不理想。

只是被动地跟在后面清扫看来不行，于是物业管理公司又想出了一个新的办法。将位于中心花园角上一块原来被称为"农家乐"的绿地，加以适当整理，辟为"宠物乐园"。这样既不改变绿地的功能，又为出来遛圈的宠物安排了一个临时"厕所"（不改变原来的设计功能相当重要，否则会带来新的麻烦）。

开始，业主还不习惯把自己的宠物带到乐园来。物业管理公司的有关工作人员便通过在小区内巡视，来主动接近那些带宠物出来遛圈的业主，委婉地动员他们最好领宠物到乐园看看，然后顺便让宠物在那里"方便"。去了之后，业主感觉不错，可以一边坐在周边的长椅上聊天，一边看各自的宠物嬉戏。

慢慢地，宠物乐园就成了小区业主饲养宠物的早晚集聚地（常言讲"习惯成自然"，我们许多管理办法和措施，都要经过一个过程，才能逐步为客户所认可）。如此一类，清理宠物便溺简单多了，每天只须安排一个人打扫两次。这样，宠物污染环境的问题就得到了较好的解决和控制。

案例三十

该物业管理处未能很好地履行自己的两个义务，造成了业主的经济损失，应承担一定的赔偿责任。

一是没有很好地履行对共用设备设施的维修养护义务。该排放沟管道早就发生过四次爆裂，物业管理处应当对此加强防范，在雨季来临前妥善做好维护，防止再次发生爆裂。同时还应安排应急措施，以控制损失的扩大。

二是没有很好地履行物业管理区域内的安全防范工作的义务，以及在发生安全事故后有协助救助的义务。在明知该排洪沟管道存在安全隐患的情况下，却无任何防范，且事发后没有安排人员来帮助排险救助，以减少张先生的损失，没有尽到安全防范义务。

法院审理认为，物业管理处负有协助做好物业服务区域内的安全防范工作义务，以及协助救助的义务。因此法院判决物业管理公司赔偿 7500 余元。对于业主的停业损失，由于证据不足，法院没有主张赔偿。

通过本案例可知，在物业管理服务实践中，一定要注意加强对对共用设备设施的维修养护，做好自然频发季节的安全防范工作。一定要将业主或使用人的利益放在物业管理服务工作的首位，围绕业主或使用人的利益开展一切工作。

参 考 文 献

[1] 景象，胥盈．物业管理案例解析．北京：机械工业出版社，2006．
[2] 罗小刚，方中东，王一翌．物业管理实务．广州：广东经济出版社，2003．
[3] 丁芸，谭善勇．物业管理案例精选与解析．北京：中国建筑工业出版社，2003．
[4] 温小明．物业管理案例分析．北京：中国建筑工业出版社，2006．
[5] 张连生．物业管理案例分析．南京：东南大学出版社，2005．
[6] 鲁捷，付立群，胡振豪．物业管理法规案例分析．大连：大连理工大学出版社，2004．
[7] 赵向标．物业管理操作制度范例．广州：海天出版社，2002．
[8] 决策资源房地产研究中心．新地产物业管理利润 V 模式．广州：暨南大学出版社，2003．
[9] 上海华联物业管理有限公司．华联商业物业管理企业标准．上海：上海科学技术出版社，2004．
[10] 劳动和社会保障部中国就业培训技术指导中心组织．物业管理员（师）国家职业资格培训教程．北京：中国广播电视大学出版社，2001．
[11] 刘存绪，万顺福，曾令秋．物业管理人员培训教程．西南财经大学出版社，2003．
[12] 陈鹏志．现代物业管理范例精解与运营策略．吉林：延边人民出版社，2000．
[13] 杨振标，杨戟，陈德豪．物业管理实务．广州：中山大学出版社，2000．
[14] 颜真，杨吟．物业管理危机处理及案例分析．成都：西南财经大学出版社，2002．
[15] 劳动和社会保障部中国就业培训技术指导中心组织．物业管理基础．北京：中央广播电视大学出版社，2004．

从以下网站查阅并收集了大量案例：

[1] 中国物业管理信息网 www.pmabc.com．
[2] 中国物业管理网 www.100pm.net．
[3] 上海物业管理网 www.021wy.com．
[4] 焦点房地产网 www.house.focus.cn．
[5] 武汉市物业管理协会网站 www.warpm.cn．
[6] 湖南物业网 www.0731wy.com．
[7] 深圳物业管理协会网站 www.szpma.org．
[8] 房产之窗网 www.chomeday.com．
[9] 河南物业管理网 www.hnwygl.cn．
[10] 山东物业网 www.sdwuye.com．

反侵权盗版声明

电子工业出版社依法对本作品享有专有出版权。任何未经权利人书面许可,复制、销售或通过信息网络传播本作品的行为,歪曲、篡改、剽窃本作品的行为,均违反《中华人民共和国著作权法》,其行为人应承担相应的民事责任和行政责任,构成犯罪的,将被依法追究刑事责任。

为了维护市场秩序,保护权利人的合法权益,我社将依法查处和打击侵权盗版的单位和个人。欢迎社会各界人士积极举报侵权盗版行为,本社将奖励举报有功人员,并保证举报人的信息不被泄露。

举报电话:(010)88254396;(010)88258888
传　　真:(010)88254397
E-mail：dbqq@phei.com.cn
通信地址:北京市万寿路 173 信箱
　　　　　电子工业出版社总编办公室
邮　　编:100036